ABP
APRENDIZAGEM BASEADA EM PROBLEMAS

Dados Internacionais de Catalogação na Publicação (CIP)
(Câmara Brasileira do Livro, SP, Brasil)

Munhoz, Antonio Siemsen
　　ABP : Aprendizagem Baseada em Problemas : ferramenta de apoio ao docente no processo de ensino e aprendizagem / Antonio Siemsen Munhoz. -- São Paulo : Cengage Learning, 2022.

　　3. reimpr. da 1. ed. de 2015.
　　Bibliografia.
　　ISBN 978-85-221-2210-3

　　1. Aprendizagem baseada em problemas 2. Educação - Recursos de rede de computador 3. Ensino a distância 4. Ensino auxiliado por computador 5. Internet na educação 6. Pedagogia 7. Prática de ensino I. Título.

15-05159　　　　　　　　　　　　　　　　　　CDD-371.334

Índice para catálogo sistemático:
1. Aprendizagem baseade em problemas : Ambientes virtuais : Educação 371.334

ABP

APRENDIZAGEM BASEADA EM PROBLEMAS

Ferramenta de apoio ao docente no processo de ensino e aprendizagem

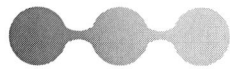

ANTONIO SIEMSEN MUNHOZ

CENGAGE

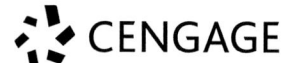

Austrália • Brasil • México • Cingapura • Reino Unido • Estados Unidos

ABP- Aprendizagem Baseada em Problemas: Ferramenta de Apoio ao Docente no Processo de Ensino e Aprendizagem

Antonio Siemsen Munhoz

Gerente editorial: Noelma Brocanelli

Editora de desenvolvimento: Marileide Gomes

Editora de Aquisição: Guacira Simonelli

Supervisora de produção gráfica: Fabiana Alencar Albuquerque

Especialista em Direitos Autorais: Jenis Oh

Copidesque: Vera Lúcia Pereira

Revisão: Maria Alice da Costa e Sirlaine Cabrine Fernandes

Diagramação: Crayon Editorial

Capa: Crayon Editorial

© 2016 Cengage Learning Edições Ltda.

Todos os direitos reservados. Nenhuma parte deste livro poderá ser reproduzida, sejam quais forem os meios empregados, sem a permissão, por escrito, da Editora. Aos infratores aplicam-se as sanções previstas nos artigos 102, 104, 106, 107 da Lei nº 9.610, de 19 de fevereiro de 1998.

Esta editora empenhou-se em contatar os responsáveis pelos direitos autorais de todas as imagens e de outros materiais utilizados neste livro. Se porventura for constatada a omissão involuntária na identificação de algum deles, dispomo-nos a efetuar, futuramente, os possíveis acertos.

A Editora não se responsabiliza pelo funcionamento dos links contidos neste livro que possam estar suspensos.

Para informações sobre nossos produtos, entre em contato pelo telefone 0800 11 19 39

Para permissão de uso de material desta obra, envie seu pedido para direitosautorais@cengage.com

© 2016 Cengage Learning. Todos os direitos reservados.

ISBN: 13: 978-85-221-2210-3
ISBN: 10: 85-221-2210-5

Cengage Learning
Condomínio E-Business Park
Rua Werner Siemens, 111 – Prédio 11 – Torre A – Conjunto 12
Lapa de Baixo – CEP 05069-900 – São Paulo – SP
Tel.: (11) 3665-9900 Fax: 3665-9901
SAC: 0800 11 19 39

Para suas soluções de curso e aprendizado, visite **www.cengage.com.br**

Impresso no Brasil
Printed in Brazil
3 reimpressão – 2022

SUMÁRIO

1 **APRESENTAÇÃO** 1
   1.1   CONTEÚDO 1
   1.2   COMPETÊNCIAS E HABILIDADES ADQUIRIDAS 1
   1.3   INTRODUÇÃO 2
   1.4   O PÚBLICO-ALVO 6
   1.5   O PLANO DE OBRA 7
   1.6   O MAPA MENTAL DO CURSO 12
   1.7   UMA VISÃO PRELIMINAR 12
   1.8   SÍNTESE DESTE CAPÍTULO 24
   1.9   QUESTÕES DE REVISÃO 25

2 **NOVOS AMBIENTES DE APRENDIZAGEM NA SOCIEDADE CONTEMPORÂNEA** 27
   2.1   CONTEÚDO 27
   2.2   COMPETÊNCIAS E HABILIDADES ADQUIRIDAS 27
   2.3   OS NOVOS AMBIENTES DE APRENDIZAGEM 27
   2.4   OS NOVOS AMBIENTES DE APRENDIZAGEM 29
   2.5   SÍNTESE DESTE CAPÍTULO 42
   2.6   QUESTÕES DE REVISÃO 42

3 **ATIVIDADES DE COACHING EDUCACIONAL** 45
   3.1   APRESENTAÇÃO 45
   3.2   COMPETÊNCIAS E HABILIDADES ADQUIRIDAS 45
   3.3   O COACHING EDUCACIONAL CENTRADO NO PROFESSOR ... 45
   3.4   SÍNTESE DESTE CAPÍTULO 58
   3.5   QUESTÕES DE REVISÃO 59

4 A FORMA COMO O SER HUMANO APRENDE. 61
4.1 APRESENTAÇÃO. 61
4.2 COMPETÊNCIAS E HABILIDADES ADQUIRIDAS 61
4.3 A FORMA COMO O SER HUMANO APRENDE. 61
4.4 SÍNTESE DESTE CAPÍTULO 74
4.5 QUESTÕES DE REVISÃO. 74

5 A LIGAÇÃO PEDAGOGIA E AMBIENTES VIRTUAIS 77
5.1 APRESENTAÇÃO. 77
5.2 COMPETÊNCIAS E HABILIDADES ADQUIRIDAS 77
5.3 A PEDAGOGIA NO AMBIENTE VIRTUAL. 77
5.4 SÍNTESE DESTE CAPÍTULO 87
5.5 QUESTÕES DE REVISÃO. 87

6 PROCESSOS DE PENSAMENTO: A TAXONOMIA DE BLOOM 89
6.1 APRESENTAÇÃO. 89
6.2 COMPETÊNCIAS E HABILIDADES ADQUIRIDAS 89
6.3 A TAXONOMIA PROPOSTA. 89
6.4 SÍNTESE DESTE CAPÍTULO 96
6.5 QUESTÕES DE REVISÃO. 96

7 MÉTODOS TRADICIONAIS DE ENSINO E APRENDIZAGEM. 97
7.1 APRESENTAÇÃO. 97
7.2 COMPETÊNCIAS E HABILIDADES ADQUIRIDAS 97
7.3 MÉTODOS TRADICIONAIS. 97
7.4 SÍNTESE DESTE CAPÍTULO 108
7.5 QUESTÕES DE REVISÃO. 109

8 O QUE É E O QUE NÃO É A ABP 111
8.1 APRESENTAÇÃO. 111
8.2 COMPETÊNCIAS E HABILIDADES ADQUIRIDAS 111
8.3 O QUE NÃO É ABP. 111
8.4 SÍNTESE DESTE CAPÍTULO 118
8.5 QUESTÕES DE REVISÃO. 118

9 A APRENDIZAGEM BASEADA EM PROBLEMAS 121
9.1 APRESENTAÇÃO. 121
9.2 COMPETÊNCIAS E HABILIDADES ADQUIRIDAS 121
9.3 O QUE É A ABP 121
9.4 A DIVISÃO DA ABP EM ESTÁGIOS. 126
9.5 ESTÁGIOS DA ABP. 126
    9.5.1 PRIMEIRO ESTÁGIO. 127
    9.5.2 SEGUNDO ESTÁGIO. 127
    9.5.3 TERCEIRO ESTÁGIO. 128

9.6	MUDANÇAS CULTURAIS	128
9.7	SÍNTESE DESTE CAPÍTULO	131
9.8	QUESTÕES DE REVISÃO	131

10 FUNDAMENTOS ESSENCIAIS EM APRENDIZAGEM BASEADA EM PROBLEMAS 133

10.1	APRESENTAÇÃO	133
10.2	COMPETÊNCIAS E HABILIDADES ADQUIRIDAS	133
10.3	FUNDAMENTAÇÃO DA PROPOSTA ABP	133
10.4	SÍNTESE DESTE CAPÍTULO	141
10.5	QUESTÕES DE REVISÃO	141

11 QUANDO UTILIZAR A APRENDIZAGEM BASEADA EM PROBLEMAS 143

11.1	APRESENTAÇÃO	143
11.2	COMPETÊNCIAS E HABILIDADES ADQUIRIDAS	143
11.3	A UTILIZAÇÃO DA ABP	143
11.4	SÍNTESE DESTE CAPÍTULO	153
11.5	QUESTÕES DE REVISÃO	153

12 O PAPEL DO PROBLEMA: COMO ESCOLHER UM PROBLEMA 155

12.1	APRESENTAÇÃO	155
12.2	COMPETÊNCIAS E HABILIDADES ADQUIRIDAS	155
12.3	O PAPEL DO PROBLEMA	155
12.4	SÍNTESE DESTE CAPÍTULO	163
12.5	QUESTÕES DE REVISÃO	164

13 O PAPEL DO PROFESSOR: UM GUIA DE AÇÃO 165

13.1	APRESENTAÇÃO	165
13.2	COMPETÊNCIAS E HABILIDADES ADQUIRIDAS	165
13.3	O PAPEL DO PROFESSOR	165
13.4	SÍNTESE DESTE CAPÍTULO	172
13.5	QUESTÕES DE REVISÃO	172

14 O PAPEL DO ALUNO: UM GUIA DE AÇÃO 175

14.1	APRESENTAÇÃO	175
14.2	COMPETÊNCIAS E HABILIDADES ADQUIRIDAS	175
14.3	O PAPEL DO ALUNO NA ABP	175
14.4	SÍNTESE DESTE CAPÍTULO	184
14.5	QUESTÕES DE REVISÃO	185

15 O CONTEXTO PARA UM ESTUDO DE CASO 187

15.1	APRESENTAÇÃO	187
15.2	COMPETÊNCIAS E HABILIDADES ADQUIRIDAS	187
15.3	UM ESTUDO DE CASO	188
15.4	A ESCOLHA DE UM NOVO MÉTODO	188

- 15.5 O PROJETO ... 189
- 15.6 O CONTEXTO ... 189
- 15.7 A ESCOLHA DA DISCIPLINA ... 190
- 15.8 CARACTERÍSTICAS DA TURMA E OS ENCONTROS INICIAIS ... 191
- 15.9 CONTEÚDO DOS ENCONTROS INICIAIS ... 191
- 15.10 A ESCOLHA DO PROBLEMA ... 195
  - 15.10.1 EQUIPE 1: FEST LINE ... 198
  - 15.10.2 EQUIPE 2: ESCRITÓRIO DA SECRETÁRIA ATUAL ... 198
  - 15.10.3 EQUIPE 3: EUROPA PURIFICADORES ... 198
  - 15.10.4 EQUIPE 4: EQUIPE SOL ... 198
- 15.11 SÍNTESE DESTE CAPÍTULO ... 200
- 15.12 QUESTÕES DE REVISÃO ... 200

16 RESULTADOS OBTIDOS NO ESTUDO DE CASO ... 201
- 16.1 APRESENTAÇÃO ... 201
- 16.2 COMPETÊNCIAS E HABILIDADES ADQUIRIDAS ... 201
- 16.3 RESULTADOS ... 201
- 16.4 O RESULTADO DA ENQUETE ... 202
- 16.5 SÍNTESE DESTE CAPÍTULO ... 217
- 16.6 QUESTÕES DE REVISÃO ... 217

17 CONCLUSÕES POSSÍVEIS ... 219
- 17.1 APRESENTAÇÃO ... 219
- 17.2 CONCLUSÕES ... 219

18 PERSPECTIVAS PARA A ABP ... 225
- 18.1 APRESENTAÇÃO ... 225
- 18.2 PERSPECTIVAS PARA A ABP ... 225

19 PALAVRAS FINAIS ... 229
- 19.1 APRESENTAÇÃO ... 229
- 19.2 PALAVRAS FINAIS ... 229

REFERÊNCIAS BIBLIOGRÁFICAS ... 233

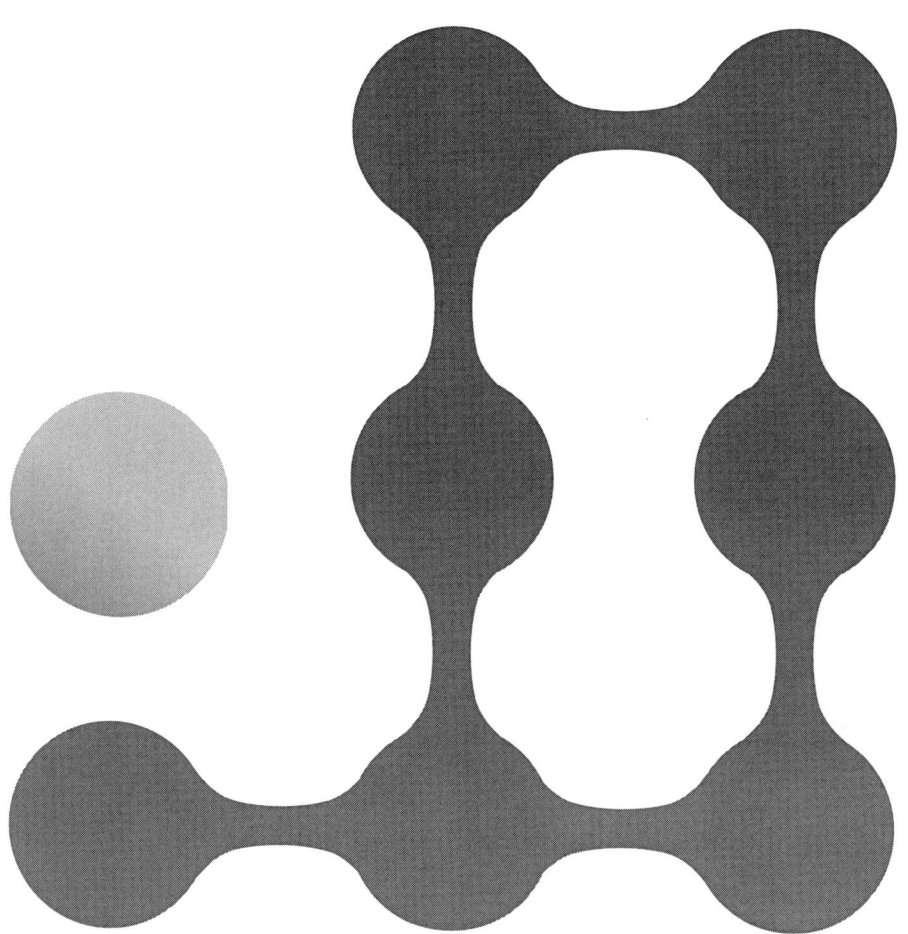

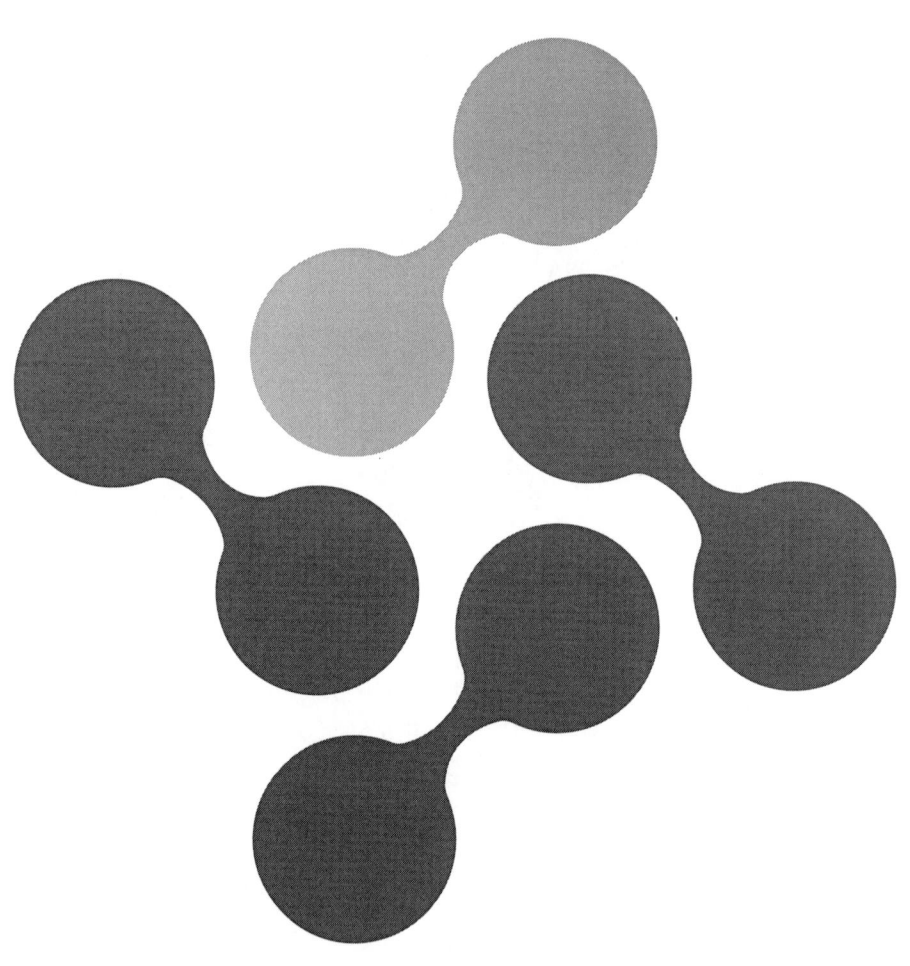

1
APRESENTAÇÃO

1.1 Conteúdo

» Conteúdo
» Competências e habilidades
» Introdução
» O plano de obra
» Uma visão preliminar
» Atividades
» Síntese deste capítulo
» Questões de revisão

1.2 Competências e habilidades adquiridas

Ao terminar a leitura deste capítulo, você irá adquirir uma visão ampliada do conteúdo. Dessa forma, poderá escolher a sequência que mais se adapta ao seu **estilo de aprendizagem** a fim de desenvolver o acompanhamento do material.

Um estilo de aprendizagem pode ser definido como o posicionamento adotado por Segura (2013), quando a autora explica que ele corresponde às características pessoais de aprendizagem de cada aluno. Os professores que conseguem aprender essas características podem desenvolver atividades de ensino especificamente voltadas para determinado aluno ou grupo de alunos, com a obtenção de melhores resultados no aprendizado.

1.3 Introdução

Antes que você inicie a leitura do texto, é importante delimitar o contexto no qual o estudo foi desenvolvido. Dessa forma, fica facilitada a tarefa de tirar conclusões adequadas e analisar, então, possibilidades de aplicação das recomendações contidas em diferentes contextos.

O estudo foi desenvolvido na educação de jovens e adultos, em cursos situados no ensino superior, abrangendo cursos tecnológicos, de graduação e pós-graduação, apoiado no seguinte conjunto de metodologias:

» Orientação do tratamento dado aos alunos de acordo com os pressupostos da **andragogia**.
» Apoio na teoria de aprendizagem do **conectivismo**.
» Desenvolvimento de **trabalhos em grupo**.
» Utilização da **aprendizagem baseada em problemas** como abordagem mais indicada no contexto analisado.
» Adoção da metodologia *Flipped classroom* quando da efetivação de cursos na modalidade semipresencial.
» Desenvolvimento da **aprendizagem independente**.
» Utilização de **objetos de aprendizagem** na produção do conteúdo próprio.

Tappin (2014) considera a aplicação da andragogia uma necessidade nos ambientes virtuais de aprendizagem, cujo público-alvo é formado por pessoas jovens e adultas. Segundo o autor, a teoria orienta sobre as melhores práticas que apresentam maior funcionalidade para participantes de curso que se enquadram nessa categoria.

O conectivismo estudado por Siemens (2005), com Downes (2012) retomando esses estudos, é considerado pelos autores a teoria de aprendizagem mais indicada para a formação de uma nova geração que chega aos bancos escolares das nossas universidades: a **geração digital**.

Prensky (2001) desenvolve estudos que resultam em um novo modelo de ensino para o século XXI que atende a uma geração diferenciada de todas as que a antecederam: a geração digital. É uma proposta diferenciada na qual os alunos se tornam ao mesmo tempo aprendizes e produtores de conhecimento, papel similar ao desenvolvido pelos professores, quando desenvolvem a atividade de orientar e avaliar a aprendizagem apresentada pelo aluno. É uma geração que exige novas formas de comunicação.

O trabalho em grupos é considerado por Sessa e London (2012) uma necessidade em ambientes nos quais é possível que o aluno venha a sentir o **"fantasma da solidão"**, por ainda não ter desenvolvido de forma mais completa a sua capacidade de desenvolver a aprendizagem independente, longe do assistencialismo que se observa nos ambientes tradicionais de ensino e aprendizagem.

O "fantasma da solidão" é uma metáfora que representa uma condição psicológica de alunos que não encontram resposta aos seus questionamentos na rede e tampouco são seguidos por seus tutores, quando têm dificuldades de comunicação. Muitos consideram esse aspecto o principal motivador da elevada evasão em cursos oferecidos nos ambientes virtuais.

Sevilla (2012), no desenvolvimento de seus estudos, analisa diversas experiências inicialmente nas áreas médicas e agora estendidas para outras áreas do conhecimento, onde pontua a validade e bons resultados da adoção da abordagem da aprendizagem baseada em problemas em ambientes virtuais de aprendizagem, a ponto de considerar mais do que desejável a sua utilização, diante dos bons resultados obtidos.

A metodologia *Flipped classroom*, uma das mais recentes, aplicadas oficialmente – já que muitos docentes vinham realizando há algum tempo o mesmo processo de maneira informal –, é tida por Plunkett e Beckerman (2014) como uma experiência aplicável aos ambientes virtuais de aprendizagem, com destaque para ambientes semipresenciais, mas também com validade para ambientes não presenciais. É uma proposta que recupera o relacionamento entre professor e aluno e leva o aluno a maior grau de participação, o que recomenda a sua utilização. Em sua abordagem, é invertido o processo usual. O trabalho de casa vira trabalho de sala de aula, e o estudo de sala de aula vira trabalho de casa.

Mota e Scott (2014) consideram que ainda há um caminho a percorrer até que o participante de cursos desenvolvidos nos ambientes virtuais reconheça a importância da aprendizagem independente. Para isso, é necessário que o orientador abandone o papel assistencial e adote uma prática docente voltada para a orientação e acompanhamento do aluno.

McGreal (2012), após desenvolver extensivos estudos sobre a produção de conteúdo para EaD em múltiplos meios, sua conclusão favorável à sua utilização leva em conta não somente o aspecto financeiro, mas também o apoio a professores, que devem ter à disposição materiais de qualidade disponíveis *on-demand* (quando for preciso) *just-in-time* (na hora em que for preciso), reutilizáveis e flexíveis em sua aplicação. Os objetos de aprendizagem são os elementos que atendem a essas características.

Com a adoção desse conjunto de medidas, determina-se o contexto didático e pedagógico utilizado neste trabalho.

Com relação ao contexto da utilização da **tecnologia educacional**, este estudo abrange as seguintes modalidades possíveis em EaD:

- **presença conectada**, com polos de apoio presenciais, onde o aluno pode assistir a aulas e tem apoio tutorial presencial em complemento ao apoio da tutoria on-line;
- modalidade semipresencial via ***blended-learning*** (aprendizagem híbrida ou mista);
- modalidade não presencial via *e-learning* (***electronic learning*** ou aprendizagem eletrônica), *m-learning* (***mobile learning*** ou aprendizagem móvel) e *u-learning* (***ubiquitous learning*** ou aprendizagem ubíqua);
- Apoio de um portal educacional configurado como um **ambiente virtual de aprendizagem (AVA)**, que simula a metáfora de um ***campus virtual*** (universidade virtual).

A tecnologia educacional é definida por Pathak e Chaudhary (2011) como a utilização da evolução tecnológica aplicada à educação, que traz a proposta de dar a professores e alunos condições mais eficazes de ensino e aprendizagem em **ambientes enriquecidos com a tecnologia**.

Segundo posicionamento adotado pela Unesco (2009), em seu relatório sobre a sociedade em desenvolvimento, os ambientes nos quais a tecnologia pura (via elementos de hardware e software) e a tecnologia educacional (adequação de procedimentos didáticos e pedagógicos ao ferramental tecnológico disponível, com determinação das formas mais indicadas para sua utilização) estão presentes são denominados **ambientes enriquecidos com a tecnologia**, independentemente de serem ambientes presenciais, semipresenciais ou não presenciais.

A presença conectada ocorre quando existe algum polo de apoio presencial na região na qual o aluno reside, onde ele deve assistir, em momentos síncronos e assíncronos, a algumas atividades pedagógicas sugeridas, bem como receber apoio de tutores presenciais.

O *blended-learning* (*b-learning* ou aprendizagem mista) entremeia momentos presenciais com momentos não presenciais, com a proposta de mudar, de forma não tão agressiva, o comportamento de alunos provenientes dos ambientes presenciais tradicionais. Sistemas de gerenciamento de atividades de ensino, aprendizagem e produção de materiais receberam e ainda recebem cuidados diferenciados ao darem suporte a todo o processo de comunicação, um dos mais importantes nessa modalidade EaD.

O *electronic learning* (*e-learning* ou aprendizagem eletrônica) representa a oferta de cursos em EaD na qual o ferramental tecnológico é que dá suporte às atividades de aprendizagem. Caso o aluno não conheça, ou tenha dificuldade para atender a requisitos de acesso e utilização das grandes redes, poderá ser convocado para um processo de nivelamento. Há liberdade de ação para o aluno com a utilização dessa abordagem.

O *mobile learning* (*m-learning* ou aprendizagem móvel) equivale a uma evolução do *e-learning*, quando os dispositivos móveis são utilizados em vez dos desktops. Sem nenhuma diferença, mas com significado visto de outra ótica, o projeto e a evolução do curso são similares, alterando apenas os requisitos tecnológicos utilizados.

O *ubiquitous learning* (*u-learning* ou aprendizagem ubíqua) é o *mobile learning*, visto de outra ótica, que considera que com a evolução tecnológica há um aumento de produtividade e participação, levando-se em conta que o indivíduo pode estar em mais de um lugar ao mesmo tempo, de forma metafórica.

O ambiente virtual de aprendizagem é produzido por um conjunto de programas que cria um espaço virtual, acessível a partir de qualquer estação ligada com a internet de forma fixa ou móvel e que permite a troca de informações, o acompanhamento do aluno e a efetivação das tarefas propostas no **projeto instrucional**.

Segundo Filatro (2004), um projeto instrucional representa uma iniciativa tida como ação institucional e sistemática de ensino que envolve o planejamento, atividade muitas vezes esquecida, o desenvolvimento e a utilização de métodos, técnicas, atividades, materiais, eventos, produtos educacionais, todos eles produzidos em situações didáticas específicas. O objetivo principal de toda essa movimentação e de toda essa atividade, tida como complexa, é facilitar a aprendizagem, a partir de um conjunto de princípios já conhecidos.

O *campus* virtual também é chamado de **ambiente virtual de aprendizagem**, quando se considera que no ambiente criado podem ser desenvolvidas todas as atividades que o aluno desenvolve no *campus* presencial.

1.4 O público-alvo

Este livro foi desenvolvido para pessoas envolvidas no acompanhamento do aluno que desenvolve seus cursos na modalidade semipresencial e/ou na modalidade não presencial, regularmente contratadas como tutores com conhecimento na área de conhecimento à qual se refere o curso em que irão desenvolver suas atividades profissionais. O texto pode ser acompanhado por pessoas que tenham interesse nas áreas referenciadas. Sua linguagem é simples e todos os conceitos apresentados neste documento estão devidamente definidos no corpo do material.

Nesse panorama, é possível considerar que o tutor seja um profissional, por ser o primeiro e direto contato com o aluno, que desempenha papel fundamental, sendo considerado em diversas pesquisas desenvolvidas por educadores que pesquisam a EaD em seus trabalhos científicos, muitos dos quais serão citados no desenvolvimento do texto como o principal elemento da estrutura montada para atendimento a esses cursos.

Além de ser material de trabalho e de consulta para essas pessoas, ele pode ajudar as organizações do mercado corporativo em seus **setores de**

T&D e **universidade corporativa** a montar seus programas de **formação permanente e continuada**.

Os setores de T&D são os responsáveis pela atualização dos colaboradores da organização para a formação de competências e habilidades que permitam a operação de novas técnicas ou tecnologias emergentes. Estão previstas em suas funções outros tipos de formação permanente e continuada, mas sem um planejamento mais abrangente que vise à educação do colaborador de acordo com as suas necessidades.

Allen (2002), quando do início da expansão das universidades corporativas com o sucesso das primeiras iniciativas, aponta para o fato de que o principal foco estava muito longe do receio da substituição da universidade tradicional, que surge no mercado acadêmico. O autor a considera como um instrumento complementar voltado não somente para a aprendizagem profissional. Em sua abrangência, colocam-se, também, as propostas de formação pessoal.

O processo de formação permanente e continuada não representa apenas o atendimento a um desafio do mercado, ante à evolução tecnológica. Em seus estudos, Davies e Longworth (2014) consideram que essa é uma proposta que responde ao anseio de desenvolvimento profissional como necessidade para atendimento do desejo do ser humano por aprender de forma contínua e para toda a vida.

1.5 O plano de obra

O conteúdo a ser apresentado ao leitor foi dividido em 19 capítulos com o tratamento de uma série de eixos temáticos pertinentes. Cada um desses capítulos pode ser objeto de um **MOOC – Massive Open Online Course** oferecido com carga horária específica, o que facilita ao leitor acompanhar a leitura como se estivesse desenvolvendo um curso on-line.

Um MOOC é um curso oferecido na modalidade da **educação aberta** e representa uma nova forma de democratização do acesso ao processo de ensino e aprendizagem, desenvolvido nas grandes redes. Selingo (2014) busca desenvolver uma análise crítica em que os pontos de vantagem superam os receios sobre o aligeiramento de formação que soluções de **aprendizagem rápida** trazem para o setor acadêmico.

A aprendizagem rápida, mais conhecida no ambiente corporativo como *rapid learning* ou *fast learning*, é considerada por especialistas, dentre os quais podemos destacar Ervikson (2014), que ressaltam a importância da atividade tendo em vista o seu aspecto econômico e a obtenção de resultados rápidos a partir da transformação de apresentações em multimídia efetuada para *e-learning*.

A educação aberta está posta nos estudos de Race (2008) como uma das alternativas mais eficazes adotadas no mercado internacional por grandes universidades, com propostas de democratização do acesso ao processo de ensino e aprendizagem e expansão do alcance de iniciativas pontuais eficazes em educação de temas específicos. A facilidade de acesso a cursos de alta qualidade em universidades de ponta por pessoas que residem e trabalham em pontos distantes está pontuada como uma das suas grandes vantagens.

O Capítulo 1, que você lê agora, tem como propósito a apresentação da obra. É desenvolvida uma pequena introdução a cada capítulo. Assim, o leitor pode perceber a inter-relação entre eles e, ao mesmo tempo, escolher a melhor ordem de leitura.

O Capítulo 2 trata dos novos locais de aprendizagem possíveis de ser estabelecidos no ambiente em rede. Seu conhecimento é importante, pois serão neles que os participantes de cursos oferecidos nos ambientes de cursos semipresenciais e não presenciais, professores, alunos e toda uma infraestrutura de pessoal administrativo irão desenvolver a sua prática profissional.

O Capítulo 3 trabalha um dos principais conceitos, ainda não completamente aceitos no ambiente acadêmico, por se apropriar de um termo que identifica uma atividade desenvolvida especificamente no mercado corporativo, onde está seu nascedouro: o **coaching**. Esse capítulo trata o *coaching* educacional não apenas como uma adaptação do *coaching* organizacional, mas como um método inovador que pode colaborar de forma decisiva para o sucesso das iniciativas educacionais oferecidas nesses ambientes.

Segundo Lopes (2013), o *coaching* representa um processo simples que tem como objetivo colocar duas pessoas em contato, para desenvolvimento de atividades de colaboração no qual uma delas (o *coachee* ou aquele que aprende) é objeto de uma proposta de elevação de sua performance profissional para atingir seus objetivos. O mesmo acontece quando da apropriação da técnica pelo mercado acadêmico. Há um conjunto de técnicas, metodologias, ferramentas que foram validadas e são aplicadas por um profissional habilitado (o *coacher* ou aquele que treina). É um atendimento personalizado que se pretende, no mercado educacional, venha a ser desenvolvido pelo tutor ou algum profissional especificamente eleito para a função. É uma assessoria pessoal e profissional voltada para dar suporte para que determinada pessoa atinja os objetivos aos quais se propôs na vida pessoal ou profissional.

O Capítulo 4 procura na bibliografia indicativos que possam situar questões que possam facilitar a aprendizagem e flexibilizar o ambiente: a forma de aprendizagem do aluno (estilo de aprendizagem). O professor que consegue aprender essa conceituação tem maior facilidade em propor ou alterar atividades já propostas ao aluno. Da mesma maneira, o aluno que consegue aprender essa característica particular tem maior facilidade na escolha dos materiais que irão orientar seu estudo.

O Capítulo 5 revê uma ligação sempre estudada devido a um quase eterno conflito entre pedagogia e tecnologia, o qual aponta para cuidados que devem ser tomados para que haja um equilíbrio entre o viés didático e pedagógico (apoiado na andragogia como complemento, em nosso caso) e a tecnologia utilizada no ambiente. De um casamento perfeito entre essas áreas de conflito podem surgir iniciativas inovadoras e se estabelecer novas formas de ensinar e aprender em ambientes virtuais de aprendizagem.

O Capítulo 6 trata de um aspecto de grande importância para professores e alunos. O conhecimento da **taxonomia de Bloom** e seus fundamentos pode facilitar o processo de comunicação, com a escolha de uma forma mais adequada de repassar os conteúdos aos alunos e alterar a proposição das atividades previstas no projeto instrucional.

A taxonomia de Bloom, em um aspecto introdutório, é, segundo as colocações de Ferraz e Belhot (2010), um instrumento que permite o planejamento didático e pedagógico, estruturação, organização, definição e escolha dos instrumentos de avaliação de um processo de aprendizagem. O método leva em conta aspectos pedagógicos, cognitivos e sensoriais como domínios de aprendizagem que devem ser analisados.

O Capítulo 7 revisita, com críticas e comparações com possíveis novas metodologias, os ambientes tradicionais. Essa lembrança é importante no sentido de que um olhar cuidadoso e crítico permite trazer para o ambiente virtual mazelas já existentes nos ambientes presenciais e que podem ser aumentadas, se utilizadas nos ambientes virtuais de aprendizagem.

O Capítulo 8 busca eliminar confusões nas definições sobre a aprendizagem baseada em problemas, buscando uma clareza que possa simplificar a construção, pelo leitor, de uma conceituação correta, a fim de facilitar a sua ação e prática profissional no ambiente de cursos oferecidos nas modalidades semipresenciais e não presenciais.

O Capítulo 9 entra de forma definitiva em uma nova metodologia, aquela que é o assunto do livro (a aprendizagem baseada em problemas), considerada por muitas pessoas a abordagem ideal para o processo de ensino e aprendizagem desenvolvido em ambientes de cursos oferecidos nas modalidades semipresencial e não presencial. Nesses locais, são fatores favoráveis à sua implantação: tutores locais ou on-line atendem os alunos, grupos são formados e um extensivo processo de comunicação.

O Capítulo 10 sistematiza a fundamentação e apresenta posições de especialistas na área, tidas como argumentos de autoridade e busca uma primeira rodada de orientações, tanto aos professores quanto aos alunos, dos princípios que regem essa abordagem do processo de ensino e aprendizagem.

O Capítulo 11 investiga quando e quais são as melhores condições para aplicação da aprendizagem baseada em problemas, ao considerar que podem existir situações nas quais ela não seja aplicável.

O Capítulo 12 analisa o papel do problema e posiciona a importância de que ele seja definido de forma a não apresentar uma única solução, uma resposta imediata e que precisa ser discutida e relacionada ao contexto de sua possível aplicação.

O Capítulo 13 analisa um novo posicionamento do professor, agora colocado como orientador, como alguém que pode estar utilizando material produzido por um **professor coletivo**, ou que tem conhecimento sobre ele e o aplica em atividades de tutoria.

O professor coletivo foi um conceito surgido com a EaD e que traz "a tiracolo" o conceito de **aluno autônomo**, que é aquele que estuda o projeto instrucional, determina atividades, produz o conteúdo, escolhe as mídias e desenvolve uma série de produtos acabados, que ele não irá utilizá-los para dar aula, mas sim disponibilizá-los a outras pessoas que desenvolvam a atividade de aprendizagem com sua utilização.

O aluno autônomo é aquele que, aos poucos, vai se tornando independente da assistência dos professores. A situação ideal é denominada **heutagogia**.

A heutagogia representa uma situação-limite, na qual o aluno desenvolve o processo de ensino e aprendizagem de forma totalmente independente, para o que deve estar preparado, ainda que não venha a prescindir do apoio do orientador para atendimento a pequenas consultas.

O Capítulo 14 analisa os novos comportamentos e atitudes exigidos do aluno, que não pode trazer do ambiente presencial tradicional a pecha de repositório de conhecimentos acabados, uma pessoa passiva que não participa da discussão dos conteúdos, formas de estudo e outras atividades incomuns aos ambientes tradicionais. Ele é instado a desenvolver uma atividade incessante de participação no ambiente.

O Capítulo 15 apresenta como um estudo de caso foi preparado, desde as etapas iniciais, com duas turmas de alunos de um curso de secretariado trilíngue, de modo a facilitar a compreensão dos resultados colocados na sequência imediata.

O Capítulo 16 analisa os resultados das propostas efetuadas a um grupo de alunos, que nunca antes tinham travado contato com a metodologia da aprendizagem baseada em problemas.

O Capítulo 17 investiga as conclusões e o processo desenvolvido pelos alunos para que resultados positivos pudessem ser obtidos.

O Capítulo 18 investiga perspectivas futuras para a aprendizagem baseada em problemas perante as novidades já anunciadas na área da educação mediada pela tecnologia na sociedade contemporânea.

O Capítulo 19 dialoga com o leitor em uma análise final da mudança de paradigmas, posta como desafio para que o professor possa atuar de forma confortável e eficaz em ambientes virtuais de aprendizagem.

É importante destacar que o estudo foi utilizado com a modalidade *b-learning*, com assistência tutorial em ambiente virtual de aprendizagem, com a utilização da metodologia *Flipped classroom*, quando ela ainda não tinha sido estabelecida com as características atuais.

Desejamos que todos tenham um bom estudo e fica à disposição dos interessados o e-mail de contato do autor, que os leitores podem consultar de forma direta.

ANTSMUN@OUTLOOK.COM

1.6 O mapa mental do curso

FIGURA 1.1 Mapa mental para o plano de obra

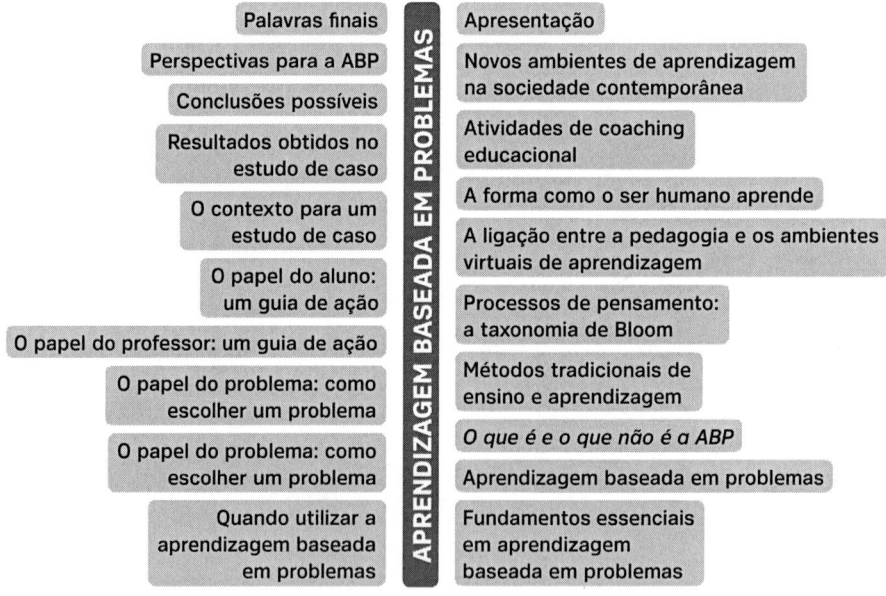

FONTE: ELABORADA PELO AUTOR.

1.7 Uma visão preliminar

Os profissionais que atuam como consultores ou orientadores dos professores, em processos de formação permanente e continuada, com a finalidade de que eles se tornem proficientes na utilização da tecnologia educacional, têm em mãos um arsenal cada vez maior de novas ferramentas, que se junta a outro arsenal de tecnologias que já existe há algum tempo, mas vestem as roupas novas da evolução tecnológica.

Com sua utilização, é possível adotar novos comportamentos, necessários para a educação de uma nova geração digital, que chega aos bancos escolares com novas expectativas. As alterações se refletem em aspectos que apresentaram obsolescências no conteúdo ou desenvolvimento da prática docente com a **mediação tecnológica**.

A mediação tecnológica estabelecida pela evolução das tecnologias altera comportamentos e percepções. Nesse caso, há necessidade de novos comportamentos e atitudes por parte dos professores e dos alunos. A efetivação de propostas nesse sentido mostra uma urgência cada vez maior.

Há todo um movimento que traz novos ares para os ambientes educacionais. Surge o somatório de novas propostas que parecem querer afastar o ranço de algumas práticas que não estão mais sintonizadas com necessidades colocadas pela sociedade contemporânea para os seus profissionais. Estas mudam com uma frequência cada vez maior. É um conjunto de mudanças desenvolvidas para acompanhar descobertas de áreas como a **neuropedagogia**, uma ciência ainda em sua infância. Sua proposta é analisar como o cérebro humano aprende e como ele guarda essa aprendizagem.

Segundo definições de Pier (2014), a neuropedagogia é o ramo da pedagogia que visa compatibilizar o "software cognitivo" (técnicas de ensino) com o "hardware cognitivo" (o cérebro humano). Seus estudos estão direcionados no sentido de melhor entender como o cérebro recebe, seleciona, transforma, memoriza, arquiva, processa e elabora todas as sensações captadas pelos diversos elementos sensores para, a partir desse entendimento, poder adaptar as metodologias e técnicas educacionais a todas as crianças e, principalmente, àquelas com características cognitivas e emocionais diferenciadas.

Estudos neurológicos e sua aplicação em educação trazem ideias que podem alterar de forma significativa o comportamento hoje estabelecido no relacionamento entre os professores e os alunos sob sua responsabilidade. Os novos ambientes de ensino e aprendizagem, aos poucos, se deslocam dos ambientes presenciais tradicionais para uma participação cada vez maior no ambiente virtual de aprendizagem.

DIÁLOGO

Durante esta apresentação de estudos desenvolvidos sobre novas formas de ensinar e aprender, mais especificamente sobre a utilização da aprendizagem baseada em problemas no ensino superior, você será, em diversas ocasiões, orientado no sentido de desenvolvimento de alguma atividade complementar. Diálogos com o autor, reflexões, leituras complementares e interação com vídeo, áudio e outras formas de comunicação serão desenvolvidos. Crie e utilize um diário de bordo digital, no qual seja possível registrar o resultado de seus trabalhos. Essas solicitações não representam um "dever de casa" nem são obrigatórias. São apenas uma forma para que, na sua interação com o texto impresso ou digital, possa ampliar o leque de possibilidades de melhorar o aproveitamento dos temas tratados e sua fixação como conhecimento adquirido.

LEITURA COMPLEMENTAR

Como primeira atividade, você já vai começar a esquentar seu hardware cognitivo efetuando uma leitura sobre assuntos relacionados com a neuropedagogia. Leia o o texto "Neuropedagogia: a forma correta de entender o cognitivo humano" em: http://iupe.webnode.com/news/neuropedagogia-a-forma-correta-de-entender-o-cognitivo-humano/ e efetive uma análise crítica, um resumo e registre o resultado do seu trabalho no seu diário de bordo. Se desejar uma devolutiva, envie o trabalho para o endereço de contato com o autor.

Torna-se cada vez mais distante o isolamento da escola do mercado de trabalho. As propostas da educação aberta do conectivismo, da inversão das salas de aula tradicionais, do desenvolvimento do *coaching* educacional agem de forma sinérgica para apoiar a transformação do profissional em um solucionador de problemas, que não mais a sua formação delimitada no tempo.

Segundo Santos (2012), a educação aberta caracteriza-se por um conjunto de práticas que possibilitam ao aluno decidir sobre: local de estudo; horários mais adequados; o que estudar; aprendizagem independente; isenção ou redução de custos envolvidos com a educação; isenção de qualificações anteriores; elevada **acessibilidade** e **usabilidade das interfaces**; utilização de **recursos educacionais abertos**. Um bom exemplo são os MOOCS – *Massive Open Online Courses*, nova forma de oferta de cursos no setor acadêmico, com as características relacionadas.

A acessibilidade refere-se à previsão de acesso por pessoas com necessidades especiais, em praticamente todas as iniciativas educacionais, de forma a permitir-lhes igualdade de oportunidades.

A usabilidade diz respeito à qualidade da interface entre o usuário e a máquina, medida pela razão entre o número de sucessos e o número de acessos efetuados. Quanto mais próxima da unidade esse fator, mais eficaz é a interface.

A interface é representada pela tela de entrada, e a disposição dos conteúdos e orientação a formas de acesso aos conteúdos. Sua qualidade é medida pelo aspecto intuitivo e facilidade de acesso e navegação. São aspectos **ergonômicos** importantes e que podem afetar o nível de participação no ambiente.

A ergonomia é uma área que aborda questões sobre a vida laboral moderna e também tem como objetivo a prevenção dos acidentes laborais e a criação de locais adequados de trabalho.

Na atualidade, as questões de direitos autorais são cada vez mais discutidas. Surge outra linha de estudos que trabalha a disponibilização de uma série de materiais didáticos à comunidade acadêmica. A tarefa solicitada a seguir o leva a aprender um pouco mais sobre o tema. Esses estudos envolvem a criação de repositórios de recursos educacionais abertos que representam parcela importante de pesquisas na área educacional.

ATIVIDADE DE REFLEXÃO

Leia os materiais disponíveis em http://www.rea.net.br/site/, monte uma biblioteca sobre o assunto e forme sua conceituação sobre um dos pontos de discussão na comunidade acadêmica. Registre o trabalho em seu diário de bordo. Se quiser uma devolutiva sobre o trabalho, envie para o endereço de contato com o autor.

O conectivismo foi proposto por Siemens (2014) como a **teoria de aprendizagem** mais indicada para a educação da nova geração digital, aquela nascida a partir de 1990, e sempre viveu sob a égide da tecnologia com quem convive diuturnamente. A teoria considera que a aprendizagem na sociedade contemporânea é um processo que acontece dentro de ambientes difusos, a partir de um grande volume de informações e é efetivada nas grandes redes em processo de interação extensiva que permite a aprendizagem e a construção de conhecimentos de forma individual.

Segundo Carley (2013), as teorias de aprendizagem são modelos que visam explicar o processo de aprendizagem como ele é desenvolvido pelos alunos. Suas recomendações e/ou restrições determinam a forma como uma iniciativa educacional é desenvolvida.

A **sala de aula invertida** é uma proposta ainda em fase de implantação e testes. Sua utilização de modo formal valida a sua utilização de modo intuitivo por alguns professores. Seus resultados podem aproximar alunos e professores e trazer bons resultados ao processo de ensino e aprendizagem nos ambientes virtuais de aprendizagem.

Kopp, Ebbler e Restad (2013) relatam resultados positivos em seus estudos. Esse ambiente é caracterizado por "inverter" o ciclo típico de aquisição de conteúdos e aplicação. Os alunos obtêm o conhecimento que necessitam antes que a aula seja efetivada em alguma sala física ou eletrônica. Alunos e professores são orientados a interagir de forma ativa para esclarecer e aplicar o conhecimento que foi adquirido, quando da efetivação do encontro em sala de aula. É uma proposta que tem como um dos principais objetivos resgatar a riqueza possível no processo de comunicação entre alunos e professores. O *coaching* educacional transporta do mercado corporativo para o setor acadêmico uma técnica já muito utilizada com sucesso, tida por Flaherty (2010) como um acordo desenvolvido entre dois profissionais do mercado, no qual um deles trabalha no sentido de auxiliar o outro a atingir os seus objetivos profissionais.

O *coacher* (o orientador) e o *coachee* (o orientando) trabalham com metas previamente estabelecidas. Quanto do objetivo já foi atingido é verificado periodicamente. Transferida para o setor acadêmico, é possível enxergar a técnica como um acordo desenvolvido entre os professores tutores, colocados como orientadores, e os alunos, colocados como orientandos.

> **LEITURAS COMPLEMENTARES**
> Neste capítulo introdutório você está sendo colocado diante de uma série de novidades no campo educacional. Confira o parágrafo seguinte deste capítulo (nele foram inseridos links para artigos complementares): As propostas da educação aberta (http://www.artigos.livrorea.net.br/2012/05/educacao-aberta-historico-praticas-e-o-contexto-dos-recursos-educacionais-abertos/), do conectivismo (http://www5.fgv.br/ctae/publicacoes/Ning/Publicacoes/00-Artigos/Conectivismo/Artigos_Conectivismo.pdf), da inversão (http://porvir.org/wiki/sala-de-aula-invertida-2) das salas de aula tradicionais, do desenvolvimento do coaching educacional (http://www.ibccoaching.com.br/tudo-sobre-coaching/coaching/o-que-e-coaching-educacional/) agem de forma sinérgica para apoiar a transformação do profissional em um solucionador de problemas. Depois de terminadas as leituras, registre suas impressões em seu diário de bordo. Se quiser uma devolutiva, envie o resultado para o endereço de contato do autor.

As **redes sociais** estão cada vez mais ativas. É possível comprovar a sua influência em toda a extensão do tecido social. Surgem novas formas de comunicação entre pessoas que nunca tiveram nenhum contato anterior.

Kadushin (2011) desenvolve um estudo detalhado sobre as redes sociais e as enxerga em sua teoria, em suas recomendações de comportamento e na prática como uma ferramenta que facilita o processo de interação e, assim, tende a aproximar o aluno do ambiente virtual de aprendizagem, o que pode aumentar a qualidade da aprendizagem que pode obter.

Como em um passe de mágica, elas se tornam ativamente unidas para a solução de problemas de interesse comum. É um processo que acaba por interligar vidas pessoais com vidas profissionais. É uma situação que ainda assusta muitas pessoas. Giddens (1991) considera que ainda há o receio de confiar nas pessoas que não conhecemos e que as relações assim estabelecidas são baseadas em uma confiança em **"encontros sem rosto"**.

Giddens (1991) considera encontros sem rosto aqueles que acontecem nas grandes redes e nos convida a refletir sobre as novas relações de confiança que são estabelecidas entre pessoas que nunca antes tiveram contato físico. É uma situação para análise e que pode requerer cuidados.

Todas essas mudanças escancaram as portas da liberdade para o aluno, mas exigem, em contrapartida, uma responsabilidade que muitos alunos ainda não estão capacitados a assumir. A mudança cultural é extensa. Ela atinge todos os envolvidos no ambiente.

São proporcionadas como atividades sem restrições: dar ao aluno um nível de liberdade que permite a definição dos conteúdos de estudo; permitir a determinação do início e fim de suas atividades de aprendizagem e desenvolvimento de estudos. Dessa forma, é colocada sobre o ombro do aluno parte da carga da responsabilidade por sua formação, anteriormente responsabilidade integral da escola e, por extensão, do professor.

O **conectivismo**, apregoado por Downes (2012) e Siemens (2005) como a apoteose da fluidez do conhecimento distribuído, apontado como uma nova teoria de aprendizagem que engloba, em sua extensão, toda uma parcela de excluídos, a geração digital. Serrano (2010) pontua a divisão de gerações e identifica as novas gerações **Y e Z**, como se utilizar as últimas letras do alfabeto tenha conotação de identificar as últimas gerações de um planeta que parece cada vez mais se aproximar do fim apregoado pelos apocalípticos de plantão.

A geração Y é aquela considerada como nascida entre os anos 1980 e 2000. Ela engloba as pessoas nascidas entre 1990 e 2010, parte das quais chega aos bancos escolares das universidades e é tida como alvo de novas teorias em todos os campos do conhecimento.

Esgotadas as letras do alfabeto, a nova geração as reinicia, talvez de forma auspiciosa, ao receber a conotação que a indica como a **geração alfa**, o que pode indicar um novo começo, agora sob os auspícios de uma língua e uma cultura sob a qual grandes nomes nasceram, viveram e produziram mudanças na humanidade.

A geração alfa é considerada aquela nascida a partir do ano 2010. É uma geração que está sob constante efeito de estresse ao seu redor e não se sabe como ela chegará a um futuro indeterminado.

A inversão da sala de aula tradicional ainda pega muitos professores desprevenidos. Khan (2013) lidera um método que leva o seu nome, a Khan Academy, que tem no apoio da tecnologia a possibilidade de fazer com que o aluno tenha contato com o conteúdo do curso diretamente a partir de sua casa, para somente então comparecer aos encontros nas salas de aula presenciais.

Isso é algo que dá continuidade e reforça o conceito da educação aberta, com a mesma ressalva de que, para participar, o aluno tem de apresentar uma mudança cultural significativa. O dito que diz que "vinho novo em odre velho ou vinho velho em odre novo não são recomendáveis" se mostra totalmente aplicável nesses casos.

De nada adianta o aluno apresentar mudanças em ambientes onde a educação tradicional é desenvolvida (vinho novo em odre velho), muito menos com maior deslocamento; de nada adianta reproduzir em ambientes enriquecidos com a tecnologia, presenciais ou não, os mesmos procedimentos adotados na educação tradicional (vinho velho em odre novo).

Para alegria geral e felicidade da nação estudantil, parece que o fator resistência contra a proposta de utilização do conceito de *coaching* educacional tem diminuído no reduto acadêmico. Muitas vezes nele se defende, com unhas e dentes, procedimentos anacrônicos e fora de sintonia com o que o mercado aponta como atitude mais indicada.

Segundo proposta de curso oferecido na área, essa atividade de *coaching* educacional é uma metodologia especializada em atender pessoas interessadas e trabalhar questões relacionadas ao contexto educacional, podendo ocupar-se com questões relativas à dimensão docente, discente e/ou administrativa na área de gestão educacional.

A proposta traz do mercado corporativo o significado definido pela SBC – Sociedade Brasileira de Coaching, que considera a atividade como um processo que visa elevar o desempenho de um indivíduo, aumentando os resultados positivos por meio de metodologias, ferramentas e técnicas, cientificamente validadas por um profissional habilitado (o *coach* ou o tutor), em parceria com um cliente (*coachee* ou o aluno).

Com essa técnica, parece terem os tutores encontrado o seu nirvana (o estado de libertação atingido pelo ser humano ao percorrer a sua busca espiritual – a metáfora indica que, com a atividade, o tutor atinge a qualidade educacional em sua atividade), com o reconhecimento de sua profissão como nunca antes aconteceu. Esse fato sempre foi considerado falta de valorização do profissional, mais importante no ambiente de cursos ofertados na modalidade da educação a distância, que agora é reconhecida.

Paradigmas existem em profusão. Todos levam os profissionais a enxergar o horizonte de sua formação estendido. Mostra-se necessário um processo de formação continuado e permanente, desenvolvido como educação para toda a vida, que não mais se esgota com a conclusão de sua graduação, como o mercado via a formação acadêmica.

São tantas propostas de inovação que parece que o setor acadêmico já se adequou. Há uma intenção manifesta em acelerar seu tradicional imobilismo. As críticas são numerosas e estão cada vez mais acerbas. A maioria delas vem do mercado corporativo contemporâneo. O perfil dos egressos das instituições de ensino superior, tanto pelas instituições governamentais como pelas instituições particulares, se afasta cada vez mais das necessidades desse mercado. A expectativa é de eliminação desse estereótipo.

Aos poucos a educação se transforma em um território sem dono. É cada vez menor o número de pedagogos formados, o que diminui o número de profissionais no campo da educação. Estes são substituídos por profissionais que, ao cumprir os créditos em uma disciplina de estudos denominada metodologia do ensino superior, ganham condições de estabelecer banca, como professor no ensino superior.

Alguns ainda trazem em seus genes (hereditariedade — metáfora que considera aquilo que a pessoa tem dentro de si como herança de gerações anteriores que permanece na personalidade de cada um) a vocação para o trabalho como professor, enquanto outros, entretanto, apenas trazem a vontade de alguma forma de ganho alternativo à sua profissão. Como consequência, decai a qualidade do ensino oferecido e, aos poucos, rareiam os professores pesquisadores, estudiosos da forma como o ser humano aprende, interessados em inovações voltadas para o desenvolvimento de novas formas de ensinar e aprender.

Não são somente questões financeiras que determinam esse indesejável estado de coisas. A perda do amor-próprio também é consequência da baixa valorização intelectual dos professores, exceção feita a poucos.

No meio disso tudo está você: um novo professor. Claramente afogado por um volume de informações que, para ser totalmente digerido, poderia exigir um dia de 36 horas. Parece que não há mais tempo para nada, e o volume de informações assusta.

O excesso de informação transforma-se em um problema de saúde, com o professor perdido em meio a um mar de informações sem fim. Adiar ações necessárias parece ter virado rotina para o professor. Ele não tem tempo para mais nada. Está sempre atarefado com alguma coisa importante para fazer.

Alguns internautas, mais acostumados com o problema, colocam recomendações sobre como enfrentar esse volume de trabalho. É necessário um planejamento de tempo e das atividades que serão desenvolvidas em cada uma das etapas em que o dia de trabalho foi dividido.

Barbosa (2012) recomenda a utilização de um método que já é aplicado há algum tempo e que pode permitir a redução da sobrecarga laboral e cognitiva à qual o professor está submetido. O método de processamento de informação proposto por Barbosa está de acordo com a Figura 1.2:

FIGURA 1.2 Método para processamento da informação

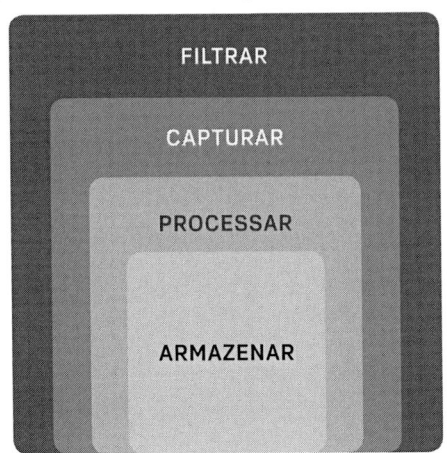

FONTE: BASEADO EM BARBOSA (2012).

Todas essas considerações iniciais revelam o que é desejável que o professor adquira: consciência das mudanças necessárias em sua **práxis**. O que o mercado necessita é de pessoas com capacidade para resolver problemas, profissionais capacitados a enfrentar o novo em seu dia a dia e apresentar propostas inovadoras. O importante não é mais olhar para o que a concorrência está fazendo, para realizar a mesma coisa, com algum diferencial.

A práxis tem como significado reflexão e ação de uma pessoa sobre o mundo com intenção de alterar determinada condição nele existente. A prática da pessoa em seu campo profissional. (Fonte: www.dicionário informal.com.br.)

É uma proposta que provoca um desgaste muito grande. Segundo Kim e Mauborgne (2005), em mercados de competição acirrada, a criação de espaços inexplorados no mercado é mais importante (estratégia do oceano azul, trabalhado na obra dos autores citados). Assim é possível avançar na frente da concorrência com uma proposta diferenciada.

Pode parecer diferente, mas se observarmos o comportamento do professor e vê-lo como sempre deveria ter sido tratado, como um profissional transformador, a ele é colocado o mesmo desafio, atribuído a qualquer outro profissional: ser diferente dos demais profissionais com os quais concorre no mercado. Essa concorrência também existe no setor acadêmico. As vaidades profissionais podem estar presentes nesse setor, assim como são observadas no mercado corporativo.

Se o mercado corporativo espera que os egressos dos cursos acadêmicos tenham essa capacidade, é preciso que o professor saiba como desenvolver as competências e as habilidades que serão exigidas dos seus alunos. Não se pode esperar que professores sem preparação e que não sejam eles próprios solucionadores de problemas ensinem aos alunos sob sua responsabilidade o caminho mais indicado para adquirir essa competência desejada pelo mercado de trabalho.

Isso dirige a proposta no sentido de orientar esse estudo com a destinação de um público-alvo específico: os professores. Não importa em que nível do sistema de ensino eles estejam desenvolvendo seus trabalhos. Esse estudo centrou-se em um universo de pesquisa circunscrito ao ensino superior. Mas é possível estender suas conclusões, com as adaptações necessárias, a todos os níveis do sistema de ensino brasileiro.

1. APRESENTAÇÃO

Ainda que não seja colocado como limitação da utilização dos resultados apresentados em outros contextos, é bom ter em mente que os princípios aqui desenvolvidos consideram aspectos ligados à andragogia e a utilização de muitas ideias pedagógicas diferenciadas (**aprender a aprender, aprender pela pesquisa, aprendizagem colaborativa desenvolvida em grupos, aprendizagem significativa**, temas tratados com maior detalhe na sequência do estudo).

O aprender a aprender é tido como uma técnica que orienta o aluno no sentido de conhecer: a si próprio, sua capacidade de aprender, forma de aquisição de conhecimentos no passado e a importância que tem seu grau de interesse no assunto em estudo. Com essas informações, ele pode aproveitar suas características pessoais e utilizá-las em sua atividade de aprendizagem.

O aprender pela pesquisa representa o desafio colocado aos alunos e professores no sentido da criação de novas formas de trabalho nas atividades de ensino e aprendizagem nas salas de aula presenciais e eletrônicas. A proposta orienta que as atividades de ensino e aprendizagem incluam a utilização extensiva do desenvolvimento de pesquisas nas grandes redes.

A aprendizagem em grupos é um recurso que pode ser utilizado no processo de ensino e aprendizagem, no qual a interação e o diálogo são propostos para grupos de pessoas com interesses comuns e aproveita a sinergia criada pela responsabilidade compartilhada em benefício do aumento do nível de participação do aluno.

A aprendizagem significativa considera importante que, no desenvolvimento de atividades de estudo, sejam inseridos temas relevantes, ligados diretamente com o campo de trabalho e prática profissional do aprendiz, o que dá significado ao que o aluno aprende. O conceito trabalhado por Ausubel inclui o conhecimento anterior do aluno como elemento importante para maior participação do aluno no ambiente. Aprenda um pouco mais sobre Teoria da aprendizagem significativa segundo Ausubel em http://portaldoprofessor.mec.gov.br/storage/materiais/0000012381.pdf.

Assim, se esse material for utilizado em condições diferentes das que foram aqui colocadas, adaptações podem ser necessárias na aplicação dos resultados deste estudo. Não se está negando a possibilidade de funcionalidade da aplicação das conclusões em outros ambientes, mas ressaltando cuidados que podem vir a se tornar necessários.

Assim, nesse contexto, é possível considerar a aprendizagem baseada em problemas como uma das maneiras de formar o professor para que ele possa formar, em sua área de conhecimento, profissionais solucionadores de problemas. Está proposta a imersão total de um grupo de trabalho na solução de um problema que permite a aprendizagem do conteúdo previsto para determinada atividade educacional.

O professor será orientado a trabalhar essa perspectiva após tomar conhecimento da fundamentação teórica que estabelece as bases de credibilidade e reconhecimento acadêmico da área de aprendizagem baseada em problemas. É uma área que interage diretamente com diversos outros campos de saber e áreas de conhecimento.

Conheça a diferença entre esses conceitos no parecer da Câmara de Educação Superior. Parecer nº 672/98, disponível em: http://portal.mec.gov.br/cne/arquivos/pdf/1998/pces968_98.pdf.

★ 1.8 Síntese deste capítulo

Neste capítulo, você teve uma visão abrangente do plano de obra desenvolvido. Foram apresentadas algumas definições sobre termos que são parte integrante do jargão da área docente, em seus aspectos didáticos, pedagógicos e tecnicistas. Eles foram expostos para que o leitor leigo não precise efetuar busca extensiva em endereços da rede ou em livros e outros materiais de estudo.

As definições e atividades mostradas ensejam a apresentação ao aluno de um processo de avaliação formativa, composto por questões de revisão ao texto, que solicitamos a você que desenvolva antes de encerrar esta aula inaugural.

ATIVIDADE DE REFLEXÃO

Ainda que neste capítulo inicial você não tenha as questões de revisão, é importante que comece a desenvolver atividades supervisionadas, durante as quais o acesso ao ambiente virtual e às grandes redes sociais seja contínuo.

Dessa forma, solicitamos que analise dois conceitos cuja definição foi colocada no desenvolvimento do material: análise de vulnerabilidade e atividades de contrainteligência. Procure relacionar os dois termos. Registre o resultado do seu trabalho em seu diário de bordo. Se quiser, poderá enviar o resultado para o autor, que lhe devolverá com considerações complementares.

★★ **1.9 Questões de revisão**

Você ainda não tem os conteúdos completos para que se possa montar um processo de avaliação mais abrangente. Assim, esperamos poder contar com sua colaboração nas respostas aos questionamentos que irão permitir eventuais alterações na obra em futuras edições.

> **1ª QUESTÃO**
> Quais os motivos que o levaram a adquirir esta obra?
>
> **2ª QUESTÃO**
> Quais as suas considerações iniciais sobre o seu conteúdo?
>
> **3ª QUESTÃO**
> Você tem alguma indicação de conteúdo que gostaria de ver publicado (se indicar seu e-mail, podemos enviar as alterações efetuadas em novas edições).
>
> **4ª QUESTÃO**
> Você indicaria esta obra para outra pessoa? Por favor, justifique sua resposta.
>
> **5ª QUESTÃO**
> Você tem alguma sugestão sobre a sequência mais indicada para os capítulos desta obra?

2
NOVOS AMBIENTES DE APRENDIZAGEM NA SOCIEDADE CONTEMPORÂNEA

2.1 Conteúdo
» Conteúdo
» Competências e habilidades
» Os novos ambientes de aprendizagem
» Atividades
» Síntese deste capítulo
» Questões de revisão

2.2 Competências e habilidades adquiridas
Ao terminar a leitura deste capítulo, você irá conhecer um pouco mais sobre os novos ambientes de aprendizagem e trabalhar nesses ambientes desenvolvendo com conforto a sua ação e prática profissional ou atividades de aprendizagem.

2.3 Os novos ambientes de aprendizagem
Muitas pessoas gostariam de fazer coro com o apelo:

> "As salas de aula estão em decadência! Não há mais salas de aula! Não as construam mais!". (Fielding, 1999. Tradução livre)

Apesar do vigor do seu apelo, o autor não pode ser considerado um radical. O autor do texto citado considera que isso acontece quando não são mais respeitadas e aplicadas conclusões de estudos desenvolvidos que comprovam que é com a utilização das abordagens do **aprender a aprender**, do **aprender fazendo** e do **aprender pelo erro** que as pessoas aprendem.

O aprender fazendo é considerado por Roberts (2012) uma das estratégias mais eficazes em educação que está diretamente relacionada com a efetivação da teoria na prática, que revela grande propensão de aumentar a capacidade de retenção do aluno, quando a defasagem entre a aquisição do conhecimento e a sua aplicação ocorre dentro de tempos não muito longos.

Edmondson (2011), ao se referir ao aprender pelo erro, considera que o fracasso provoca uma resposta emocional que é essencial para a aprendizagem e que essas atitudes não estão presentes nas salas de aula tradicionais. É contra salas de aula com essa característica que se coloca à sua revolta. Essa é a característica de um grande número de salas de aula na atualidade.

A aprendizagem pelo erro tem propostas de avaliação diferenciada em relação ao processo desenvolvido de forma tradicional, no qual apenas se verifica se ocorreu a memorização do conteúdo aprendido. Não há nenhum incentivo à criatividade e ao senso crítico, qualidades estas colocadas em destaque no perfil do profissional do mercado contemporâneo.

Luckesi (2011) considera necessária a mudança da visão da "**pedagogia do exame**", que assusta alunos e impõe um clima coercitivo que pode inibir a criatividade. As propostas da formação de equipes e a do trabalho para a solução de problemas levam em consideração que a aprendizagem pelo erro é um dos pressupostos colocados no ambiente.

A pedagogia do exame é tida pelo autor como aquela que, quando implantada em um ambiente escolar, traz um processo de avaliação que muitas vezes provoca o medo no aluno, em relação ao castigo e à vergonha que transformam o processo em uma punição ao aluno que erra. Segundo o autor, isso deve ser combatido.

REFLEXÃO

A importância do conceito colocado no parágrafo anterior justifica uma parada na leitura para reflexão sobre o tema "aprender pelo erro". Anote suas considerações sobre o tema, registre em seu diário de bordo e esteja preparado para iniciar os seus estudos mais detalhados sobre uma proposta que pode trazer eficientes resultados no processo de ensino e aprendizagem: a aprendizagem baseada em problemas. Guarde o resultado do trabalho em seu diário de bordo e, se desejar uma devolutiva, envie para o endereço de contato com o autor.

2.4 Os novos ambientes de aprendizagem

O pior, segundo a ótica de uma crítica que pretende ser construtiva, mas nada consegue, é que, ao efetuar uma ronda por salas de aula tradicionais, onde abordagens avançadas, teorias de aprendizagem sofisticadas e novas atitudes e comportamentos são divulgados, é possível observar uma indesejada continuidade do que as torna ultrapassadas. Tudo funciona como antes, as inovações são apenas rótulos colocados com o propósito de chamar a atenção. Tudo o que é objeto de críticas se revela presente (relacionamento de poder, ambientes centrados no professor, ignorância da necessidade de novos comportamentos para interagir com uma geração digital etc.), e tudo o que se deseja permanece ausente (não utilização da coerção, participação do aluno na definição do que estudar para que a aprendizagem seja considerada efetiva e significativa, respeito aos ritmos individuais de aprendizagem e características pessoais na forma de aprender etc.). Há uma defasagem entre o discurso e o que realmente é efetuado nas salas de aula tradicionais. Nos ambientes presenciais, isso se revela um problema que pode ser consertado por meio da pressão dos alunos. Nos ambientes virtuais, é uma lástima constatar que as mesmas práticas são repetidas, e não há um professor presente para alterar o percurso. O que não funciona bem sem a tecnologia traz a perspectiva que irá funcionar de forma muito pior com ela. A tecnologia educacional atua como um potente amplificador dos "ruídos" de comunicação que acontecem no ambiente, para utilizar uma metáfora que parte de falhas no processo de comunicação.

DIÁLOGO

Muitas vezes se mostra necessário utilizar um viés crítico que apresente vigor em suas colocações, como forma de despertar as pessoas contra atitudes e comportamentos contrários ao que recomenda o bom-senso. A transferência de comportamentos não mais recomendados em ambientes tradicionais para ambientes enriquecidos com a tecnologia, como são os ambientes virtuais de aprendizagem, demonstra uma ineficácia que não pode ser aceita. Em novos ambientes de ensino e aprendizagem onde está presente a tecnologia educacional, que oferece para professores e alunos diversas formas inovadoras que favorecem a mudança de comportamento e atitudes, esse comportamento se revela uma insistência inútil na permanência de estratégias que comprovadamente não apresentam mais resultados.

O apelo que dá o tom a este capítulo parte do posicionamento de diversos educadores com experiência no trato com a educação e, apesar de esbarrar no corporativismo docente, presente de forma indesejável entre os profissionais dessa área, encontra eco em muitos outros professores interessados, de forma real, no desenvolvimento dos alunos que estão sob sua responsabilidade.

Estudos aprofundados sobre as formas por meio das quais as pessoas aprendem envolvem considerações aprofundadas em trabalhos acadêmicos que englobam associações entre o cérebro, a mente, a experiência e os ambientes das salas de aula. Existem diversos materiais que podem ser consultados para que você possa superar os objetivos de estudo. Anote e procure obter o material referenciado a seguir.

LEITURA COMPLEMENTAR

Você terá oportunidade de ler um dos materiais que apresenta melhores indicativos para o professor que vai trabalhar de forma mais direta com o aluno. A proposta recomenda que o professor conheça a forma como o aluno aprende. Desse modo, é possível melhorar seu atendimento, não importa em qual ambiente de sala de aula esteja. O trabalho é resultado dos estudos desenvolvidos por dois comitês da Commission on Behavioral and Social Sciences and Education of the National Research Council (NRC).
BRANSFORD, D. John.; BROWN, L. Anne; COCKING R. Rodney. *How People Learn*: Brain, Mind, Experience, and School. NAP – National Academy Press, 2002.

Os autores do trabalho pontuam que o melhor ambiente de sala de aula é aquele no qual as pessoas têm alguma coisa para fazer (*learning by doing* – o aprender fazendo). O aluno sente-se feliz quando pode desenvolver a aprendizagem *just-in-time* (na hora que precisa), *on-demand* (de acordo com sua necessidade) e *on-line* (nos ambientes virtuais de aprendizagem), com apoio em seu conhecimento anterior, algum tipo de planejamento similar a uma estratégia na qual ele próprio determina os materiais de que necessita, com escolha da melhor hora para estudar, do que vai estudar e de acordo com seu ritmo de aprendizagem.

É um bom começo. Nesse ambiente, você poderá desenvolver tudo o que os professores preocupados com a educação de seus alunos consideram como mais importante que passa pela efetivação:

» da aprendizagem desenvolvida pela pesquisa, pois será o aluno quem vai determinar o conteúdo necessário e, certamente, irá ter de procurar em diversas localidades;
» do senso crítico, uma vez que o volume de informações disponíveis é extenso e cada vez mais crescente, apesar de nem todos os materiais estarem de acordo com a qualidade desejada ou necessária;
» de um processo de criatividade, uma vez que terá de criar novos conhecimentos a partir de um volume de informações que coletou;
» do senso de equipe, uma vez que esse conhecimento será divulgado para a comunidade acadêmica, sem o que não haveria razões para seu desenvolvimento;
» da aprendizagem independente, devido a todo o trabalho inicial ter ficado sob sua responsabilidade, ainda que você possa ter acompanhamento de seu tutor;
» da **aprendizagem ativa** pelo aluno, uma vez que, sem a sua participação, não há como as coisas acontecerem;
» da aprendizagem baseada em problemas, uma vez que todo o trabalho configura a determinação de um problema que você deve resolver;
» da aprendizagem significativa, considerando que você está resolvendo algum problema relacionado diretamente com sua vida pessoal ou profissional, o que dá significado ao conteúdo que vai estudar;
» da aprendizagem colaborativa ao navegar em diversas localidades na busca de recursos e passear pelas redes sociais, redes de relacionamen-

to e comunidades de prática, com grupos de pessoas interessadas na solução de problemas de interesse comum;
» do aprender a aprender, pois você parte do zero com um objetivo a atingir que, para ter significado, resulta na criação de novos conhecimentos ou de novas visões que podem modificar a sua utilização em contextos diferenciados;
» do aprender pelo erro, considerando que é no vaivém da escolha e recusa de materiais que você vai acabar encontrando o que necessita;
» do aprender fazendo, ao colocar "a mão na massa" e não apenas sendo um receptor passivo de conhecimentos acabados.

A aprendizagem ativa é pontuada por Gudwin (s.d.) como um conjunto de práticas pedagógicas que abordam a questão de aprendizagem pelos alunos, de uma perspectiva diferente das técnicas clássicas que evitam que o aluno dê continuidade ao estereótipo de receptor passivo.

Essa lista poderia se estender ainda por um bom número de considerações que tratam de aspectos desejáveis nos ambientes de aprendizagem na sociedade contemporânea. Para que isso aconteça no ambiente de aprendizagem, tudo deve estar bem esclarecido. As regras do jogo devem ser conhecidas por todos, e a **pedagogia do fingimento** (Werneck, 2002) não tem lugar.

O autor pontua essa situação como aquela na qual ocorre a aplicação da proposta "Eu finjo que ensino e vocês fingem que aprendem" como um acordo tácito que é estabelecido entre professores e alunos.

Em um ambiente com estas características:

» os objetivos são claros e acordados entre você e o seu professor de forma consensual;
» aplica-se totalmente o conceito subjacente da inversão da sala de aula (*flipped classrooms*), onde você somente se comunica com o tutor responsável após o estudo do conteúdo;
» discussões são estabelecidas a cada passo que você avança no desenvolvimento da solução do problema que colocou;

» você tem acesso a todos os participantes do ambiente, independentemente de sua colocação hierárquica no ambiente;
» onde o seu eventual fracasso deve ser considerado o maior motivador da busca de soluções mais eficientes e como caminho a ser seguido.

Todas essas características são desejáveis e tidas como definidoras de uma nova universidade a **universidade aberta**, que pouco importa se está no ambiente presencial ou nos ambientes virtuais, sendo a separação e a dicotomia existentes entre essas duas componentes de uma taxonomia estabelecida de forma desnecessária totalmente ignoradas em benefício de todos.

Mayor e Pugh (2014) consideram que nessa nova universidade você poderá observar uma característica diferenciadora dos ambientes tradicionais, onde manter as coisas como elas estão, considerando que em time que vem ganhando não se mexe, é a praxe apoiada em resultados manipulados. Fey (2011) e outros pesquisadores (Chaui, 2003; Santos, 2003 e outros) consideram que nos ambientes tradicionais as pessoas aprendem cada vez menos. Novos ambientes de aprendizagem e novas formas de ensinar e aprender devem ser propostas naturais no desenho de uma nova universidade.

Aos poucos, as salas de aula virtuais substituem as salas de aula tradicionais. Não há previsão da eliminação desses espaços educacionais. Ao contrário, a expectativa é que seu crescimento seja extensivo. É recomendável que esses novos ambientes sejam utilizados de forma diferenciada.

É possível considerá-los locais nos quais, após estudar o conteúdo, você irá, com prazer, discutir a compreensão do que estudou e compartilhar com outras pessoas o acerto e o sucesso das soluções que vai apresentar. Também são discutidas eventuais falhas. Tudo o que é tratado passa a fazer parte da grande base de dados de estudo de casos que a comunidade é incentivada a manter em sua memória de longo prazo ou com auxílio dos computadores.

Watson e Riegluth (2008) apresentam diversos questionamentos nos quais consideram que, na atualidade, os alunos continuam seus estudos com os mesmos propósitos que tiveram os seus pais. Manter o mesmo comportamento quando se tem em mãos um conjunto de tecnologias e se utiliza uma abordagem que muda o centro do processo de ensino e aprendizagem, com o foco colocado sobre o aluno, não apresenta muito significado, o que torna incompreensível a manutenção dessa política.

As mudanças exigidas no perfil de um novo profissional são presentes e deixam muitos professores insones na procura de como ensinar em um mundo com tantas mudanças. Elas não param de acontecer a uma velocidade que não permite que o acompanhamento seja generalista. A formação de especialistas, em um grau nunca antes imaginado, é um dos resultados indesejáveis da rapidez da evolução tecnológica.

Se alguma vez você teve problemas com cooperação e colaboração, está na hora de revisar a sua forma de agir. Os novos ambientes de aprendizagem utilizam as redes sociais de forma extensiva e como estratégia educacional de grande valor, que já provaram a eficiência na capacidade de motivação, quando se olha pela ótica do otimismo e se desconsideram atitudes politicamente incorretas (**spam, hackerismo, *bullying* digital** etc.) que podem acontecer.

O spam identifica publicidade em massa recebida em seu endereço de e-mail.

O hackerismo representa um conjunto de tentativas de invasão de seu equipamento de trabalho e residencial ou instalação de softwares mal-intencionados que prejudicam o bom funcionamento de seu equipamento.

O *bullying* digital representa a reprodução no ambiente virtual das mesmas atividades de violência psicológica que acontece no ambiente real.

No entanto, tais atitudes negativas não conseguiram, até agora, ocultar os benefícios (motivação, colaboração, sensação de participação em alguma coisa etc.) de sua utilização em novos ambientes de ensino e aprendizagem. Cabe ao professor aceitar e compreender esse novo ambiente como sugestionador de novas práticas.

Os considerados "nativos digitais" assustam alguns professores que não sabem como estabelecer vínculos de comunicação. Os professores são considerados por Prensky (2001) pessoas que são responsáveis diretas pela transformação do perfil do aluno. Ao considerar que esses alunos não são aqueles que os sistemas atuais têm condições de ensinar, o autor alerta e sugere estudos sobre quais alterações são necessárias, a partir do comportamento dos professores, para que se consiga estabelecer uma ponte de comunicação eficiente. Junto com outros pesquisadores, (Tapscott, 1998; Kelly e Jukes, 2009), estabelece-se uma proposta que lança como tese fundamental o fato de que os alunos aprendem melhor quando estão envolvidos em alguma coisa e, advindo de um passado recente, a consideração desenvolvida por Holmberg (1994), de que essa aprendizagem é mais eficaz e tem maior participação do aluno, quando há um sentimento de pertencer a algo. A teoria da conversação didática guiada (ver atividade seguinte) é uma das propostas que o professor necessita conhecer e, se possível, aplicar em seus trabalhos junto aos alunos.

LEITURA COMPLEMENTAR

A conversação didática guiada em (http://modelosdeensinoadistancia.wikispaces.com/Teoria+da+Conversa%C3%A7%C3%A3o+Did%C3%A1ctica+Guiada+de+Holmberg#imprimir) foi levantada como um dos principais motivadores para efetivação da aprendizagem ativa e como forma de aumentar a participação do aluno nos ambientes virtuais. Leia o texto que explicita de forma mais clara esse conceito. Ao encerrar seu trabalho, teça suas considerações e as registre em seu diário de bordo. Se desejar uma devolutiva, envie o resultado para o endereço de comunicação com o autor.

Isso é algo que você pode estabelecer por você mesmo, ao buscar identificar qual a sua reação a essas propostas. Considera-se que praticamente todos os profissionais, nos tempos modernos, estão submetidos a processos de formação permanente e continuada e, assim, em diversos momentos de sua vida, estão novamente colocados como alunos. Se isso acontece com você, torna-se mais fácil compreender essas colocações.

Parece haver uma febre entre os nativos digitais pela **aprendizagem cooperativa** e colaborativa, desenvolvimento de trabalhos por conta própria junto com sua "**tribo digital**". É uma nova forma de união entre as pessoas.

A aprendizagem cooperativa está posta como um dos aspectos que levam à meritocracia, que premia as pessoas cujo interesse é apenas cooperar com outras pessoas que estejam com problemas similares aos que ela tem ou já teve em sua vida pessoal ou profissional.

O tribalismo digital une cada vez mais as pessoas na busca da solução de problemas comuns, que podem estar relacionados com a vida pessoal ou profissional. É uma união que extrapola o ambiente virtual e se aproxima da vida pessoal.

Os professores ainda não estão acostumados a compartilhar com alunos parte de sua vida social, de seus interesses e, assim, perdem uma oportunidade de estabelecer a ponte de comunicação desejada.

Esses novos ambientes acontecem em todos os níveis. Eles podem estar presentes no contexto onde nosso trabalho está contido – a educação de jovens e adultos; em cursos superiores; desenvolvidos nos ambientes virtuais de aprendizagem –, casos em que a andragogia surge como uma teoria de sustentação que sugere formas diferenciadas de orientar essas pessoas a aprender.

Mais uma vez olhe para si próprio. Observe como você se sente desconfortável sendo tratado de forma infantil por pessoas que não reconhecem o valor de seu conhecimento anterior e de toda a experiência que conseguiu em seu campo de atuação. Certamente não vai gostar, como acontece com muitos participantes de cursos efetuados em novos ambientes de aprendizagem. O respeito a características pessoais se revela uma necessidade que não pode deixar de ser levada em consideração.

O conhecimento das tecnologias educacionais é tido como um pressuposto para todo e qualquer participante dos novos ambientes de aprendizagem estabelecidos na sociedade contemporânea. Ao lado da criatividade, do desenvolvimento do **pensamento crítico**, da capacidade de comunicação e da solução de problemas, o conhecimento da tecnologia é condição sem a qual não se pode pensar em participar desses ambientes.

O pensamento crítico é definido por Moore (2014) como uma ação intencional de análise de uma experiência com a busca de sua significância e verificação de sua validade e aceitação, com movimentação do senso crítico, iniciativa e criatividade.

É destacado o fato de que há uma necessidade de engajamento dos alunos e que, para tanto, os ambientes de aprendizagem como estão estabelecidos na sociedade contemporânea devem estar centrados nos alunos.

Essa proposta é tida como aplicada em diversas iniciativas nas quais é possível observar que essa é apenas uma nominação de fachada. Na realidade, os procedimentos continuam os mesmos, com o professor ditando conteúdo e forma do processo de ensino e aprendizagem.

ATIVIDADE
Efetue a leitura do texto indicado no parágrafo anterior. Monte um pequeno ensaio onde analisa o conteúdo da proposta e coloca observações que considera importante. Registre o resultado de seu trabalho em seu diário de bordo e, se desejar a devolutiva, o envie para o endereço de contato com o autor.

Essa proposta foi colocada há algum tempo e ainda é perseguida como forma de inspiração para que os jovens e adultos tenham maior participação e motivação orientadora para o desenvolvimento de formas inovadoras de aprender. A voz dos alunos nesses ambientes deve ser altissonante e ter significado. São essas pessoas que serão os agentes da efetivação de novas formas de aprender. Somente assim é possível a transformação desses novos ambientes de ensino e aprendizagem em algo diferente, onde as pessoas optam por aprender por necessidade ou vontade própria.

É nesse contexto de uma nova pedagogia, ainda não claramente estabelecida, na qual os participantes do processo são os que se ensinam, longe da proposta economicamente atraente de que devem aprender sozinhos, que se situa um dos principais elementos de orientação: a aprendizagem baseada em problemas. Sua utilização não é recente. Há diversas experiências desenvolvidas que comprovam sua eficiência (Boscarioli (s.d.); Tsuji e Aguilar-da-Silva, 2004; Cardoso, Rugio e Magalhães, 2010), em diferentes áreas do conhecimento. Ela começou nos redutos da medicina e, aos poucos, teve sua expansão para a área das engenharias para, finalmente, se expandir por outras áreas.

As definições são muitas e não nos interessam agora. Neste momento nos interessa que você, como participante ativo deste ambiente, tenha em mente que a aprendizagem baseada em problemas é uma abordagem que envolve os alunos na aprendizagem de novos conhecimentos. Há apoio direto de alguém (tutor) que está em estado de observação constante do que o aluno faz, intervindo somente caso necessário.

Na ABP, é criado um ambiente favorável para ocorrência de um processo de diálogo e interação extensivos, com todos os benefícios que essa abordagem pode trazer para o ambiente educacional. O estudo detalhado do projeto instrucional, que aumenta o trabalho dos professores, pode favorecer o fator resistência e justificar a sua não aplicação em muitas situações em que ela é favoravel.

O **projeto instrucional** estabelece o arranjo de conteúdos educacionais em diversos meios de suporte. A finalidade é orientar os participantes de atividades educacionais a obter qualidade total no processo de ensino e aprendizagem desenvolvido nos ambientes enriquecidos com a tecnologia (Filatro, 2004).

ATIVIDADE
Quem cria este ambiente?
Esta é uma boa proposta para uma reflexão mais direta. Aproveite este momento de pausa para desenvolver uma atividade de reflexão sobre o questionamento de quem é o responsável pela criação de um ambiente favorável ao desenvolvimento da aprendizagem baseada em problemas. Com o que você aprendeu até agora, procure ampliar suas considerações descrevendo algumas atitudes e comportamentos que você considera necessários ao tutor ou professor que acompanha o aluno.

A utilização de redes sociais e a sua integração aos ambientes de aprendizagem da sociedade contemporânea sugere teorias de aprendizagem inovadoras. O que circula no mercado como proposta efetiva e testada em diversas iniciativas e que se configura como um referencial teórico de elevado grau de sustentabilidade é a efetivação das recomendações do conectivismo.

Essa teoria é considerada pelos seus proponentes, Downes (2012) e Siemens (2005), como a mais indicada para os ambientes digitais, principalmente quando a interação é a principal proposta, e o envolvimento das redes sociais é uma realidade no ambiente. Essa teoria parece ser simples e de funcionalidade, mas não pode ser estabelecida como funcional em todos os contextos, pois depende muito do desempenho individual. Para indivíduos com características de comunicação semelhantes, os resultados poderão ser os mesmos, independentemente do contexto.

Siemens (2005) considera a aquisição de conhecimento algo que não pode ser transmitido, mas que decorre de uma quantidade de interação que você venha a desenvolver na grande rede. Ou seja, não é possível adquirir pessoalmente toda a quantidade de informação sobre algum assunto em particular, isso somente ocorre com a colaboração de outros participantes da grande rede.

Assim, as redes se transformam em um elemento cognitivo, efetivado pela coleta de grande quantidade de conhecimento disseminado por todo o tecido das grandes redes sociais. Como todo o processo baseado em desempenho individual, você mesmo pode comprovar essa teoria. Escolha um assunto, assinale o seu conhecimento inicial, comece um processo de navegação em busca de informações e, depois, compare o que sabe agora com o que sabia antes da atividade de navegação.

Parece possível que, se você desenvolveu as atividades com interesse, venha a comprovar que houve um salto quântico em seu conhecimento e que, depois das atividades desenvolvidas na rede, o seu conhecimento sobre o assunto que escolheu é maior. Isso não é uma surpresa e já foi defendido por Lévy (1999), nos estudos sobre inteligência coletiva, quando as redes ainda não tinham o volume de participação social que apresentam nos dias atuais.

Segundo o autor, esse fato ocorre como resultado do compartilhamento e colaboração de muitos indivíduos, o que pode possibilitar que o nivelamento dos conhecimentos aconteça no patamar do maior conhecimento constatado no grupo. O importante é que você pode comprovar por si só essa realidade que pode confirmar o acerto da indicação do conectivismo como teoria de aprendizagem de suporte mais indicada para os novos ambientes de ensino e aprendizagem da sociedade contemporânea.

Outro conceito que aos poucos se estabelece e de forma definitiva, para o qual não se prevê retorno, é a utilização das salas de aula invertidas. Em ambientes com essa configuração, o ensino e a aprendizagem acontecem fora da classe, enquanto o "dever de casa" é efetuado na classe (pode ser real ou eletrônica: virtual). A defesa dessa abordagem é feita de forma ardorosa por seus defensores que também a consideram uma metodologia ideial para ensinar a nova geração digital.

Há algumas características pontuadas por Gerstein (2012) como inerentes e que identificam salas de aula invertidas:

» A responsabilidade de aprendizagem é transferida da mão dos professores para a mão dos alunos;
» Os alunos tendem a ter melhor desempenho quando eles mesmos escolhem os conteúdos e as estratégias a serem adotadas para aquisição do conhecimento que neles está proposto;
» Os professores não dispensam apresentar o conhecimento, mas o fazem de acordo com a necessidade dos alunos como aprendizes ativos;
» É extensiva por parte dos professores a criação de pequenos vídeos, animações e aulas interativas, alternadas com palestras, com orientações para que os alunos acessem o material antes do início das aulas. Os vídeos podem ser assistidos tantas vezes quantas os alunos desejarem;
» A classe torna-se um lugar onde os alunos trabalham com os problemas e desenvolvem sua solução, envolvendo-se em atividades colaborativas;
» As salas de aula com essas características permitem aos professores tempo para reflexões sobre oportunidades de criação de uma atividade de aprendizagem envolvente, com opções para internalização, criação e aplicação do conteúdo, em vez de apenas sobrecarregar os alunos com atividades excessivas.

Alguns ambientes inicialmente projetados para desenvolvimento do *b-learning* (*Blended Learning*) estão sendo reconfigurados para o desenvolvimento de trabalhos na perspectiva da utilização do conceito das salas de aula invertidas. Esse ambiente amplia a sala de aula tradicional com inserção de momentos não presenciais, como forma de permitir maior abertura da escola para o mundo exterior.

Trata-se da utilização de ambientes virtuais, em que a proposta de desenvolvimento do conteúdo está ligada à utilização do conceito de objetos de aprendizagem flexíveis, desenvolvidos de acordo com a proposta de problematização, aplicação do conectivismo, utilização da abordagem das salas de aula invertidas e, para concluir, com utilização dos conceitos da aprendizagem baseada em problemas.

São ambientes onde a principal preocupação dos professores é a resposta para a pergunta adaptada a cada área do conhecimento específica, na qual se enquadra alguma unidade didática (disciplina) que questiona: quais são os conhecimentos e habilidades que os alunos precisam para o século XXI com relação à disciplina em foco?

ATIVIDADE
Sugerimos que você procure a resposta ao questionamento colocado no parágrafo anterior em atividades de pesquisa sobre o tema. Desenvolva suas considerações e registre o resultado do seu trabalho em seu diário de bordo.

Todo o processo de avaliação está diretamente ligado à solução do problema apresentado, o que indica não haverem balizadores para nenhuma padronização, considerando que todas as soluções apresentadas poderiam ser funcionais, quando se leva em conta diversos contextos nos quais ela poderia ser aplicada.

Ao participar em uma sala de aula configurada com essas características, você vai encontrar algo totalmente diferente de um ambiente tradicional, no qual era possível ver professores apresentando conteúdo e trabalhando para uma plateia imóvel, cansada e absorvendo conteúdo que seria decorado na continuidade. No ambiente das salas de aula invertidas, esse aspecto é diferenciado. Será possível observar os alunos em uma incessante atividade, desenvolvendo trabalhos para que a solução do problema apresentado possa ser obtida.

Nesse ambiente, os alunos são pesquisadores e produtores do conhecimento. Tudo gira em torno de problemas e projetos. Aos poucos, ganha corpo a utilização da nomenclatura de salas de aula PBL, que levam em consideração o desenvolvimento de projetos instrucionais com orientação para a problematização, com toda uma série e características particulares (assunto tratado no Capítulo 14) que causam mudanças no desenvolvimento desses projetos.

■ **ATIVIDADE**
Você chegou ao final de um capítulo em que a configuração de um ambiente de aprendizagem mais indicado para a sociedade contemporânea foi visto a partir de diferentes ângulos e tratado de forma extensiva. Alguns temas abordados representam paradigmas emergentes, o que recomenda a consulta a uma bibliografia consistente, que não apenas serviu como referencial de sustentação teórica a este trabalho, mas também constitui um rico material de consulta. Antes de iniciar o próximo capítulo, desenvolva uma atividade de reflexão na qual irá colocar seu entedimento sobre cada uma das inovações citadas: conectivismo, salas de aula invertidas, e assim por diante. Esse trabalho é importante. Ao final da leitura do livro, você poderá constatar e mensurar a evolução de seu conhecimento. Registre o resultado de seu trabalho em seu diário de bordo.

★ 2.5 **Síntese deste capítulo**

Neste capítulo, você teve a visão de especialistas na área da educação. Eles permitem que você saiba como determinar condições para o desenvolvimento de um projeto instrucional apoiado em privilégios dados ao enfoque didático e pedagógico. Agora você conhece e sabe trabalhar com a maioria das novas metodologias propostas para as salas de aula do amanhã. Está, também, capacitado a enfrentar os desafios de aprender mais sobre a aprendizagem baseada em problemas.

★★ 2.6 **Questões de revisão**

1ª QUESTÃO
Ao que você atribui o clima observado nas salas de aula tradicionais? Justifique sua resposta.

2ª QUESTÃO
Qual é seu posicionamento sob a não aceitação do aprender pelo erro nas salas de aula tradicionais? Justifique sua resposta.

3ª QUESTÃO
Questione a utilização da pedagogia do exame, conforme pontuada por Lukesi. Quais razões você considera impedirem o uso desta abordagem? Justifique sua resposta.

4ª QUESTÃO
Questione a afirmativa: não funciona bem sem a tecnologia, certamente não irá funcionar bem com sua utilização. Justifique as suas colocações.

5ª QUESTÃO
Faça seus comentários sobre a aprendizagem ativa no sentido de orientar a sua utilização. Que caminhos você considera poder propor? Justifique sua resposta.

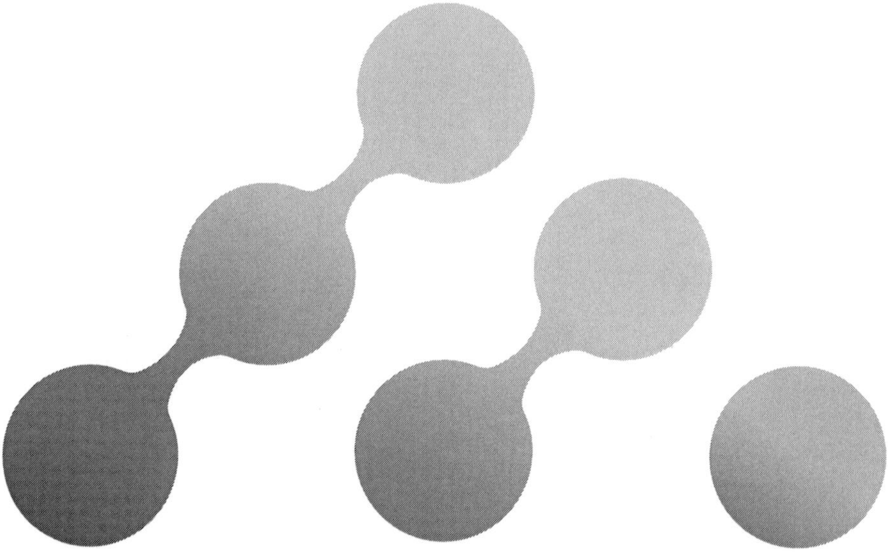

3
ATIVIDADES DE *COACHING* EDUCACIONAL

3.1 Apresentação
» Conteúdo
» Competências e habilidades
» O *coaching* educacional centrado no professor
» Atividades
» Síntese deste capítulo
» Questões de revisão

3.2 Competências e habilidades adquiridas
Ao terminar a leitura deste capítulo, você terá condições de desenvolver uma atividade diferenciada de acompanhamento ao aluno, trocando o fornecimento de conteúdo por um processo de comunicação diferenciado, voltado para orientar o aluno a aprender.

3.3 O *coaching* educacional centrado no professor
Quando o conteúdo deste livro estava em preparação, cada parte do material foi distribuída para pessoas que desenvolviam seus trabalhos no Ambiente Virtual de Aprendizagem (AVA) para uma avaliação preliminar. Quando o material deste capítulo foi distribuído, o desconhecimento das técnicas nele propostas revelou-se como total.

    Os questionamentos sugeriram o desenvolvimento de uma reunião acadêmica e conversas com uso do **skype**® e do **lync**®, que permitiram o esclarecimento do conceito em uma atividade que reuniu alguns especialistas em torno do assunto.

Os produtos citados são softwares voltados para o desenvolvimento da comunicação entre alunos e professores. A facilidade de utilização apoiada em interface amigável permite uma aproximação maior entre os participantes de cursos oferecidos em ambientes virtuais de aprendizagem.

Então, a apresentação do tema foi alterada, o conteúdo, aumentado, e um tratamento mais aprofundado do tema foi incentivado, o que levou em consideração não apenas esse desconhecimento, mas também a importância do tema, principalmente quando se leva em consideração a utilização do conceito da sala de aula invertida e da aprendizagem baseada em problemas.

O enfoque adotado teve a direção professor–aluno. O professor como *coacher* e o aluno como *coachee*, com a proposta que eles seriam tratados como alguém que tem condições de ensinar desenvolvendo um apoio direto para alguém que quer aprender. O tema centra-se no *coaching* professor. A proposta não ignora o *coaching* profissional e o *coaching* do aluno, mas os considera como temas que são tratados de forma independente e apresentam características específicas, tratadas em outros materiais.

Assim, para este material, o interesse é centrado no atendimento que você, como professor, quando for desenvolver atividades nos novos ambientes de ensino e aprendizagem presentes na sociedade contemporânea, deve prestar ao aluno.

Está cada vez mais difícil a separação entre os termos **tutoria** e **docência**, ou seja, parece que aos poucos o papel do tutor e o do professor se confundem, principalmente quando temos o desenvolvimento da proposta de salas de aula invertidas, na qual o conceito de *coach* pode ser levado ao extremo, o que é considerado benéfico para o ambiente como um todo.

No *coaching* professor, o ambiente não é o tradicional de trabalho, mas o de uma sala de aula, não importa onde ela esteja, seja presencial, seja na forma de uma sala de aula eletrônica. O que eles vão fazer? O que sempre se faz no ambiente educacional, em nosso caso, o ambiente acadêmico, mas não da maneira tradicional.

Considera-se que os alunos já estudaram o conteúdo e estão presentes no ambiente da sala de aula apenas para trabalhar, em pequenos grupos, a solução do que eles definiram como um problema de interesse de todo o grupo resolver e para o que o conteúdo da disciplina está orientado a repassar para os alunos no formato de textos, áudio, vídeo, animações, games etc.

O professor assume um novo papel, altamente estratégico, que utiliza técnicas de desenvolvimento pessoal, para que os objetivos que ele colocou para si mesmo, assim como os objetivos dos alunos, possam ser atingidos.

Desse modo, conseguirá alcançar um bom desenvolvimento de seu trabalho e atender às necessidades dos alunos.

Quando se vai atuar nos novos ambientes de aprendizagem da sociedade contemporânea, qualquer proposta de formação para atender a essas necessidades deve levar em consideração que o professor irá apresentar um comportamento que, segundo especialistas da Ken Blanchard Companies (2014), representa uma evolução em relação ao que os professores desenvolvem nos ambientes tradicionais de ensino e aprendizagem, de modo que ele possa obter o máximo rendimento de seu trabalho. Ele está configurado como atitudes e comportamentos voltados para oferecer ao aluno sob a sua responsabilidade condições para que ele atinja os objetivos que impôs a si próprio. O desenvolvimento de técnicas é deliberado e está voltado para criar no aluno crescimento individual e melhoria sustentada. Nesse processo, o professor orienta e ajuda o aluno a se concentrar no que eles precisam fazer para atingir os seus objetivos.

É uma proposta que não leva em conta o custo do atendimento individual, em ambientes de grandes salas de aula, e orienta no sentido de que o tutor não atenda a um número excessivo de alunos, como é possível observar em algumas iniciativas. A atividade deve ser repensada, quando se entrega ao tutor, que vai atuar como *coacher*, um número excessivo de alunos. O atendimento a pequenos grupos pode diminuir em muito essa perspectiva de custos, e essa proposta deve ser levada em consideração.

Essas técnicas assinaladas são voltadas para a obtenção da mudança de comportamento e a garantia da sustentabilidade dessa atitude durante todo o processo de desenvolvimento do aluno. Enquanto estuda o conteúdo proposto, o tempo previsto deve ser aberto para o aluno, de acordo com o seu **grau de educabilidade cognitiva** e **ritmo de aprendizagem**.

O grau de educabilidade cognitiva é um parâmetro que pode ser levado em consideração para justificar a flexibilidade proposta no ambiente. Considerar que nem todos aprendem da mesma forma já é uma evolução importante e que indica boa vontade em efetivar ambientes centrados no aluno.

Cada pessoa apresenta diferentes características em diversos aspectos de sua personalidade, e com relação à aprendizagem não poderia ser diferente. Cada ser humano tem a sua própria forma de trabalho em uma linha de tempo particular.

A busca de definições na área corporativa é mais fácil. Quando algum novo modismo ou alguma prática que chega para ficar se destaca, as pesquisas são extensivas, quem sabe em função da não exigência do rigor acadêmico, o que pode prejudicar os resultados das pesquisas. Entre as definições encontradas, uma das que melhor se aplica, levando em consideração o ambiente educacional, é apresentada a seguir.

Máñes, Navarro e Bou (2009), em estudos desenvolvidos sobre atividades de *coaching* em empresas europeias, consideram que essa atividade representa uma técnica que tem como principal objetivo descobrir a forma de ser de um ser humano enquanto um ente particular. O processo se estabelece entre duas pessoas onde uma delas (*coacher*) procura que outra (*coachee*) tome consciência de suas capacidades, acredite em si mesmo e encontre a motivação necessária para atuar de forma responsável.

Apesar de se tratar de um conceito proveniente do mercado corporativo, é possível considerar que ele tem total compatibilidade com o segmento educacional e representa uma função do tutor, no acompanhamento que deve prestar ao aluno. É um processo de troca cuja maior ou menor riqueza depende de forma direta do canal de comunicação que se estabelece entre os interlocutores.

O propósito é fazer com que o *coachee* alcance os seus objetivos e o leve a conquistar a autonomia e a realização pessoal, graças à satisfação que lhe traz conseguir desenvolver, em todo potencial, as suas habilidades latentes. De acordo com a SBC – Sociedade Brasileira de Coaching, o perfil do *coacher* se desenha a partir de um conjunto de perguntas:

- O que ele faz? Uma atividade de acompanhamento a outra pessoa.
- Quem assume o comando da atividade? A pessoa que vai prestar o acompanhamento, denominada *coacher*.
- Quem está do outro lado? Uma pessoa, *o coachee*, ou uma equipe de pessoas, que necessitam de apoio e ajuda.
- Quando a atividade ocorre? Em um momento-chave para a pessoa que se submete ao processo como *coachee*.
- Qual a sua finalidade? Para auxiliar essa pessoa a atingir seus objetivos.
- Para que essa atividade é desenvolvida? Para que os objetivos estabelecidos sejam atingidos.
- Como esta atividade é desenvolvida? Por meio de uma troca profícua e intensa de conhecimento entre o *coacher* e o *coachee*.
- Por que essa atividade é desenvolvida? Para tornar possível que pessoas com dificuldades, seja de qual for a ordem, atinjam um estado de autonomia e realização de si mesmas.
- Qual a essência do processo? Liberar o potencial do *coachee* para aumentar ao máximo o seu desempenho em funções pontuais.
- Que tipo de prática se desenvolve? Uma prática de apoio com orientações frequentes.

Essas características do processo permitem a inferência de um perfil para o profissional que vai desenvolver a atividade de *coaching* como um profissional diferenciado que deve combinar atividades de administração e gestão, com um perfil que tenha conhecimento de considerações cognitivas e psicológicas, voltadas para despertar a motivação das pessoas que o procuram para atingir determinado objetivo.

Esse profissional deve ter a capacidade de desenvolver uma **atividade maiêutica,** na qual as coisas se processam por meio da conversação, o que novamente leva à necessidade da capacidade de comunicação interpessoal do *coacher* com o *coachee*. No segmento educacional, o tutor assume todas essas funções, e dele se espera que consiga motivar e orientar o aluno. É algo que não deve ser guardado, mas sim aplicado sem parcimônia.

A maiêutica é um método de ensino socrático no qual o professor utiliza a técnica de efetuar diversas perguntas que direcionam o aluno a responder às suas próprias questões. É considerada uma boa técnica e um exercício mental potente para despertar potencialidades em pessoas que sabem a resposta para as suas dúvidas, mas não confiam em si próprias.

Como, a partir dessas considerações iniciais, podemos inferir qualidades para uma pessoa que vai assumir a função de *coacher*? No material de curso da SBC e nos vídeos colocados à disposição, podemos assinalar que esse profissional deve:

» saber escutar;
» estar sempre disponível;
» saber fazer o seu trabalho;
» ser competente;
» ter bom ânimo;
» adotar sempre uma atitude mental positiva;
» adotar uma metodologia precisa e que atenda seus objetivos.

Ao iniciar as atividades de trabalho com o aluno ou equipe com a qual vai desenvolver os seus trabalhos, o *coacher* não deve, a exemplo dos professores presenciais, assumir qualquer posição protetora ou de orientação. O tutor deve deixar o aluno desenvolver tudo por sua própria conta, coletar seus recursos, escolher quais lhe interessam, determinar a abordagem e a estratégia de aprendizagem, escolher as formas como vai aprender. Em todas essas etapas, o tutor apenas acompanha e responde quando é questionado.

Estamos utilizando o termo **tutor**, devido a este trabalho ser dirigido diretamente a esse profissional, quando ele iniciar o seu trabalho com a solução de problemas semelhantes àqueles que irá viver, ou já vive, em seu ambiente social ou de trabalho. Em nosso estudo, os termos **tutor** e *coacher* são intercambiáveis, assim como o são os termos *coachee* e aluno. Não mais iremos fazer distinção entre eles, mas vamos tratar o tema com os termos **tutor** e **aluno**.

A competência de um tutor pode ser medida pela presença dos seguintes predicados:

» conhecimento especialista da disciplina com a qual está desenvolvendo os trabalhos;
» elevada capacidade de relacionamento com o aluno;
» noções básicas de **psicologia cognitiva**;
» desenvolvimento pessoal;
» autoconhecimento de suas capacidades e de suas próprias limitações, que devem ser identificadas como forma de que o tutor saiba se pode ou não dar assistência a determinado aluno, com características particulares. Não é o fato de ser um tutor e um bom profissional que indica que ele tem condições de resolver todos os problemas. Ele deve saber quando não tem as condições necessárias e solicitar apoio;
» sabe desenvolver pesquisas e trabalha com material profícuo, de qualidade e atualizado, sabendo indicar e orientar o aluno como percorrer os meandros intricados da **hipermídia**.

A psicologia cognitiva representa a área do conhecimento que estuda os processos mentais que estão por trás do comportamento. Ela trata do modo como os indivíduos percebem, aprendem, lembram e representam as informações.

A hipermídia tem como significado o desenvolvimento de produtos que convergem diversas mídias, que têm como suporte de utilização a internet e têm restrições de necessidade de **ligações de banda larga** para que seja efetivada em velocidade que não provoque estresse nos usuários.

As ligações de banda larga apresentam qualidade e velocidade de transferência de dados que tornam o uso da hipermídia um processo cada vez mais utilizado e permitem o desenvolvimento de animações e simulações no ambiente virtual.

Estudos desenvolvidos para a SBC por Da Mata (2013) apontam para um conjunto de competências que são desejáveis para o *coacher* no que diz respeito à liderança que deve desenvolver junto ao aluno:

» conhecer seu próprio perfil e comportamentos e ficar atento ao impacto que eles provocam na equipe;
» contar com técnicas e ferramentas que o ajudarão a expandir sua visão de mundo, solucionar problemas e superar obstáculos, mudar comportamentos improdutivos, desenvolver novas competências;
» ser ético e íntegro em relação a seus valores;
» ser capaz de construir parcerias e influenciar outras pessoas, mesmo sem ter autoridade sobre elas;
» possuir competência para entender as necessidades dos colaboradores e dividir a liderança;
» ter habilidade para mudar o estilo de liderança, tendo clareza sobre quando e como variar de um estilo de autoridade para um estilo de orientação;
» entender melhor o comportamento humano;
» motivar seus colaboradores e equipes a melhorar seu desempenho;
» planejar objetivos e metas;
» dar *feedbacks* que promovam resultados.

Na continuidade, os estudos desenvolvidos por Máñes, Navarro e Bou (2009) ampliam esse horizonte considerando que, ao lado das competências de liderança, existem quatro outras áreas que estão relacionadas e assinalam competências complementares: as competências atitudinais; as competências de personalidade, as competências relacionais; e, por fim, as competências técnicas:

» competências atitudinais: visão, considerada uma capacidade de apropriar uma apreciação global do fenômeno no qual está envolvido junto ao aluno; sabedoria, considerada a combinação da visão com a experiência que o tutor tem de outras situações e que permite a manutenção da serenidade, quando as coisas parecem fugir ao controle;

» competências de personalidade: a humildade de atuar como participante da aquisição de conhecimento e não aquele que traça as diretrizes de como é possível obtê-lo; a curiosidade que identifica o interesse em aprender; a flexibilidade tida como a capacidade de mudar, quando encontra algum obstáculo; a segurança sobre seu trabalho que surge com a convicção de que vai obter resultados positivos e procura transmitir ao aluno essa sensação; a paciência, que identifica a capacidade de controlar a ansiedade, que deve ser evitada para não provocar sobrecarga psicológica no aluno e no próprio relacionamento; consistência, que identifica um estreito relacionamento com os fatos concretos, que revelam "pé no chão"; coerência tida como a capacidade de manter os seus valores em qualquer condição; convicção, que é tida como a confiança naquilo em que acredita e se propõe a realizar em favor do aluno; proatividade, que identifica a capacidade de tomar a iniciativa em situações de crise;
» as competências relacionais: a **inteligência emocional,** que indica a condição de desenvolver a gestão de conflitos e trabalhar, principalmente em grupos, um processo de comunicação diferenciado e que atua de forma sinérgica com transmissão de confiança ao grupo;
» as competências técnicas que indicam o conhecimento e domínio das ferramentas que irá utilizar para desenvolver o processo de *coaching*.

A inteligência emocional, conceito trabalhado por Goleman (2012), representa um conceito relacionado com habilidades que são interessantes para a função *coaching* e trabalhos desenvolvidos em grupos, quando inclui entre seus propósitos o tratamento de conflitos emocionais e o incentivo à motivação, de modo que as pessoas liberem, em relacionamentos em rede, o melhor de si.

ATIVIDADE
Você seria capaz de determinar em que áreas todas essas competências e habilidades podem ser enquadradas? Acreditamos que sua resposta foi positiva, ou seja, efetua o relacionamento, todas essas atividades, com o processo de

comunicação que deve se estabelecer entre o tutor e o aluno ou entre o *coacher* e o *coachee*. Registre o resultado de seu trabalho no diário de bordo e envie para o professor, se desejar uma devolutiva.

Assim, é importante levar em consideração que um dos principais elementos de formação para o profissional que vai desenvolver essas atividades centra-se em aquisição de conhecimentos que envolvem o desenvolvimento efetivo de processos de comunicação nos ambientes nos quais ele desenvolve as suas práticas profissionais.

A comunicação secunda a luta pela sobrevivência humana, sendo considerada competência associada diretamente às necessidades básicas do ser humano. A capacidade de transmitir mensagens, pensamentos e sentimentos é uma necessidade para o tutor ou para qualquer outra pessoa que necessita transmitir instruções.

Quando em ambientes presenciais, há diversos tipos de comunicação, que pode ser verbal e não verbal, e nesse segundo caso é a forma de desenvolvimento quando estamos em ambientes das salas de aula eletrônicas, ou em alguma **rede de relacionamento profissional** ou social. A essa capacidade, necessária para profissionais dessa área, se dá o nome de **comunicação interpessoal**, e muitos dos profissionais e tutores que vão desenvolver atividades de acompanhamento necessitam colocar a proposta dessa formação, desenvolvida de forma permanente e continuada, em serviço.

As redes sociais providenciam espaço para lazer e aproximação entre pessoas na grande rede, por motivos pessoais. Existem redes com outros propósitos que visam permitir que as pessoas mostrem suas competências técnicas na grande rede e atuem com oportunidade de desenvolvimento pessoal e empregabilidade. A rede com esse propósito mais comum na atualidade atende pelo nome LinkedIn®, e sua utilização é extensiva.

Os cursos de formação em *coaching*, independentemente da área de atuação já preveem, em sua grande maioria, essa formação como um dos módulos componentes da formação proposta. É importante que o profissional que vai desenvolver essas funções trabalhe em uma perspectiva que privilegie as linhas de atuação relacionadas na lista a seguir:

- » todo o processo de *coaching* (acompanhamento ao aluno) baseia-se em um método socrático ou a ele aproximado (maiêutica), que consiste em fazer perguntas ao aluno sobre questões determinadas, cujas respostas o levem a compreender os conceitos que estão sendo apresentados;
- » o relacionamento que se estabelece deve ser empático e envolver a afetividade, de forma proporcionar ao aluno a sensação de que ele pertence a um grupo que está interessado no seu desenvolvimento individual;
- » o retorno a qualquer solicitação deve ser imediato, dentro de prazos que podem ser acordados diretamente entre os interessados, mas que, a partir do momento em que forem estabelecidos, devem ser cumpridos. O processo de retroalimentação é um dos mais significativos em atividades de *coaching*;
- » o trabalho com a intuição, criticado por algumas linhas de trabalho com o *coaching*, é destacado em diversos estudos desenvolvidos na Harvard Business School, como elemento de influência e relevância (Davenport, 2013). Os relatos efetuados por esse pesquisador apontam para resultados nos quais elevados percentuais de sucesso em atividades de acompanhamento e *coaching* estão apoiados no desenvolvimento de atitudes e comportamentos creditados à capacidade intuitiva do tutor (*coacher*). Assim, a sua utilização é recomendada no desenvolvimento dessas atividades;
- » o respeito às crenças e normas de vida deve ser total, e discussões sobre esses aspectos devem ser evitadas durante o desenvolvimento do relacionamento e dos trabalhos que o *coacher*, ou tutor, desenvolve junto ao aluno, ou *coachee*;
- » nesse relacionamento não há lugar para proselitismo, principalmente quando se considera o papel que o *coacher* ou tutor desempenha junto ao *coachee* ou aluno, e um pressuposto relacionamento de poder, ainda que inexista, é considerado uma realidade palpável. Não há causas, prevalece o interesse de orientar o tutelado para que ele consiga atingir um objetivo claramente estabelecido.

Os especialistas da SBC – Sociedade Brasileira de Coaching destacam aspectos que muitos consideram que não deveriam ser levados em consideração, mas são destacados nos estudos desenvolvidos por Davenport (2013), autor que dá certa preferência ao trabalho com temas polêmicos e a valorização de certas crenças que podem servir como orientação ao trabalho dos profissionais envolvidos com *coaching* e tutoria. Alguns desses aspectos são listados a seguir:

- se você quer aprender alguma coisa, entre em ação (aprender fazendo – *learning by doing*), a primeira orientação que o *coaching* ou tutor deve fornecer ao orientado;
- a máxima na atividade de aprendizagem é que não há fracasso, tudo se resume em aprender, mas pode ainda não ter chegado o tempo;
- sempre temos em mãos todos os recursos que são necessários; se não tivermos, podemos criá-los ou diminuir o alcance de nossa proposta, adequando-a a uma nova realidade;
- todo o comportamento humano tem algum objetivo, ainda que possamos não nos dar conta dele. Em essência, o *coacher* ou tutor deve descobrir qual é esse objetivo;
- ter alguma opção é melhor que não ter nenhuma;
- estamos sempre fazendo o melhor possível, dentro das circunstâncias, mas ainda podemos fazer melhor é uma atitude correta e que direciona a atividade conjunta entre o professor e o aluno;
- devemos nos centrar na realidade que estamos vivendo e valorizar as experiências, interesses e estados de ânimo das pessoas que estamos orientando;
- a atividade de *coaching* é uma **atividade sinérgica** de mão dupla;
- o resultado da soma dos esforços do professor e do aluno representa mais do que o resultado da soma de esforços individuais;
- o professor tem todas as perguntas e o aluno tem todas as respostas.

O termo **sinergia** relaciona-se em nosso contexto com o resultado da combinação e esforço coordenado de pessoas que, atuando de forma conjunta, trazem a processos específicos maior participação e interesse dos participantes.

3. ATIVIDADES DE COACHING EDUCACIONAL

É como a ação combinada de dois ou mais medicamentos que produzem um efeito biológico, cujo resultado pode ser simplesmente a soma dos efeitos de cada composto ou um efeito total superior a essa soma. Essa ação combinada pode ser maior do que a soma dos resultados produzidos sem que essa convergência ocorra.

Em contraposição a atitudes positivas, existe um tripé de atitudes negativas destacadas por Máñes, Navarro e Bou (2009), que podem invalidar o trabalho conjunto desenvolvido pelo professor e pelo aluno:

» desesperança: a crença de que o objetivo desejado é inalcançável;
» impotência: a crença de que o objetivo desejado é alcançável, mas não por mim;
» ausência de merecimento: a crença de que não merecemos o resultado que queremos obter.

Ainda que não fossem vistas dessa forma, as atividades de *coaching* já eram desenvolvidas nos ambientes de sala de aula. Quando consideradas da ótica da atividade *coaching*, elas representam um corpo de conhecimento organizado. Após as reuniões de convencimento com os especialistas envolvidos, a atividade passou a ser aceita de forma diferenciada, e a proposta de inclusão do tema, ao desenvolver um trabalho sobre a aprendizagem baseada em problemas, ganhou consistência.

Quando desenvolvida e aplicada diretamente para os ambientes educacionais, essa técnica se revela eficiente. Alguns dos participantes que a aplicaram relataram como grande vantagem suas facilidades para organizar a atividade de acompanhamento, que é exatamente o que as técnicas de *coaching* descritas propõem.

Um dos pontos de destaque da técnica é a valorização do conhecimento anterior adquirido por todos os participantes. Todos têm alguma coisa com a qual podem colaborar para o interesse do grupo ou individual. Nas técnicas de *coaching*, a aprendizagem é considerada resultado de uma experiência ou de um conjunto de ações que determinada pessoa, ou grupo de pessoas, aprende por vontade própria. Não existem atividades de *coaching* quando uma das partes não demonstra interesse. O envolvimento é muito grande para que a pedagogia do fingimento (Werneck, 2002) tenha lugar.

> **REFLEXÃO**
> Em diversas oportunidades até agora, e pode ser que volte a ser assinalado um tipo de relacionamento entre aluno e professor, destacado por Werneck, sugere-se que você desenvolva uma análise da perspectiva desenvolvida pelo autor. Se tiver acesso à obra indicada na bibliografia, efetue uma sinopse sobre ela. Registre o resultado do trabalho em seu diário de bordo. Se deseja uma devolutiva, envie o resultado para o endereço de contato com o autor.

A consideração de que a aprendizagem é uma mudança provocada na pessoa como resultado de uma experiência está presente de forma influente, o que transforma a atividade de *coaching* em um processo estruturado que persegue um objetivo específico e único: que o aluno adquira os conhecimentos que deseja.

Durante o desenvolvimento dos trabalhos de preparação deste material, no mural onde eram registradas as atividades, um dos participantes colocou uma mensagem, cujo destaque é útil no encerramento destas orientações para utilização do *coaching* educacional nos ambientes de ensino e aprendizagem, independentemente de sua forma de oferta. Os resultados podem ser os mesmos em todos os ambientes, destacando que, no ambiente virtual, o comprometimento do aluno, de forma geral, é maior.

A mensagem alertava: "Dê um peixe a um homem faminto e o alimentarás por um dia. Ensine-o a pescar e o alimentarás para toda uma vida" (Provérbio Oriental – *Lao Tse*). Outro participante da equipe completou com um ditado mais moderno e mais direto e que ia ao encontro do sentimento do grupo: "O fracasso é a oportunidade de começar de novo, inteligentemente" (Henry Ford).

★ 3.4 Síntese deste capítulo

Neste capítulo, você teve uma visão sobre um tema polêmico no ambiente acadêmico e não desenvolvido por questões financeiras que levam em consideração as necessidades de remuneração de capital. É comum observar nos ambientes de cursos EaD um mesmo tutor atender a cem ou mais alunos, e nessas condições o *coaching* educacional não é aplicável.

★★ 3.5 Questões de revisão

1ª QUESTÃO
Relacione a falta de preparação para desenvolvimento de trabalhos em ambientes virtuais de aprendizagem com a baixa qualidade que ocorre nesses casos. Justifique sua resposta.

2ª QUESTÃO
Qual seu posicionamento quanto à aplicabilidade da atividade *coaching* no ambiente educacional? Justifique sua resposta.

3ª QUESTÃO
Escolha entre as competências e as habilidades necessárias para atividade de *coaching* e justifique sua opção.

4ª QUESTÃO
Em seu parecer, qual a influência do relacionamento de poder entre professor e aluno na motivação e participação no ambiente? Justifique sua resposta.

5ª QUESTÃO
Qual é, em seu parecer, a influência da inteligência emocional no processo de ensino e aprendizagem em ambientes virtuais e para que ela é utilizada? Justifique sua resposta.

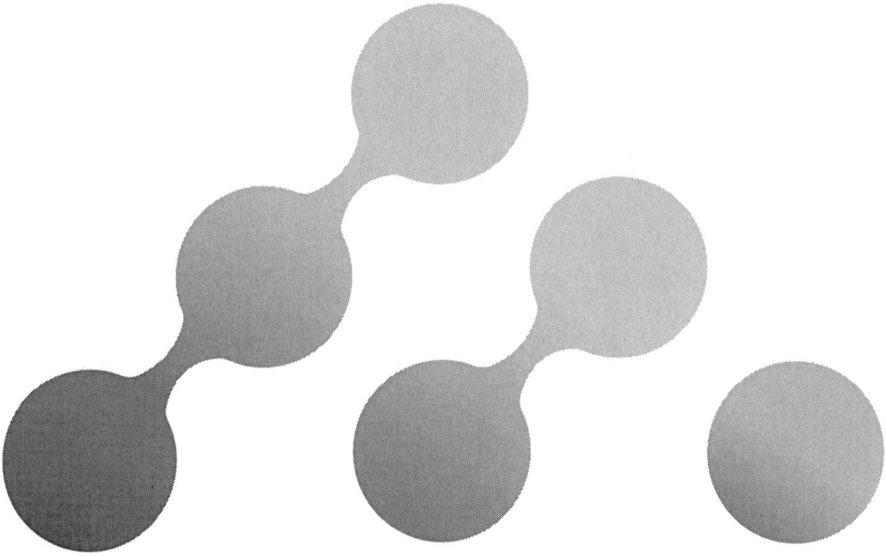

4
A FORMA COMO O SER HUMANO APRENDE

4.1 Apresentação
» Conteúdo
» Competências e habilidades
» A forma como o ser humano aprende
» Atividades
» Síntese deste capítulo
» Questões de revisão

4.2 Competências e habilidades adquiridas
Ao terminar a leitura deste capítulo, você terá um dos conhecimentos mais importantes para que possa tornar flexível a personalização dos conteúdos de acordo com ritmos próprios e características particulares da forma como um indivíduo aprende.

4.3 A forma como o ser humano aprende
Qualquer preparativo para formação de um tutor ou aperfeiçoamento da ação e prática tutorial de profissionais que já desenvolvem essa atividade não pode prescindir de considerações iniciais que inquiram uma das grandes áreas de pesquisa, nas quais a pergunta predominante é: como o ser humano aprende?

Para que ter esse conhecimento? Segundo Delval (2014), "(...) a escola tem como objetivo levar os alunos a formar representações adequadas do mundo, e o educador precisa ter como referência essas ideias preconcebidas, para realizar a sua tarefa de educador de forma satisfatória". Sem conhecer as formas como o ser humano aprende pouco o educador pode conseguir. Ele não irá falar a mesma linguagem que o aluno compreende e à qual atende.

Não há uma definição simples ou alguma forma de direcionar todas as pessoas para um mesmo caminho de aprendizagem. A atividade de aprendizagem é inerentemente complexa. Existem diferentes teorias de aprendizagem, bem como diferentes abordagens do processo de ensino e aprendizagem, sem que nenhuma possa invocar alguma primazia. Elas representam tentativas de, a partir do conhecimento sobre como o ser humano aprende, criar técnicas que facilitem o desenvolvimento da atividade de aprendizagem pelo aluno.

Na atualidade, em um período que abrange as duas últimas décadas, as descobertas desenvolvidas pela ciência que estuda a mente trouxeram contribuições importantes. As teorias criadas como consequência provocaram mudanças nas formas de ensinar, no desenvolvimento dos currículos, nas formas de abordagem do processo de ensino e aprendizagem e na criação de diversas ideias pedagógicas.

A alteração no comportamento dos tutores é o que mais nos interessa no momento. O que se recomenda como práticas mais indicadas, de forma que o tutor possa atender melhor ao aluno, é levar em consideração diferentes formas de comunicação e de flexibilização das atividades a ser desenvolvidas e de estratégias a ser adotadas para a solução do problema escolhido, como forma de avaliação de seu desempenho e aquisição de novos conhecimentos.

Pesquisas e estudos indicam que para o tutor, na sociedade contemporânea, é importante saber como o aluno sob sua responsabilidade aprende. O que significa que o tutor deve reconhecer quem é o aluno que está sob sua responsabilidade. Ela não é pequena, e esse conhecimento dá maior segurança para que o tutor possa desenvolver a sua atividade de ensino com maior segurança.

O aluno não é apenas um ser intelectualizado. Antes disso, ele é um ser emocional e social. Essas dimensões atuam de forma conjunta, não sendo possível separar uma da outra e, assim, influenciam igualmente a atividade de aprendizagem que o aluno pode desenvolver.

Você próprio já foi um aluno e agora, sujeito a um processo de formação permanente e continuada, volta e meia retorna aos bancos escolares e se torna novamente um aluno e passa pelo mesmo processo. Assim, sabe que existe uma proposta para o contato inicial do tutor com o aluno no qual é importante que o tutor:

» respeite o conhecimento prévio do aluno: eles são pessoas que chegam aos bancos escolares com conhecimentos prévios, apresentando habilidades, crenças e conceitos que direcionam como acontece a sua percepção do ambiente onde vive;
» avalie e saiba o que pode ser feito de acordo com o nível intelectual que ele apresenta e o seu grau de educabilidade cognitiva: pelo conhecimento adquirido até o momento, de acordo com a faixa etária e experiência, é possível ter uma primeira visão sobre as maneiras mais fáceis de atingir um processo de interação produtivo;
» procure identificar as bases culturais que ele apresenta e traz como resultado de vivências, fora do ambiente escolar: é com esse conhecimento que o aluno inicia novos processos de aprendizagem, razão da importância de o tutor conhecer como ele adquiriu o conhecimento apresentado.

Agindo dessa maneira, tem-se a oportunidade de estabelecer um bom início de relacionamento, que deve ser mantido durante todo o processo. Sem que isso aconteça de nada adianta o tutor apresentar credenciais elogiáveis que destaquem competências pedagógicas invejáveis. Se ele não sabe o que está acontecendo com o aluno, as atitudes e comportamentos que vier a ter podem cair no vazio.

Tudo o que um tutor puder levantar de interesse sobre o aluno colabora de forma decisiva para que ele elabore um plano de atendimento individual e saiba como gerenciar as situações de crises individuais ou conflitos que podem ocorrer quando são formados grupos de estudo compostos por pessoas de grande diversidade cultural. Essa diversidade não deve ser eliminada, pois grupos de iguais muitas vezes demonstram elevado grau de ineficiência.

Nunca é tarde para lembrar que, a partir do nada, nada se cria. A determinação do conhecimento anterior do aluno é importante. Há indicativos montados a partir de estudos psicológicos. Moura (2014) desenvolve um estudo simples no qual relaciona características sensoriais com formas de aprendizagem. A pesquisadora identifica três tipos diferentes de estilos sensoriais de aprendizagem:

» aprendizagem visual (imagem): esse aluno aprende olhando para o mundo e isso direciona atividades onde ele seja envolvido com o meio ambiente;
» aprendizagem auditiva (som e música): para melhor atender a esse aluno, é recomendável que no projeto instrucional sejam planejadas atividades que utilizem recursos auditivos;
» aprendizagem cinestésica (movimento, leitura e tato): o que recomenda o manuseio de objetos ligados aos temas que ele vai aprender.

Existem outras propostas. O tutor pode buscar relacionar o tipo de inteligência obtido com a utilização da teoria das **inteligências múltiplas** (Gardner, 1995), entrevistas dos alunos com psicopedagogos podem determinar essas formas. Testes vocacionais podem ser aplicados. Há todo um arsenal de materiais com fundamentação psicológica. Mas nenhuma dessas linhas supera a observação direta que o tutor efetua no contato direto com o aluno. Quanto maior for a afetividade e os laços que unem os tutores e os alunos sob sua responsabilidade, maiores serão as possibilidades de sucesso nas tentativas de envolvimento do aluno no processo de aprendizagem.

A teoria das inteligências múltiplas postula que cada pessoa tem diversos comportamentos em diferentes situações e que elas podem ser relacionadas com determinado tipo de inteligência. Goleman (2012) relacionou em seus estudos sete inteligências e, na sequência, apresenta mais duas para completar seu estudo. Uma mesma pessoa pode convergir diversas inteligências, mas é possível que uma delas seja a predominante e determine a forma como a pessoa aprende.

LEITURA COMPLEMENTAR

O assunto que trata da inteligência emocional em www.din.uem.br/ia/emocional é extenso, sendo recomendável que o leitor procure um texto complementar para que possa efetivar sua conceituação sobre o termo. Leia também este texto complementar, que você poderá encontrar em http://www.din.uem.br/~ia/emocional/ e, ao final, registre o resultado em seu diário de bordo. Se desejar uma devolutiva, envie para o endereço de contato com o autor.

A experiência e o apelo à criticada intuição de vários tutores muitas vezes leva à identificação quase imediata da forma como o aluno aprende, mas esses casos são eventuais e não podem servir de apoio ou justificativa para que cuidados sejam tomados com relação a essa atividade: é necessário o conhecimento sobre como o aluno aprende. A existência de estereótipos pode facilitar a identificação, mas também não é um indicativo seguro que poderia ser sempre aplicado.

A solução normalmente mais adotada é oferecer ao tutor alguns tópicos que podem auxiliar na identificação de linhas gerais de pensamento do aluno, que facilitam o contato inicial, mas a partir daí o que vale mesmo é a observação constante e anotações sobre como o aluno se comporta.

Seu interesse neste material pode nos levar a crer que você é um professor, com experiência e em busca de novas qualificações, ou em fase de início de carreira, com desejo de progressão que o oriente na busca de formações complementares, como aquela oferecida neste material de estudo. Se já trabalhou com jovens e adultos em ambientes virtuais de aprendizagem, já tem percorrido boa parte do caminho para identificação de estilos de aprendizagem de alunos adultos.

Assim, já deve saber da quase impossibilidade e delegação ao acaso, de efetivação de um processo eficiente para a formação do aluno sem o conhecimento das formas como ele aprende. Não importa como isso foi conseguido, se de forma intuitiva, se com uso de técnicas e práticas acadêmicas, o que importa é que você consiga se desincumbir de tal tarefa, o que não é uma proposta simples e fácil. Este trabalho pode ser colocado no rol das atividades complexas, levando em consideração o grande número de variáveis envolvidas.

Se agora já temos a importância da tarefa destacada, o que podemos fazer deste ponto em diante é lhe oferecer alguns indicativos que podem ajudar a identificar qual o estilo de aprendizagem de um aluno que está sob a sua responsabilidade, por mais que essa responsabilidade seja dividida com o aluno, no ambiente educacional da sociedade contemporânea, que estamos utilizando como base para o desenvolvimento deste material.

Se a orientação fosse a indicação de autores que trabalham nessa perspectiva de forma produtiva, ainda que os resultados obtidos não sejam definitivos, certamente encheríamos esta página com citações de trabalhos interessantes, cada um com sua aplicação, que será funcional em determinado contexto.

O que vamos fazer é citar um conjunto de autores e, a partir dessa relação, montar uma lista que, na realidade, é uma adaptação às características desta obra, na qual aspectos que influenciam na forma de aprendizagem estarão relacionados. Assim, a aprendizagem de um ser humano pode ser influenciada por qualquer um dos fatores abaixo relacionados, considerados de forma isolada ou em sinergia quando atuam em conjunto. Facilita a aprendizagem do aluno:

» fornecer conteúdos que orientem para o descobrimento, que despertem o interesse do aluno e incentive a sua natural curiosidade para a solução de problemas;
» orientar no sentido de desenvolvimento de intensa **interação social**;
» transmitir ideias, não importa de que maneira, sempre de forma clara e de fácil compreensão por parte do aluno;
» utilizar atividades que estejam relacionadas com a vida pessoal ou profissional do aluno e que busquem a valorização daquilo que ele já conhece como resultado de sua carreira, desenvolvida até ter acesso aos bancos escolares;
» orientar a aprendizagem baseada em uma interação intensa com seus orientadores, com seus pares na figura de outros alunos, com seus colegas de vida pessoal, com seus parentes, com as redes sociais, com os familiares, de forma a sentir-se, de alguma maneira, ligado com a instituição que oferece o processo educacional e com os seus colaboradores;

- » fornecer materiais didáticos que não sejam extensivos e conteudistas, mas contenham orientações claras, que o aluno possa utilizar sozinho e ir recebendo estímulos durante o desenvolvimento dos estudos, trabalhando na perspectiva da descoberta e da evolução, do mais simples ao mais complexo;
- » utilizar todos os meios de comunicação possíveis e que podem atender de forma mais completa um aluno do que outro. Esse fato contribui para identificação da forma como o aluno aprende, que é a discussão em curso;
- » apoiar todo o processo de ensino e aprendizagem em um planejamento claro e inequívoco, de forma a orientar o aluno a adotar os comportamentos mais adequados;
- » privilegiar atividades que contemplem diversos estilos tradicionais e estereotipados de formas de aprendizagem, que podem ser caracterizadas como:
  - um **estilo ativo** de aprendizagem que valoriza os dados da experiência;
  - um **estilo reflexivo**, que está baseado na análise e reflexão;
  - um **estilo teórico** apoiado no estabelecimento de teorias, princípios, modelos, e conta com o desenvolvimento de elevada capacidade de síntese;
  - um **estilo pragmático,** em que o que conta é a aplicação imediata dos conhecimentos adquiridos e o desenvolvimento de experimentação.
- » desenvolver um ambiente de grande flexibilidade, onde o tutor tenha autonomia para modificação de atividades, forma de avaliação, indicação de materiais, de acordo com a estratégia da solução que o aluno adotou para o problema que lhe foi proposto;
- » desenvolver a **interatividade** no limite da capacidade e que não venha a provocar nenhuma sobrecarga laboral, cognitiva e psicológica;
- » utilizar os meios disponíveis como forma de despertar e aumentar a capacidade de receptividade do aluno, com relação aos seus sentidos sensoriais, o que pode influenciar a predisposição para desenvolvimento da aprendizagem;
- » incentivar a transformação do conteúdo em informações, de forma a permitir que o aluno as transforme em conhecimentos.

A interação social representa um dos aspectos mais importantes no processo de ensino e aprendizagem desenvolvido nos ambientes virtuais de aprendizagem, e a busca de sua efetivação de forma envolvente e completa representa uma das estratégias educacionais recomendadas nesses ambientes.

Um estilo pragmático é a efetivação da doutrina filosófica que adota a utilidade de determinada atividade e que faz com que haja envolvimento e participação.

A interatividade representa não apenas a interação social, mas também aquela entre o homem e a máquina, que pode estar cercada de fatores psicológicos que afetem a produtividade desse relacionamento.

Essas providências, se auxiliaram o aluno a desenvolver a atividade de ensino e aprendizagem, ainda não configuram um levantamento de formas de aprendizagem. Esse levantamento pode acontecer a partir da aplicação das condições relacionadas e da observação constante do tutor. Assim, ele não vai definir características gerais, mas sim acabar por aprender como um aluno em particular aprende.

■ **DIÁLOGO**
Quando o tutor observa a similaridade de atitudes e comportamentos que ocorrem nos ambientes educacionais, que estão armazenados em sua memória de longo prazo, ele pode reconhecer a qual perfil um determinado aluno pertence. Ao desenvolver esta atividade, o tutor atua na perspectiva proposta pelo raciocínio baseado em casos, ou seja, em experiências anteriores.

A importância do tema tratado neste capítulo justifica que você trabalhe um pouco mais e efetue outra leitura complementar, como a indicada a seguir.

■ **LEITURA COMPLEMENTAR**
Os estudos da escola espanhola, sobre as formas como o ser humano aprende, são bem aproximados dos estudos desenvolvidos no Brasil e parecem ser adequados ao perfil do aluno brasileiro. Utilize o link abaixo como ponto de entrada e leia todo um conjunto de artigos disponíveis para as pessoas interes-

sadas. Você poderá se matricular no curso on-line, se ele estiver em oferta e participar de uma rede ativa (http://learningstyles.uvu.edu/index.php/jls); endereço onde você poderá encontrar uma série de artigos sobre graus de educabilidade, formas de aprendizagem, além de poder participar de uma rede ativa e de cursos ofertados periodicamente sobre o assunto. O fato de ser uma universidade internacional pode ajudar você a ter uma visão multicultural sobre as formas de aprendizagem do ser humano.
Se possível, complete seus estudos consultando a bibliografia indicada: BARROS, Daniela Melaré Vieira. *Estilos de aprendizagem e o uso de tecnologias*. São Paulo: Editora De Facto, 2013.

Até agora rondamos o tema sem que fossemos incisivos com relação a obter uma definição, ou um roteiro sobre como identificar a forma como um aluno aprende. Certamente vamos decepcionar você se dissermos que essa definição não existe e que não podemos, sobre o assunto, indicar um conjunto de orientações que identifique a forma de aprender que seja aplicável a qualquer aluno de forma indistinta. Mas é o que vamos fazer. Não existe uma fórmula mágica para solucionar esse problema.

Mas ainda bem que é possível relacionar as formas e deixar que a escolha, a indicação e a efetivação fiquem ao seu critério, se você é o tutor, já que é quem está em contato direto com o aluno. Para tanto, você pode se apoiar em estudos desenvolvidos pela escola espanhola, uma das mais ativas na comunidade europeia, como uma das soluções que podem ser aplicadas.

Os estilos de aprendizagem são, em duplas, considerados como ativos × reflexivos; racionais × intuitivos; visuais × verbais; sequenciais × globais. Cada uma dessas classificações, levantadas por Felder e Soloman (2014) permite que você adapte as recomendações do projeto instrucional e a definição de atividades, com uma apresentação diferenciada. Segundo os autores, cada um dos pares relacionados tem seu significado e para que você, que acompanha o desenvolvimento do aluno, possa situá-lo de forma a dar flexibilidade ao seu atendimento. Por isso, é importante o conhecimento de todo o material. Para tanto, vamos nos apoiar no estudo referenciado no qual podemos observar as colocações dos pesquisadores:

» Aprendizes ativos × reflexivos:
  - Os ativos tendem a reter e compreender informações mais eficientemente, discutindo, aplicando conceitos e/ou explicando para outras pessoas. Gostam de trabalhar em grupos.
  - Os reflexivos precisam de um tempo para, sozinhos, pensar sobre as informações recebidas. Preferem os trabalhos individuais.
» Aprendizes racionais × intuitivos:
  - Os racionais gostam de aprender fatos. São mais detalhistas, memorizam fatos com facilidade, saem-se bem em trabalhos concretos (laboratório, por exemplo). Tendem a ser mais práticos e cuidadosos do que os intuitivos.
  - Os intuitivos preferem descobrir possibilidades e relações. Sentem-se mais confortáveis em lidar com novos conceitos, abstrações e fórmulas matemáticas. São mais rápidos no trabalho e mais inovadores.
» Aprendizes visuais × verbais:
  - Os visuais lembram mais do que viram – figuras, diagramas, fluxogramas, filmes e demonstrações.
  - Os verbais tiram maior proveito das palavras – explicações orais ou escritas.
» Aprendizes sequenciais × globais:
  - Os sequenciais preferem caminhos lógicos, aprendem melhor os conteúdos apresentados de forma linear e encadeada.
  - Os globais lidam aleatoriamente com conteúdos, compreendendo-os por *insights*. Depois que montam a visão geral, têm dificuldade de explicar o caminho que utilizaram para chegar nela.

Outra linha de identificação de diferentes formas como o ser humano aprende utiliza os estudos desenvolvidos por Gardner (1995), que estabeleceu o conceito das inteligências múltiplas. Existem diversas maneiras de saber qual a inteligência predominante em determinado aluno. Um indivíduo pode ser classificado em mais de um tipo de inteligência, mas sempre há uma preponderante que será utilizada para que melhor acompanhamento lhe seja prestado pelo tutor responsável. Essas inteligências são:

- » Lógica – voltada para conclusões baseadas em dados numéricos e na razão. As pessoas com essa inteligência têm facilidade em explicar as coisas utilizando-se de fórmulas e números. Costumam fazer contas de cabeça rapidamente.
- » Linguística – capacidade elevada de utilizar a língua para comunicação e expressão. Os indivíduos com essa inteligência desenvolvida são ótimos oradores e comunicadores, além de possuírem grande capacidade de aprendizado de idiomas.
- » Corporal – grande capacidade de utilizar o corpo para se expressar ou em atividades artísticas e esportivas. Um campeão de ginástica olímpica ou um dançarino famoso, com certeza, possuem essa inteligência bem desenvolvida.
- » Naturalista – voltada para a análise e compreensão dos fenômenos da natureza (físicos, climáticos, astronômicos, químicos).
- » Intrapessoal – pessoas com essa inteligência possuem a capacidade de se autoconhecerem, tomando atitudes capazes de melhorar a vida com base nesses conhecimentos.
- » Interpessoal – facilidade em estabelecer relacionamentos com outras pessoas. Indivíduos com essa inteligência conseguem facilmente identificar a personalidade das outras pessoas. Costumam ser ótimos líderes e atuam com facilidade em trabalhos em equipe.
- » Espacial – habilidade na interpretação e reconhecimento de fenômenos que envolvem movimentos e posicionamento de objetos.
- » Musical – inteligência voltada para a interpretação e produção de sons com a utilização de instrumentos musicais.

Existem outras linhas de pesquisa que você pode consultar e, ao fazer um exame um pouco mais detalhado sobre elas, irá perceber que todas, sem exceção, têm como objetivo a melhoria da sua prática profissional, no que diz respeito ao atendimento e acompanhamento ao aluno. É claro o destaque e a importância para esse aspecto. Poderá observar também que ele se direciona para uma investigação sobre a atividade docente.

Todas as propostas buscam oferecer a você, professor que atua como tutor na perspectiva de se tornar um *coacher* ativo, o conceito e a natureza dos estilos de aprendizagem. Neste ponto você pode estar se perguntando: para que todo esse aparato?

A resposta parece simples, pelo menos na perspectiva utilizada neste material. Porque é importante para o professor conhecer sequências integradas de procedimento ou atividades que são consideradas como as mais indicadas para atender ao propósito de facilitar a aquisição, armazenamento e utilização da informação e a sua transformação em conhecimentos, que é, em síntese, o que se faz durante todo o processo de ensino e aprendizagem.

É a partir dessa proposta que Allonso, Gallego e Honey (2002) trabalham sobre a ideia de Pozo (Pozo in Allonso, Gallego e Honey, 2002), que considera importante que você, como tutor, tenha um conjunto de estratégias guardadas na algibeira e que delas possa fazer utilização, quando somente restarem você e o aluno sob sua responsabilidade. Ambos estão empenhados no encontro de uma solução para seus problemas.

Essas técnicas podem ser individuais e provir de sua ação e prática profissional ou existirem como resultado de estudos e formação, que é o que estamos propondo neste momento. Para atingir esse objetivo, vamos trabalhar alguns aspectos que poderão permitir a melhoria de sua atuação junto ao aluno, em atividades de convencimento para que ele desenvolva da melhor forma possível a atividade de aprendizagem.

Os estudos foram feitos com base em trabalhos desenvolvidos por um conjunto de pesquisadores (Ferreiro, 2006; Lago, Colvin e Cacheiro 2008; Portilho, 2009), nos quais é possível a captação de uma diversidade de atividades desenvolvidas pelo tutor ao encontrar dificuldades no relacionamento com algum aluno ou um conjunto de alunos com características particulares.

Esses pesquisadores relacionam diversas atividades, consideradas as mais utilizadas em psicologia educacional. Essa relação, que determina uma estratégia a ser seguida, é apresentada por um conjunto de estudiosos espanhóis (Cué, Quintanar, Velázquez e Tapias, 2012), que consideram ser apenas no atendimento personalizado que o tutor poderá determinar o estilo de aprendizagem.

4. A FORMA COMO O SER HUMANO APRENDE

O que é possível concluir? Que as pessoas aprendem de acordo com as características do ambiente, com os estímulos recebidos, com a disposição com que se aplicam nos estudos, com o acompanhamento que recebem de seus orientadores. Uma observação nas reações das pessoas que aprendem mostra que a aprendizagem pode ser gratificante ou aborrecida; esse estado de espírito depende da atitude que determinado aluno apresenta perante uma nova situação.

Se você observar alguém sob sua responsabilidade como tutor, durante o desenvolvimento da aprendizagem, é possível que chegue a uma conclusão que muitos outros profissionais chegaram: as pessoas aprendem aquilo que vivem pessoalmente e a intensidade com que aprendem e fixam a aprendizagem está diretamente relacionada com a motivação que as levou a desenvolver tal atividade.

Para você como profissional dedicado a educar as pessoas, é importante fazer valer as condições básicas para que a aprendizagem ocorra:

» poder aprender;
» querer aprender;
» saber aprender.

É importante destacar que tudo o que estamos falando sobre aprendizagem está relacionado com pessoas em condições de aprender e dispõe tanto das capacidades cognitivas (atenção, motivação etc.) quanto dos conhecimentos prévios necessários. A partir desse ponto, é preciso que o aluno tenha acesso à informação necessária para que a aprendizagem aconteça. Na continuidade, para sustentação dessas condições iniciais, o aluno deve ser motivado, e o principal vetor para que isso aconteça é o professor. O que é importante nisso tudo? Acreditamos que você concorde que há uma prioridade para a aprendizagem em relação ao ensino. Essa afirmativa é colocada no trabalho de quase todos os pesquisadores consultados.

■ 👥 **DIÁLOGO**
Você também tem seu estilo próprio de aprendizagem. Os questionários VAK são uma forma que alguns professores utilizam para verificar o estilo de aprendizagem de seus alunos. Aplique em você mesmo esse questionário e verifique a eficiência que ele apresenta. O questionário é desenvolvido de forma on-line, e o resultado é apresentado imediatamente. Em seguida, desenvolva o teste das sete inteligências e verifique o acerto que ele proporciona.
Levante seu estilo de aprendizagem. Levante o tipo de inteligência predominante em seu perfil, pesquise em http://www.guiadacarreira.com.br/teste-7-inteligencias/.

Você pode procurar e irá encontrar diversos outros testes. Aplicar em você mesmo pode lhe dar elementos para orientar os alunos sob sua responsabilidade na identificação de seu estilo de aprendizagem. Não perca essa oportunidade que pode lhe conferir maior sensibilidade e determinar atitudes e comportamentos diferenciados a ser adotados em seu relacionamento com os alunos.

★ 4.4 **Síntese deste capítulo**

Neste capítulo, você teve uma visão sobre um dos conhecimentos mais importantes para os profissionais que vão orientar participantes de cursos desenvolvidos em ambientes virtuais, a forma como o ser humano aprende. Com esse conhecimento em mãos você poderá participar de projetos instrucionais e determinar atividades para efetivação eficaz da aprendizagem do aluno nesses ambientes.

★★ 4.5 **Questões de revisão**

1ª QUESTÃO
Relacione o conhecimento das formas como o aluno aprende, com melhor desempenho da tutoria em ambientes virtuais de aprendizagem. Justifique sua resposta.

2ª QUESTÃO
Qual a relação possível de estabelecer entre a valorização do conhecimento prévio do aluno com a obtenção de melhores resultados na atividade de aprendizagem? Justique sua resposta.

4. A FORMA COMO O SER HUMANO APRENDE

3ª QUESTÃO
Pontue, em seu entendimento, a importância das redes de relacionamento profissional nas atividades de aprendizagem.

4ª QUESTÃO
Relacione a utilização da **estratégia do aprender fazendo** com o sucesso apresentado em ambientes que utilizam essa abordagem. Justifique sua resposta.

5ª QUESTÃO
Como, em seu entendimento, é possível evitar a efetivação da proposta da "pedagogia do fingimento" nas atividades de ensino e aprendizagem, não importa onde ela esteja sendo aplicada.

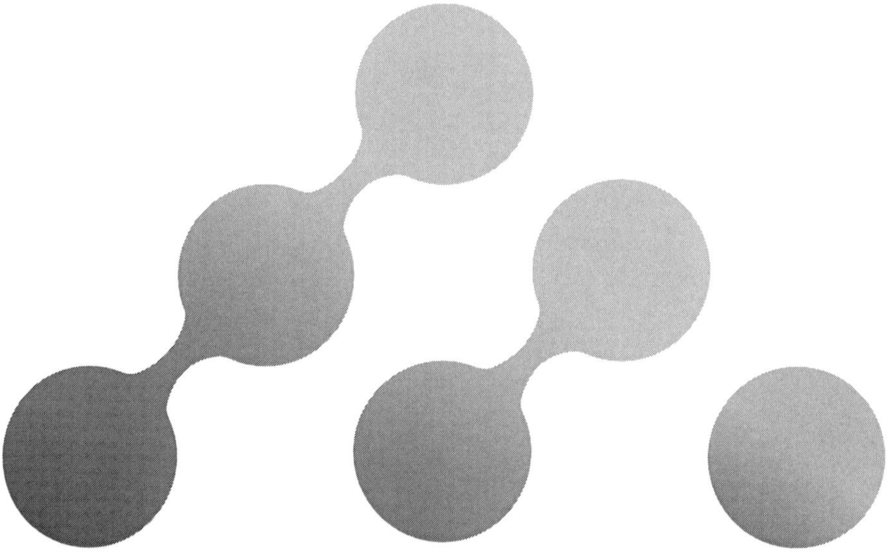

5
A LIGAÇÃO PEDAGOGIA E AMBIENTES VIRTUAIS

5.1 Apresentação
» Conteúdo
» Competências e habilidades
» A pedagogia no ambiente virtual
» Atividades
» Síntese deste capítulo
» Questões de revisão

5.2 Competências e habilidades adquiridas
Ao terminar a leitura deste capítulo você terá um dos conhecimentos mais importantes para que possa adequar conhecimentos adquiridos para os ambientes presenciais, de modo que eles sejam efetivos nos ambientes virtuais de aprendizagem.

5.3 A pedagogia no ambiente virtual
Os conceitos discutidos neste material têm validade tanto em ambientes presenciais quanto nos ambientes virtuais. Mas não há como negar as diferenças de atitudes e comportamentos desenvolvidas nesses dois ambientes. Assim é necessário um parêntese no tratamento da aprendizagem baseada em problemas para a discussão de aspectos diferenciados da pedagogia no que diz respeito à sua aplicação nesses ambientes, onde são oferecidos cursos na modalidade da educação a distância.

É indiscutível que a evolução dos meios de comunicação, a presença da internet em todos os lares, o surgimento da educação aberta que atende à necessidade de formação permanente e continuada criam uma nova pedagogia de ensino a ser desenvolvida nos ambientes em rede. As redes sociais passam a desempenhar papel importante tanto no contexto social quanto nos ambientes educacionais.

A pedagogia em seus conceitos e fundamentos não é modificada, o que são modificados e de forma radical, em alguns casos, são as atitudes e comportamentos que professores e alunos têm de desenvolver, nos quais a comunicação desempenha papel fundamental.

A primeira constatação são as mudanças evidentes:

» Muda a legislação educacional para determinar um processo de regulação que dá para a modalidade a credibilidade exigida no ambiente acadêmico e a seriedade necessária a qualquer processo e, em especial, a tudo o que envolve a educação;
» Necessidade de formação diferenciada do professor para que ele possa atender às exigências colocadas para desenvolvimento de sua ação e prática profissional nos ambientes virtuais de aprendizagem com utilização extensiva da mediação tecnológica;
» Há mudanças curriculares que têm a finalidade de compatibilizar as cargas horárias a serem desenvolvidas nesses ambientes, de modo que os profissionais formados nessas modalidades tenham reconhecimento similar no mercado de trabalho corporativo;
» Mudanças na infraestrutura com a criação de salas de aula eletrônicas que trazem novos paradigmas emergentes para a efetivação qualitativa das atividades de ensino e aprendizagem;
» Adaptações em teorias de aprendizagem em vigor e surgimento de novas teorias que visam atender a um aluno de uma sociedade complexa e diferenciada. A geração digital tem as suas caraterísticas particulares e novos procedimentos e atitudes são necessários.

5. A LIGAÇÃO PEDAGOGIA E AMBIENTES VIRTUAIS

A forma de oferta de cursos mais em evidência em nosso país, a modalidade da presença conectada, busca uma proximidade dos ambientes presenciais com a utilização de polos de apoio presenciais, local para atendimento ao aluno distante e onde ele pode "assistir aulas" e as avaliações devem ser efetuadas de modo presencial.

O *b-learning* (*blended learning*) pretende garantir a continuidade da necessidade da presença e ainda revela a desconfiança que os órgãos reguladores da EaD em nosso país têm, sobre a seriedade do processo de ensino e aprendizagem nos ambientes virtuais, principalmente em processos de imersão total, que serão analisados a seguir.

Aos poucos esse modelo é substituído pelas salas de aula eletrônicas, que consideram que o aluno tem condições de desenvolver a aprendizagem independente, fato com o qual não se pode concordar de imediato, sem algumas considerações que levam em conta o perfil do aluno brasileiro que, sujeito a um processo de formação coercitivo e assistencial, não consegue demonstrar capacidade de independência e para o qual não se credita condições, sem que uma formação diferenciada aconteça, de desenvolvimento de estudos independentes.

A capacidade crítica, criativa e inovadora demonstrada pelos alunos é muito pequena, o que provoca um elevado nível de evasão em cursos oferecidos na modalidade EaD. Isso acontece devido ao aluno encontrar um ambiente inesperado que ele não tem capacidade de enfrentar e, ainda, devido a uma formação insuficiente de professores para utilização da mediação tecnológica.

O surgimento das salas de aula eletrônicas, onde processos de imersão atingem a totalidade, está sob suspeita. Para determinadas áreas de conhecimento elas são aceitáveis, mas há casos de cursos com elevada necessidade de atividades práticas, que exigem laboratórios e estruturas que não poderiam ser montadas de forma distribuída por diferentes localidades geograficamente separadas, devido ao elevado custo financeiro.

A evolução que leva ao *m-learning* (*mobile learning*) se prende exclusivamente à mobilidade que o ser humano consegue com dispositivos portáteis. Novas formas de abordagem educacional transformam essa nomenclatura em *u-learning (ubiquitous learning)*, a aprendizagem que acontece em qualquer lugar e em diversos lugares ao mesmo tempo.

Paradigmas da educação aberta, da inversão das salas de aula, da efetivação de uma nova teoria de aprendizagem voltada para as gerações digitais (o conectivismo), as descobertas da neuropedagogia, são ondas avassaladoras sobre o segmento educacional, que nunca esteve sujeito a tantas mudanças e todas elas acontecendo ao mesmo tempo. Nesse contexto, a mesma coisa não poderia deixar de acontecer com relação a comportamentos e atitudes de todos os desenvolvidos.

Mudam as instituições de ensino superior, sujeitas ao medo de sua falência e efetivação do paradigma de um mundo sem escolas (Iillich, 1977) que assustou muitas pessoas e que parece se tornar, a cada dia que passa, uma realidade cada vez mais presente na sociedade.

Muda o professor, que não mais pode manter sua zona de conforto e domínio do ambiente onde acontece a atividade de ensino e aprendizagem, gastando as últimas reservas de um relacionamento de poder desgastado.

Mudam os alunos, uma nova geração digital que não mais pode continuar estática, apenas aguardando que lhe digam o que fazer e como fazer. Se os ambientes centrados no aluno lhe dão melhores condições de aprendizagem, em contrapartida exigem novas atitudes e comportamentos para enfrentar um turbilhão de novos paradigmas (educação aberta, aprendizagem ativa, aprendizagem independente, aprendizagem colaborativa, adoção de um perfil de solucionador de problemas etc.).

Enquanto essas coisas não acontecem, toda a sociedade subjacente continua a apresentar novos fenômenos. Os MOOCS – *Massive Open Online Courses* se estabelecem com novas propostas de mudança de currículos, de formas de certificação. O **grau de escalabilidade** que esses cursos atingem impressiona pelos números. Os estudos sobre o cérebro apresentam uma evolução assustadora para alguns, que jogam no preço a ser pago pelo progresso toda a devastação que causam, deixando pessoas não acostumadas a assumir o novo em sua vida derrubadas nas margens das estradas por onde passam as inovações.

O grau de escalabilidade representa o aumento do número de matrículas e participação de não alunos em cursos informais oferecidos pelas instituições de ensino. É uma proposta que visa a democratização do acesso à educação por todas as pessoas interessadas e com capacidade de acompanhar cursos, independentemente de sua formação anterior.

Analises sobre a sociedade são deixadas de lado pelos educadores, por falta de compreensão e incapacidade de absorção de tal volume de alterações em procedimentos secularmente estabelecidos. A geração digital bate às portas e muitos deles olham para uma folha de papel quase totalmente em branco na qual uma pergunta se destaca: para qual sociedade estou formando meus alunos? A debandada e a pequena renovação dos quadros docentes, com pessoas que estão mais do que apenas interessadas em ganhos financeiros, são cada vez maiores.

A educação nos ambientes virtuais assume o domínio da situação e se torna cada vez mais comum. Enxergam-se novidades onde não há reinvenção. A demanda pela educação cresce, mas continuam os mesmos processos de ensino e aprendizagem, tema sobre o qual deveriam centrar-se as pesquisas desenvolvidas por uma classe em extinção – os professores pesquisadores – que logo devem seguir uma classe que já não tem mais seus representantes ativos: os professores idealistas.

As universidades e empresas, com a emergência da educação corporativa, considerada como se tivesse alguma diferença com a educação tradicional, o que é mais um dos grandes mitos que cerca o campo educacional, procuram se envolver nesta evolução que é apenas de procedimentos, causados pelo fato de que as pessoas vivem em um mundo diferente, que ainda está para provar que é melhor que o anterior e ainda não conseguiu.

O mundo está próximo a atingir um estágio de educação total, sem mais intervalos. As atividades de ensino e aprendizagem se tornam um negócio em expansão e os números do faturamento na área da educação são impressionantes. Não há nenhuma perspectiva de diminuição, pelo menos em curto e médio prazos, nos números das pessoas que procuram na educação uma saída para um acúmulo de frustrações, mais do que a febre anterior do consumismo desvairado, que perde adeptos a cada dia que passa.

As pessoas que estudam não seguem mais os modelos e métodos tradicionais. Há uma grande parcela dessa população que busca a educação em todos os níveis, formados por jovens e adultos em busca de processos de formação permanente e continuada que não podem ser tratados como o "aluno normal" que também representa uma espécie em formação. É cada vez menor o número de sobreviventes, pessoas que aceitam a dependência da condução e assistencialismo e continua a considerar a educação como a apropriação de uma soma de conhecimentos acabados. Adultos em fase de construção de uma segunda ou terceira carreira têm necessidades e exigências diversificadas.

Todos os meios de comunicação estão envolvidos e são utilizados para a efetivação do ensino e aprendizagem de uma nova geração, porque então seus atores não mudam seus comportamentos e atitudes, e muitos ainda mantêm uma forma anacrônica de desenvolvimento das atividades de ensino e aprendizagem?

Televisão em todas as suas manifestações, uso de satélites, expansão de grandes redes educacionais, intranets, redes locais, internet, novos paradigmas dão a alunos e professores uma oportunidade ímpar para que novas formas de ensino e aprendizagem sejam desenvolvidas. As redes sociais mostram uma força insuspeitada, mas cuja potencialidade ainda não foi totalmente utilizada no segmento educacional.

Está se tornando cada vez mais dificultada a tarefa de encontrar definições claras e concisas sobre os fatos educacionais, o que parte da própria tentativa de oferecer alguma definição simples para o ato de ensinar e aprender. Agora ela não mais se resume a alguém que ensina e alguém que aprende. Existem diversos fatores extracampos educacionais que alteram essa simplicidade.

A comunicação sempre se manifestou como uma necessidade para que o ser humano interagisse com os seus semelhantes. Na sociedade atual, ela acontece de forma completa e total em todas as direções. Esse fato se soma a diversos outros e se manifesta como uma exigência para novos comportamentos dos professores e dos alunos, principalmente em um envolvimento pessoal em atividades de acompanhamento e parceria.

Colocada sob este grande volume de novidades, há sentido na busca de uma "pedagogia digital" que seja mais adequada aos ambientes virtuais de

5. A LIGAÇÃO PEDAGOGIA E AMBIENTES VIRTUAIS

aprendizagem. Se não mudam os atores, continuam a existir o professor e o aluno, mudam de modo significativo as formas de relacionamento, de apresentação de conteúdo, de atividades que podem ser desenvolvidas na perspectiva de diversas formas de aprender – aprender a aprender, aprender pela pesquisa, aprender pelo erro, aprender de forma colaborativa, aprender de forma significativa, aprender fazendo e, uma perspectiva já tratada nos ambientes tradicionais, aprender a solucionar problemas – esta proposta nos parece entrar na ordem do dia.

A cada inovação no segmento educacional parece ficar cada vez mais longe o medo de que as tecnologias e máquinas viessem a substituir o professor. Quem ainda pensa assim deve fazer uma revisão em seus conceitos. A tecnologia retira do professor alto volume de trabalho, como ele é desenvolvido nos ambientes tradicionais. A preparação, a busca de recursos, o desenvolvimento de atividades, o planejamento tomavam 80% do tempo de trabalho gasto pelo professor. Boa parte de tudo isto é substituído pelas novas tecnologias educacionais e pela necessidade de racionalização das atividades, resolvidas pelo desenvolvimento de projetos instrucionais.

Todo este tempo que sobra pode ser utilizado não somente para atualização do conhecimento do professor, mas também para acompanhamento ao aluno, navegação na rede e participação ativa nas atividades de aprendizagem desenvolvidas pelo aluno. Esse nível de igualdade de condições, natural no ambiente virtual, ainda não foi devidamente compreendido e aceito por muitos professores. Abandonar o relacionamento de poder não é uma atividade fácil de ser desenvolvida pelo professor.

Alguns professores se perguntam: como seria a pedagogia digital? Essa pergunta reacende um antigo conflito que estava um pouco adormecido e que existe entre pedagogia e tecnologia. O termo é refutado por alguns educadores em seu excesso de zelo na proteção de fundamentos, alguns já ultrapassados e que não se aplicam nos ambientes virtuais.

Responder a essa pergunta não é uma tarefa simples devido ao fato provocar alterações, que em alguns casos são profundas, na pedagogia tradicional, não em seus conteúdos, mas nas condições da efetivação. Um exemplo claro diz respeito à abordagem construtivista. Ela resiste ao tempo e ainda é utilizada como **sociointeracionismo**. Sua substituição gradual pelo conectivismo é esperada nos meios digitais, mas com um longo caminho a percorrer utilizado para adquirir confiabilidade.

O sociointeracionismo é uma teoria da aprendizagem cujo foco está posto na interação entre os participantes de algum processo educacional específico, considerado como algo que tende a apresentar melhores resultados.

A pedagogia digital inclui um aspecto que ainda que fosse tratado no ambiente tradicional, no ambiente virtual assume um diferencial significativo. Os projetos instrucionais desenvolvidos para ambientes digitais levam ao extremo as questões de planejamento da aprendizagem, contexto no qual a utilização da aprendizagem baseada em problemas se destaca como a abordagem mais indicada para os ambientes virtuais. Aguillar (2014) considera que a ABP – Aprendizagem Baseada em Problemas é a chave para melhorar o envolvimento real dos alunos no processo de aprendizagem.

Este é um dos principais objetivos no ambiente virtual: o envolvimento do aluno no processo. Qualquer medida que tenha efetividade neste propósito é bem-vinda. Há uma sinergia completa. Os instrumentos modernos colocados à disposição pela evolução tecnológica facilitam efetivar os pressupostos da ABP. Por outro lado, ao incentivar a participação do aluno no ambiente virtual, ela permite que um dos principais objetivos colocados, a participação ativa, seja efetivado de forma organizada.

A discussão de problemas em ambientes virtuais, na perspectiva de uma participação ubíqua do aluno, tem todas as características para permitir a efetivação de um dos principais paradigmas colocados para os participantes dos ambientes virtuais: ensino e aprendizagem ativos.

O ambiente virtual facilita o desenvolvimento da ABP pelas seguintes razões:

» Torna-se possível desenvolver um processo de coleta e análise conjunta de dados por parte dos alunos e professores devido ao grande número de ferramentas de comunicação que praticamente zeram a **distância transacional**;

- » Os ambientes virtuais colocam o aluno em contato direto com o mundo exterior e, assim, facilitam a efetivação da aprendizagem significativa, relacionada com a vida pessoal ou profissional do aluno, um dos principais postulados da ABP;
- » Torna-se possível efetivar um refinamento sucessivo de perguntas e respostas quando se está em um ambiente virtual interativo;
- » A inclusão de redes sociais e o processo de comunicação extensivo facilitam o debate de ideias e conceitos, a partir de diferentes visões culturais.

A distância transacional é aquela medida pela quantidade de diálogo, considerada como uma medida mais eficaz do que levar em consideração apenas a distância geograficamente estabelecida entre os participantes de uma atividade de diálogo.

A ABP favorece a efetividade do trabalho no ambiente virtual ao:

- » Congregar e envolver os alunos e professores em torno de uma ideia e objetivo comuns, o que tende a tornar a participação e aprendizagem ativas, um dos postulados para facilitar a aquisição da aprendizagem em ambientes virtuais;
- » Facilitar o trabalho de coleta e captação de elevado volume de informações. Se bem trabalhados via senso crítico, criatividade e iniciativa, novos conhecimentos podem ser criados e facilitar a obtenção da solução dos problemas propostos;
- » Levar em consideração a importância da participação das redes sociais no processo de resolução de problemas, ao considerar a possibilidade da participação de especialistas na área de conhecimento onde se localiza o problema proposto.

Há todo um conjunto de ideias e instrumentos que nunca antes foram utilizados e sobre os quais ainda é incipiente o conhecimento estabelecido por pesquisas que analisem a sua influência no ambiente educacional, tais como: uso de blogs em educação; uso de wiki em educação; utilização de smartphones e tablets, além de outras possibilidades de mobilidade. São elementos que somente têm significado no ambiente virtual de aprendizagem, o que, da mesma forma, justifica ainda mais a existência do termo "pedagogia digital".

Poore (2011) coloca mais um argumento favorável quando discute o aspecto que, quando atuam nos ambientes virtuais, professores e alunos trabalham de forma ativa a criação de novos conhecimentos. Há um sentimento do mundo da educação como uma grande sala de aula virtual, questionamento colocado por um professor que, como você, procura novos direcionamentos para desenvolver sua ação e prática educacional no ambiente virtual de aprendizagem. A ação educacional apresenta uma tendência de globalização, sem considerações contextuais, o que, em termos de formação profissional, não tem o mesmo prejuízo que uma eventual colonização cultural aconteça em outros níveis.

Autores de linhas de estudo espanholas consideram que estamos vivendo uma época de comunicação extensiva que justifica, também, que se utilize o termo **pedagogia da comunicação** (Aparici, 2009) que o autor considera um dos elementos tecnológicos mais influentes na mudança de diversos procedimentos nas atividades de ensino e aprendizagem na sociedade contemporânea.

Ainda com relação à pedagogia da comunicação Aparici (2009), este considera que há a necessidade de desenvolver uma pedagogia mais adequada para o que é tido como era digital, como algo em contínua construção, levando em consideração a evolução tecnológica. O pesquisador também chama esta nova abordagem como pedagogia digital.

Cada vez mais convergem colocações de educadores que abandonam a visão tradicionalista. Nos ambientes digitais se não se levar em consideração o viés pedagógico, as conversas se limitarão ao tratamento de redes, da web 2.0, da internet, ou seja, apenas elementos tecnológicos que em nada contribuem com a educação. Assim se demonstra a necessidade da pedagogia digital como campo de estudo que vai possibilitar a criação de modelos diferenciados de comunicação entre o professor e o aluno.

Todas essas considerações e sua inserção, ao se falar em aprendizagem baseada em problemas desenvolvida nos ambientes virtuais de aprendizagem, demonstram um parêntese necessário, no sentido de tratar um tema delicado, como é aquele que trata da pedagogia digital.

- **LEITURA COMPLEMENTAR**
  Efetue a leitura um pouco mais detalhada do artigo disponível na rede creditado a Aparici, no qual é possível ler uma visão aproximada daquela que colocamos no desenvolvimento do conteúdo deste capítulo.
  O artigo é sobre Pedagogia digital, disponível em www.metodista.br/revistas/revistas-ims/index.php/EL/article/view/814/882.

- **DIÁLOGO**
  Sempre que lhe for solicitada alguma opinião, procure desenvolver, no formato de um pequeno artigo, o registro de suas colocações. Guarde o resultado de seu trabalho em seu diário de bordo. Procure adotar esta linha, durante a leitura deste material. O que você vai produzir pode ser útil no desenvolvimento de sua ação e prática tutorial em ambientes onde se recomenda a utilização da visão da pedagogia digital.

★ 5.4 Síntese deste capítulo

Neste capítulo, você adquiriu conhecimentos que permite a adequação de procedimentos didáticos e pedagógicos com a utilização da mediação tecnológica, voltado para proporcionar o melhor aproveitamento possível das atividades de ensino e aprendizagem nos ambientes virtuais de aprendizagem.

★★ 5.5 Questões de revisão

> **1ª QUESTÃO**
> Analise razões para diferenças de comportamento orientados ao aluno e ao professor na efetivação de processos de ensino e aprendizagem nos ambientes virtuais. Justifique suas colocações.
>
> **2ª QUESTÃO**
> Questione o tema pedagogia digital. Justifique sua resposta.

3ª QUESTÃO
Em seu entender, qual nível de conhecimento da tecnologia educacional é necessário para que o docente possa ter uma atuação confortável no ambiente virtual de aprendizagem? Justifique sua resposta.

4ª QUESTÃO
Quais as razões você considera causadoras da perda da capacidade crítica, criativa e inovadora apresentada por alunos que entram nas escolas de ensino superior? Justifique sua resposta.

5ª QUESTÃO
Questione a proposição de Iillich sobre a possibilidade de que venhamos a viver em um mundo sem escolas. Justifique as suas colocações.

6
PROCESSOS DE PENSAMENTO: A TAXONOMIA DE BLOOM

6.1 Apresentação
» Conteúdo
» Competências e habilidades
» A taxonomia proposta
» Atividades
» Síntese deste capítulo
» Questões de revisão

6.2 Competências e habilidades adquiridas
Ao terminar a leitura deste capítulo, você terá tido acesso a uma metodologia aplicada ao desenvolvimento curricular que irá auxiliar no projeto de cursos desenvolvidos para serem efetivados em ambientes virtuais de aprendizagem.

6.3 A taxonomia proposta
A taxonomia de Bloom não representa uma novidade, mas ainda tem a sua aplicação defendida na atualidade no ambiente de cursos oferecidos em ambientes virtuais de aprendizagem. Sua apresentação tem a finalidade de lhe oferecer mais uma metodologia cujo conteúdo pode ser adaptado e apropriado em seu perfil profissional, de acordo com o comportamento que você normalmente adota nesses ambientes.

Seus fundamentos podem ser aplicados diretamente no relacionamento que você, como tutor, vai estabelecer com os alunos sob sua responsabilidade. Qualquer taxonomia pressupõe uma utilização rígida de sua colocação, linha que não será adotada neste livro.

Essa taxonomia, anteriormente citada (Ferraz e Belhot, 2010), apresenta concentração em objetivos ligados ao desenvolvimento cognitivo e faz com que o trabalho atinja um grande nível de interesse para qualquer professor que venha a desenvolver trabalhos de apoio e acompanhamento ao aluno, na perspectiva de ambientes centrados no aluno.

Apesar de não ser uma metodologia nova e adequada ao ambiente da educação de jovens e adultos, sua utilização no ambiente de cursos superiores ainda é pequena, limitada a iniciativas inovadoras tomadas por conta própria por muitos professores. Não observamos nenhum dos ambientes nos quais foram desenvolvidos trabalhos que tivessem a esta metodologia como centro em torno do qual girasse a orientação para o desenvolvimento de procedimentos didático e pedagógicos.

Em conversa com alguns professores, mais interessados no estudo de novas metodologias e das teorias de aprendizagem, esse fato foi creditado, principalmente, a um desconhecimento que os professores têm das formas de sua aplicação, por ela não ser um tema de tratamento comum em nosso ambiente educacional.

Isso acontece não somente com esta abordagem, mas com diversas outras, o que inclui entre elas uma aplicação da aprendizagem baseada em problemas, em ambientes que não sejam escolas de medicina, em todos os seus níveis. Com aprovação comprovada nesses ambientes, a aprendizagem baseada em problemas ganha adeptos em outras áreas do conhecimento e, principalmente, em cursos desenvolvidos em ambientes virtuais de aprendizagem.

Nosso principal objetivo neste livro é ser mais um elemento, a exemplo da utilização de ambientes de sala de aula invertida, conectivismo e outras abordagens, no sentido de dar condições para que você venha a desenvolver atividades diferenciadas de acompanhamento ao aluno e flexibilização das atividades sugeridas por projetos instrucionais desenvolvidos na perspectiva de funcionalidade em ambientes centrados no aluno.

A leitura deste capítulo poderá ser efetuada de forma mais adequada se você tiver em mãos lápis e papel ou efetuar a leitura em frente ao seu computador com algum editor de texto em mãos, para que efetue as suas anotações e comentários sobre o que está sendo apresentado como conteúdo. Em diversos pontos você será instado a fazer anotações ou responder a algumas perguntas.

Como tutor e responsável pelo acompanhamento do aluno, pode ser que você não participe do desenvolvimento do projeto instrucional, mas certamente, por exigências legais, é um especialista na área do conhecimento do processo no qual vai atuar. Assim, uma primeira atividade é que você desenvolva uma leitura deste projeto. Durante essa etapa, efetue um levantamento e anote os seguintes dados:

» Quais seus objetivos instrucionais?
» Quais seus objetivos cognitivos?
» Quais seus objetivos atitudinais?
» Quais são as competências e habilidades que este processo pretende formar?
» Qual a forma de avaliação e como ela vai ser efetuada?
» Foi possível observar algum ponto que possa provocar sobrecarga, laboral, cognitiva ou psicológica?

Se você observar que esses objetivos não estão bem-definidos ou são considerados implícitos, deve imediatamente contatar os desenvolvedores do projeto para correção dessa deficiência. Somente assim você saberá como transmitir ao aluno o que dele é esperado imediatamente após o encerramento do projeto de aprendizagem.

Qualquer falta de clareza nestes tópicos pode prejudicar não somente o relacionamento com o aluno, mas também o aproveitamento que ele poderia ter se tivesse todas as informações necessárias. A importância desse conhecimento decorre do fato de que muitas vezes, na maioria dos casos, os alunos não têm acesso a materiais referentes a esses assuntos para que tivessem acesso a essas informações diretamente ou que pudessem responder a essas perguntas.

Isso ocasiona um aumento de sua responsabilidade inicial. Informar ao aluno desde as fases iniciais é considerado uma de suas responsabilidades. A partir daí, você, e também o aluno, poderão estabelecer de forma mais segura o caminho para definição das estratégias que vão ser utilizadas para a determinação de um caminho para chegar até a solução do problema proposto.

Uma das ferramentas utilizadas para atingir o objetivo de clarear o processo de ensino e aprendizagem é a metodologia conhecida como a taxonomia de Bloom, que vamos detalhar nos parágrafos seguintes. Apesar de estar próxima de atingir a terceira idade, ela ainda demonstra eficácia no propósito de ajudar professores e alunos no planejamento, organização e controle dos objetivos de aprendizagem de um processo educacional específico.

Algumas vantagens podem ser citadas, sendo as duas que mais nos interessam voltadas para o professor. É uma metodologia que oferece uma base segura para desenvolvimento do processo de acompanhamento e avaliação e, em segundo plano, mas não menos importante é o fato de prestar um auxílio direto para que o professor possa desenvolver o acompanhamento ao aluno, que pode chegar a um nível individual.

Veyra (2006), ao analisar diversas taxonomias propostas como objetivos educacionais a serem atingidos com o processo de ensino e aprendizagem, dá destaque ao trabalho de Bloom, que trabalha nos **domínios cognitivo, afetivo e psicomotor**. Esse conhecimento em mãos de um tutor interessado pode colaborar de forma decisiva no estabelecimento de estratégias educacionais. A tabela seguinte resume as características básicas de cada um destes domínios.

TAXONOMIA DE BLOOM
Objetivos do processo educacional em diferentes domínios
Domínio cognitivo que está relacionado ao aprender, dominar um conhecimento
Aquisição de um novo conhecimento; desenvolvimento intelectual; desenvolvimento de habilidades e atitudes; reconhecimento de fatos específicos; determinação de procedimentos-padrão e conceitos que estimulam o desenvolvimento mental constantemente. Neste domínio, os objetivos a serem atingidos estão assinalados em seis categorias, classificadas do mais simples ao mais complexo e a passagem de um nível para o próximo está diretamente relacionada com bom desempenho na fase anterior. Estas categorias são: conhecimento; compreensão; aplicação; análise; síntese; e avaliação.

Domínio afetivo que está relacionado a sentimentos e posturas
É a área que envolve o emocional e o afetivo. Neste domínio, são destaques: comportamento, atitude, responsabilidade, respeito, emoção e valores. São consideradas como características: receptividade; resposta; valorização; organização; caracterização. Da mesma forma, a evolução ocorre quando uma etapa é totalmente cumprida com aproveitamento.
Domínio psicomotor que está relacionado a habilidades físicas específicas
São características nesta categoria: reflexos; percepção; habilidades físicas; movimentos aperfeiçoados; e comunicação não verbal.

FONTE: BASEADO EM VEYRA (2006).

Desses domínios, o tutor irá trabalhar mais diretamente sobre o domínio cognitivo, sendo os dois outros, apesar de citados, ignorados neste trabalho. O importante é você saber que tanto Bloom como todos os pesquisadores que seguiram e modificaram a sua linha de pensamento trazem presente o fato que a atividade de aprendizagem é totalmente diferenciada de um elemento para outro, ainda que submetidos às mesmas condições. O que varia na aprendizagem? O nível de profundidade e abstração.

Conklin (2005) considera papel do educador, em nosso caso do tutor responsável pelo aluno, se considerados como pessoas conscientes e que procuram os meios mais corretos para estimular nos alunos sob seus cuidados, o raciocínio e a capacidade de desenvolvimento de abstrações de elevado nível (**pensamentos de alta ordem** – *high order thinking*).

São considerados como pensamentos de alta ordem aqueles que movimentam no cérebro a ativação de funções cognitivas que envolvem análise, avaliação ou síntese, aspectos trabalhados na taxonomia de Bloom, que pode servir como exemplo prático. É uma proposta de relacionamento direcionada para criação de habilidades de julgamento complexo, tais como o pensamento crítico e envolvimento da aprendizagem de habilidades de julgamento complexos. O desenvolvimento do pensamento de ordem superior é mais difícil de aprender ou ensinar, mas também mais valioso porque tais habilidades são mais propensas a serem utilizáveis em situações novas (ou seja, que não sejam aqueles em que a habilidade foi aprendida situações).

Olhe para você e pense em termos de autoavaliação. Acreditamos que vai pensar como um educador ao verificar que gostaria que os alunos sob sua responsabilidade demonstrassem uma evolução por entre estas competências do domínio cognitivo, antes que pudessem ser considerados aptos e conhecedores de um assunto em particular. É dessa forma que os tutores que desenvolvem atividades de acompanhamento e acabam responsáveis pelas avaliações de desempenho devem agir, no sentido de despertar no aluno as características consideradas como propriedades do domínio cognitivo.

Em particular, com relação às questões referentes aos pensamentos de mais alta ordem, cabe um detalhamento devido ao grande número de perguntas quando o tema é tratado. A função pode ser ativada partir do projeto instrucional, caso, em alguma atividade específica, seja possível que o desenvolvimento do tema exija a efetivação dessa característica de aprendizagem. Para que esta proposta tenha efeito, a atividade proposta deve exigir dos alunos a aplicação de atividades de análise, síntese e avaliação da informação, em vez de simplesmente exigir alguma resposta. Conseguir atingir esse objetivo exige um professor junto ao projetista instrucional e uma antecipação do trabalho, com o professor desenvolvendo a atividade previamente e verificando se é possível pôr em ação a proposta.

Grande parte dos pesquisadores assinala que, apesar da dificuldade na montagem da proposta, os resultados com a utilização predominante de questões de alto nível durante a instrução pode render ganhos positivos em diversos tipos de teste, em que as habilidades de pensamento são exigidas. A exigência que a atividade coloca para os alunos pode provocar, em alguns casos, pequenos relatos de sobrecarga que pode ser laboral, cognitiva ou psicológica, e elas devem ser evitadas. Uma boa política é que em todas as questões propostas o número dessas atividades não ultrapasse a faixa dos 20% do total de questionamentos propostos.

A Figura 6.1 apresenta a estrutura mais conhecida da taxonomia de Bloom e é a mais comumente utilizada como forma de representação gráfica do assunto que está sendo tratado, no qual as questões estão colocadas em nível de dificuldade crescente e considera-se que para atingir o degrau mais alto é necessária a passagem por todos os degraus de níveis inferiores.

6. PROCESSOS DE PENSAMENTO: A TAXONOMIA DE BLOOM

FIGURA 6.1 Representação gráfica da taxonomia de Bloom.

- 6. Avaliação
- 5. Síntese
- 4. Análise
- 3. Aplicação
- 2. Compreensão
- 1. Conhecimento

FONTE: BASEADO EM FERRAZ E BELHOT, 2010.

O questionamento sobre a utilização de padronização é afastado com a consideração que é possível que com sua utilização teria como benefício padronizar a linguagem sobre objetivos de aprendizagem de forma a facilitar a comunicação dos professores e coordenadores de processos educacionais. A utilização proposta neste material não privilegia a utilização da proposta em sua integralidade, mas na medida em que ela atenda ao que está colocado neste parágrafo.

Ao se obter uma uniformização de linguagem já se tem um ganho considerável. O apoio de sustentação não foi buscado na teoria original, mas no estudo de revisão proposto por Anderson (1999) em sua obra – *A taxonomy for learning, teaching and assessing: a revision of Bloom's taxonomy for educational objectives* – material cuja leitura recomendamos na próxima atividade.

LEITURA COMPLEMENTAR

Se você está com alguma dificuldade de compreensão sobre o assunto tratado por não estar sendo comentado todo o conteúdo da proposta de utilização da taxonomia de Bloom, acesse http://www.scielo.br/pdf/gp/v17n2/a15v17n2, onde irá encontrar o documento original de reestudo proposto sobre a taxonomia de Bloom e que é utilizado na atualidade para o desenvolvimento da continuidade dos estudos sobre os processos de pensamento em sua amplitude, considerando, para o objetivo de sensibilizar o tutor, a importância do assunto e sua influência em sua ação e prática profissional.

6.4 Síntese deste capítulo

Neste capítulo, você teve uma visão sobre um importante tema que lhe deu condições de montagem de estrutura curricular e conjunto de atividades para desenvolvimento em ambientes virtuais de aprendizagem, com incentivo na aplicação de novas formas de ensinar e aprender.

6.5 Questões de revisão

1ª QUESTÃO
Como efetuar o levantamento de objetivos instrucionais de um curso a ser ofertado em ambientes virtuais de aprendizagem?

2ª QUESTÃO
Como efetuar o levantamento de objetivos cognitivos de um curso a ser ofertado em ambientes virtuais de aprendizagem?

3ª QUESTÃO
Como efetuar o levantamento de objetivos atitudinais de um curso a ser ofertado em ambientes virtuais de aprendizagem?

4ª QUESTÃO
Defina os termos sobrecarga laboral, cognitiva e psicológica, citando em que situações elas podem ocorrer.

5ª QUESTÃO
Quais são os domínios estabelecidos na taxonomia de Bloom? Providencia uma definição simples para cada um deles.

7
MÉTODOS TRADICIONAIS DE ENSINO E APRENDIZAGEM

7.1 Apresentação
- Conteúdo
- Competências e habilidades
- Métodos tradicionais
- Atividades
- Síntese deste capítulo
- Questões de revisão

7.2 Competências e habilidades adquiridas
Ao terminar a leitura deste capítulo, você adquire condições de determinar quais as alterações necessárias nos métodos tradicionais de ensino para sua aplicação com sucesso em ambientes virtuais de aprendizagem.

7.3 Métodos tradicionais
Quando se apresenta a aprendizagem baseada em problemas como um método inovador de ensino e aprendizagem, não é incomum que as pessoas se perguntem quais são esses métodos tradicionais, para que então possam compreender e aceitar a contraposição da aprendizagem baseada em problemas como uma metodologia que apresenta melhores resultados.

É um questionamento que orienta no sentido de um estudo comparativo entre a aprendizagem baseada em problemas e o que são considerados como métodos tradicionais de ensino e aprendizagem.

De forma abrangente, e sem descer nos méritos de teorias de aprendizagem que durante anos regeram a oferta das atividades de ensino e aprendizagem, o que caracteriza os ambientes tradicionais de ensino e aprendizagem é o modelo clássico de sala de aula, que perdura até os dias atuais, por maior que seja a evolução das tecnologias.

As críticas aos metodos tradicionais são a comprovação de um comportamento passivo do aluno e da consideração que o professor é tido como detentor universal do conhecimento, que deve ser transmitido ao aluno, segundo uma **concepção bancária da educação**, na qual Freire (1983) considera que esta é uma perspectiva que apenas transforma os alunos em decoradores de conteúdos.

Na concepção bancária da educação o educador considera que não há nenhum chamado ao educando para ele aprender, mas tão somente a uma atividade de memorização mecânica que em nada colabora com o despertar de senso crítico, criatividade, inovação e aprendizagem significativa do aluno.

Esta é uma das principais críticas que se juntam a diversas outras considerações de pesquisadores em educação desenvolvidas ao longo do tempo e que são periodicamente reveladas por organismos de pesquisa, que justificam suas críticas pelo baixo nível apresentado nas avaliações do ensino efetuadas em nosso país, não importa em que nível do sistema educacional brasileiro. Em todos eles as estatísticas são desfavoráveis. Há uma convergência sobre a necessidade de mudanças. Não é incomum nas reuniões pedagógicas alguns professores declararem sua surpresa e perguntarem: o que está acontecendo com o ensino?

Para tornar a situação ainda mais complexa, o mundo atravessa um quadro em que as mudanças são grandes, e a perplexidade social é enorme, com transformações e mudanças de porte em todas as esferas sociais, com destaque especial para a esfera educacional que se vê diante de grandes desafios.

Pimenta (2001), um dos pesquisadores mais ativos, salienta que há uma necessidade urgente, que atravessou a última década inalterada, de mudanças na educação que não ocorreram na medida em que eram e são esperadas. Ainda que no escopo deste livro não esteja previsto e não caiba um aprofundamento teórico de estudos de diversos autores, mostra-se necessária uma análise comparativa, ainda que superficial da aprendizagem baseada em problemas com os métodos tradicionais de ensino e aprendizagem. Saviani (2012) considera que a evolução da escola brasileira sempre demonstrou caráter revolucionário e que agora, neste quadro em que vivemos ela se mostra cada vez mais necessária.

O rompimento com modelos tradicionais nunca acontece sem dor. Perdas acontecem e o fator resistência muitas vezes faz prevalecer sistemas antigos, ainda que nominalmente as escolas estejam atuando de acordo com o rótulo de alguma nova abordagem do processo de ensino e aprendizagem. Foi assim com o construtivismo, com o sociointeracionismo, o que acontece com outras abordagens.

Sempre ao final, no meio de derrotas para ambas as partes, a educação sempre sobressai e um modelo híbrido que contém a união de partes das teorias em confronto acaba por prevalecer, nem sempre da forma mais correta e aceitável. O imobilismo na área educacional é um estereótipo confirmado e estabelecido. A busca de "romper" com o modelo estabelecido talvez provoque este estado de espírito e acabe por produzir este resultado.

Sem exceção, é possível considerar que os métodos de ensino e aprendizagem são uma resposta pedagógica às necessidades sociais e históricas. O principal objetivo a ser atingido, ao se questionar determinado modelo e propor um novo modelo, deveria estar restrito ao propósito de oferecer ao aluno um método de ensino tradicional.

O currículo tradicional, ainda que sujeito a diversas regulações por parte dos órgãos que controlam a educação, apresenta-se como indisciplinado e os professores tratam cada um de sua disciplina como um território blindado onde ninguém pode dar sugestões, muito menos os alunos, os maiores interessados na sua própria aprendizagem.

A retirada da centralização do processo de ensino e aprendizagem já foi proposta há muitos anos e essa atitude foi reiterada em diversas ocasiões, com propostas consistentes para troca desse posicionamento em favor da centralização do processo de ensino e aprendizagem diretamente no aluno.

Não é possível determinar com exatidão a razão pela qual esse posicionamento ainda encontra resistências e é mal compreendido. A proposta representa quase um consenso entre diversos pesquisadores. Considera-se que quando maiores responsabilidades são postas sobre os ombros dos alunos, eles disporiam da possibilidade de melhorar a aprendizagem e torná-la mais significativa para sua vida pessoal e profissional.

REFLEXÃO

Voltamos a insistir que, sempre que você se encontrar diante de um tema polêmico, sugere-se que procure participar de fóruns de discussão ou apresente a sua oponião em ensaios e artigos. Desenvolva esta atividade em relação às questões polêmicas colocadas nos parágrafos anteriores. Guarde o resultado do trabalho em seu diário de bordo. Se desejar uma devolutiva o envie para o endereço de contato com o autor.

A psicopedagogia, ainda considerada uma ciência nova, também incorporou esta bandeira em seus estudos. A falta de respeito que a escola e a academia demonstram com relação aos conhecimentos anteriores dos alunos atua de forma negativa no seu aproveitamento.

Hansen (2000) destaca como fator importante para uma aprendizagem significativa e que ganha autenticidade a valorização da experiência do aluno. Essa atitude é uma das principais razões para que a aprendizagem colaborativa engaje os alunos na solução de problemas comuns, na qual cada pessoa envolvida oferece a sua experiência como um elemento de valor para os trabalhos desenvolvidos pelo grupo.

O que é colocado como um desafio para o aluno é logo absorvido e desenvolvido nos trabalhos. As comunidades formadas por esses pequenos grupos proporcionam uma aprendizagem dinâmica considerada por Dilts e Epstein (1999) como uma abordagem produtiva sobre a atividade de ensinar e aprender, que utiliza fundamentos psicológicos como apoio para sua efetivação, na qual o principal destaque é a aprendizagem cooperativa.

Outro aspecto é o aumento da flexibilidade quando certas amarras são cortadas. Cortella (2013) considera que a educação não combina com repouso e que deve estar em constante movimentação, mas para isso é preciso que o relacionamento entre o aluno e o professor seja alterado e as pessoas sejam preparadas para mudar. O autor considera que em muitos casos o perfil resistência se deve a este fato: falta de formação para mudar.

A evolução tecnológica e o encaminhamento cada vez mais presente dos processos de ensino e aprendizagem para os ambientes on-line, acompanhado da evolução das redes sociais, faz com que cada vez mais, de forma influente, a formação de grupos seja oferecida e incentivada. Isso faz com que os alunos não sintam o fantasma da solidão, que não é tão presente, como alguns julgam, nos ambientes virtuais de aprendizagem, quando a formação de grupos e comunidades de prática é incentivada.

Chang (2006) considera que essa formação cada vez maior de grupos é benéfica e traz grande influência na participação e engajamento do aluno. A motivação do aluno no interior de grupos é, segundo o pesquisador, uma evidência inegável e se considera que a dinâmica das interações tem resultados positivos na aprendizagem individual. A autora considera que há uma correlação direta entre o nível de motivação dos alunos e a obtenção de melhores resultados no processo de aprendizagem.

Pesquisadores aos poucos vão construindo um modelo composto por diversas ideias pedagógicas que dão sustentação para a proposta de mudança do centro do processo de ensino e aprendizagem do professor para o aluno, condição sem a qual a aprendizagem se torna dificultada para uma geração digital (Prensky, 2001), considerada como resistente à manutenção das formas tradicionais de aprender.

Encontrar ao seu lado nos ambientes de aprendizagem colegas motivados influencia a própria motivação e o engajamento toma conta de todo o grupo, principalmente quando esses grupos se configuram como tribos digitais, montadas na periferia das redes sociais, cada vez mais influentes no processo de ensino e aprendizagem.

A utilização de gupos, de comunidades de prática, de orientação para flexibilidade e independência do aluno, e a constatação da eficiência da aprendizagem cooperativa e colaborativa são aspectos que aos poucos desenham um modelo muito próximo do que na área de medicina já é trabalhado de forma extensiva.

Nessa área é criado um modelo de aprendizagem baseado na solução de problemas, tido como uma forma eficiente de engajamento do aluno e efetivação da aprendizagem significativa, tida por Moreira, Caballero e Rodrigues (2004) como um processo de interação entre o novo conhecimento e o conhecimento prévio, o que o valoriza no ambiente. Utilizar este conhecimento não é uma ação arbitrária, mas sim uma atitude dirigida e intencional. Os autores consideram, em sua discussão, que somente podemos aprender efetivamente o novo, a partir daquilo que já conhecemos.

Todos esses aspectos interagem de forma sinérgica em um processo no qual o aluno não mais é um receptor passivo, mas sim um elemento atuante capaz de captar os significados dos materiais educativos. Moreira, Caballero e Rodriguez (2004) consideram que a aprendizagem significativa está no lado oposto da aprendizagem mecânica, proposta pelas metodologias tradicionais. Aos poucos o quadro se completa e torna possível contrapor uma nova metodologia no sentido de substituir os modelos tradicionais de ensino e aprendizagem.

Os autores consideram que os modelos tradicionais estão apenas montados com a finalidade de que os alunos "passem" nas avaliações, sem importar a capacidade de retenção e compreensão, nem com novas situações que podem surgir (afetividade, aprendizagem ativa, capacidade de aprender a aprender etc.).

Ao se juntarem todos esses elementos, tem-se em mãos um material que justifica a contraposição da forma tradicional de ensinar e aprender, com um novo método, já utilizado com sucesso em muitas iniciativas em universidades médicas e que aos poucos se estende para todas as outras áreas da ciência.

Aos poucos, por escolha dos próprios alunos, quando a eles é dada a oportunidade de opção, muitas disciplinas de caráter teórico, com possibilidades de aprendizagem com diferentes abordagens que diferem das tradicionais, começam a ser desenvolvidas com a utilização de novas metodologias de ensino e aprendizagem.

O *blended learning* (aprendizagem mista), modalidade na qual momentos presenciais são mesclados por atividades desenvolvidas como "trabalho de casa", se estabelece como uma modalidade de escolha de muitos alunos. Características particulares de algumas disciplinas as levam a um processo de aprendizagem, no qual a imersão total do aluno no ambiente virtual e a utilização da perspectiva da aprendizagem independente acabam por receber a preferência na forma de oferta.

O *e-learning* tem seu sucedâneo imediato, o *m-learning*, que começou a ser utilizado logo que a mobilidade se estabeleceu como escolha das pessoas. Nessa modalidade não há encontros presenciais, e o aluno tem a oportunidade de desenvolver todo o conteúdo e comprovar o que aprendeu em avaliações que podem ser presenciais ou não, apresentadas de diversas formas, e que dão ao aluno a certificação social. O aumento da mobilidade traz o *u-learning* (*ubiquotous learning* – aprendizagem ubíqua) à tona.

As salas de aula invertidas são outra proposta que ganha um número cada vez mais de adeptos, em que o "dever de casa" passa a ser desenvolvido diretamente nas salas de aula, nos momentos de encontros presenciais e o conteúdo passa a ser analisado, estudado e absorvido pelo aluno de forma independente, mas conta com apoio tutorial, das redes sociais, das redes de relacionamento pessoal, da família e da própria sociedade.

O conetivismo, proposta desenvolvida por Siemens (2005) e Downes (2012), começa a assumir formas de uma teoria de aprendizagem aceita como possibilidade de formação eficaz de uma geração digital, que desenvolve novas formas de aprender que exige a efetivação definitiva da docência digital e da existência de uma "pedagogia digital". Nessa modalidade é possível comprovar o efeito benéfico da interação intensiva do aluno com seus pares de vida social e profissional e da valorização de suas experiências como um potente auxiliar na atividade de aprendizagem.

A utilização das mídias sociais demonstra sua força não somente como elemento de transformação social, mas também como potente auxiliar na atividade de ensino e aprendizagem. São novos ares que surgem na forma de um conjunto de ideias pedagógicas – aprender a aprender, aprender pela pesquisa, aprender pelo erro, aprender fazendo – que aos poucos tomam conta do cenário educacional.

Entre todas essas mudanças vamos encontrar a abordagem da aprendizagem baseada em problemas, com utilização em franca expansão. Se ela não é uma panaceia educacional, capaz de resolver todos os problemas na área, tem se demonstrado como uma das abordagens mais seguras e que comporta a utilização de praticamente todas as inovações, sejam tecnológicas, sejam didáticas e pedagógicas.

É um novo desafio para as instituições de ensino que têm como destaque a proposta de preparação dos alunos, com conhecimentos, habilidades e atitudes, que os permitam atuar de forma qualificada como "solucionador de problemas" uma das competências e habilidades mais exigidas pelo mercado contemporâneo, onde os profissionais têm de enfrentar o novo no dia a dia, resultante da evolução acelerada da tecnologia.

É uma possibilidade para acalmar um ambiente que passa por inquietações, reflexões e mudanças diversas nas atitudes e comportamentos das instituições de ensino, dos professores e dos alunos. A proposta é que o aluno tenha na instituição de ensino uma formação voltada para sua atividade prática e recompensada com aprendizagem significativa. É um processo que exige autonomia do professor e do aluno e, consequentemente, que eles sejam informados e formados para o atendimento dessa necessidade. Em muitas ocasiões, propostas inovadoras falham pela falta de formação dos envolvidos.

A principal e necessária mudança é a mudança do ensino centrado no professor que cria um fluxo de comunicação com o aluno, apoiado apenas em seu conhecimento. É um posicionamento que compromete o pensamento crítico do aluno, que apenas recebe informações, sem que nenhuma proposta de formação esteja embutida no processo. A proposta da aprendizagem baseada em problemas rompe com estruturas arcaicas do ensino tradicional.

Na aprendizagem baseada em problemas (ABP), a aprendizagem tem um enfoque diferenciado. Com sua utilização, o processo parte de problemas ou situações em que a dúvida seja plantada de forma a despertar a curiosidade do aluno, uma capacidade natural do ser humano e que na ABP começa a ser mais bem aproveitada no ambiente educional. É um método que tem uma forte motivação prática, um elevado teor de estímulo cognitivo capaz de gerar soluções criativas.

7. MÉTODOS TRADICIONAIS DE ENSINO E APRENDIZAGEM

Tudo o que se vai falar sobre ABP neste livro não escolhe uma modalidade de oferta específica. Os fundamentos apresentados neste material são aplicáveis tanto em ambientes presenciais, ambientes mistos ou ambientes onde a modalidade da educação a distância, em suas diversas formas de efetivação, é ofertada.

Independentemente do ambiente presencial ou não, a proposta parte do pressuposto de que a construção do conhecimento independe da presença física, síncrona, do aluno e professor. Essa presença pode ser substituída por um meio eficaz de transmissão de informações e desenvolvimento de um processo de comunicação, caracterizado como um processo de interação identificado por Holmberg (1994) como teoria da conversação didaticamente guiada.

Nessa abordagem é ressaltada a importância da interação e da comunicação não contínua, quando os polos da comunicação estão separados no tempo e no espaço. Quando há uma ligação entre o professor e o aluno, podem ocorrer implicações emocionais ligadas à internalização que facilitam a ocorrência do processo de aprendizagem.

Ao se observar o ambiente educacional na atualidade, é possível detectar que praticamente todas as instituições de ensino superior utilizam um conjunto de ferramentas agrupadas como Ambientes Virtuais de Aprendizagem e simulam a metáfora de um campus virtual. É nele que esse processo de comunicação se desenvolve com toda a intensidade.

Delineado o ambiente, pode-se considerar que essa modalidade de ensino e aprendizagem traga como uma das grandes vantagens a possibilidade de submeter o aluno a um processo de avaliação que não é punitivo, ao exemplo do processo desenvolvido nos ambientes tradicionais. É possível que esse processo seja desenvolvido ao longo do tempo de desenvolvimento do processo, efetivado de forma construtiva e participativa, com elevada dinâmica e flexibilidade que permitem alterações de rota, caso alguma lacuna ou incorreção for percebida, ainda durante o tempo de desenvolvimento.

O clima a ser criado no ambiente deve estar orientado por algumas linhas de atuação que facilitem as atividades de:

» Aprender a aprender;

- » Aprender pela pesquisa;
- » Aprender pelo erro;
- » Aprender fazendo.

A possibilidade de desenvolver a atividade de aprendizagem de acordo com essa proposta dá ao ambiente boas perspectivas de sucesso na adoção da ABP que, então, pode ser capaz de facilitar a efetivação de paradigmas que envolvem:

- » A aprendizagem ativa;
- » A aprendizagem independente;
- » A aprendizagem desenvolvida em grupos;
- » A aprendizagem cooperativa;
- » A aprendizagem colaborativa;
- » A aprendizagem significativa.

Dentro dessa perspectiva a flexibilidade é quase uma consequência natural e envolve:

- » O respeito ao conhecimento anterior do aluno;
- » O respeito às formas individuais de aprender;
- » O respeito ao ritmo individual de aprendizagem do aluno;
- » O nível de educabilidade cognitiva com a proposta de evitar qualquer tipo de sobrecarga: emocional, psicológica ou laboral.

Uma figura começa a ganhar destaque nessa estrutura: o tutor. Ele deveria mais apropriadamente ser denominado como **coacher** professor e que tem sob sua responsabilidade o acompanhamento do aluno como **coachee**. É um processo de compartilhamento ativo. Mesmo que não seja assim designado, suas funções são assim consideradas, a atuação na proposta do *coaching* educacional, que é na realidade o trabalho que um tutor deveria desenvolver. O tutor assume a tarefa de um "guia" que ensina o aluno a aprender a aprender.

Coacher é o nome dado no mercado corporativo ao profissional que acompanha outro profissional o orientando no sentido de atingir os seus objetivos. *Coachee* é o nome dado no mercado a um profissional que é orientado por outro profissional que o auxilia a atingir os objetivos a que se propôs em determinada atividade

Uma proposta com essas características forma o conteúdo deste livro que, assim, pode ser considerado como material capacitado a atuar como orientação ao desenvolvimento da implantação da ABP – Aprendizagem Baseada em Problemas como uma forma inovadora de oferta do processo de ensino e aprendizagem que se contrapõe aos métodos tradicionais de ensino e aprendizagem.

Para eliminar a confusão em torno do termo professor e tutor, considera-se que eles possam ou não sejam o mesmo profissional que desenvolva o projeto instrucional, determina o conteúdo básico e as orientações de busca de materiais e aquele que dá o acompanhamento ao aluno, mas não é incomum que esse fato não aconteça. É possível que o tutor, especialista na área do conhecimento, não seja o mesmo que desenvolveu o estudo inicial e o colocou como processo de ensino e aprendizagem.

O tutor é aquele profissional que, de forma presencial ou on-line, como um guia, um facilitador, acompanha a evolução do aluno e identifica as suas necessidades e atua de forma decisiva como apoio ao aluno para desenvolver a solução de problemas aproximados da vida profissional dos envolvidos, propostos para que o que foi considerado como conteúdo necessário, como definido em diretrizes curriculares e bases tecnológicas de conhecimento em dada disciplina, para que as competências e habilidades previstas no processo possam ser atingidas.

Na parte final do livro será apresentado o resultado de uma pesquisa desenvolvida em uma das cinco turmas de secretariado executivo, para as quais o processo foi oferecido. A quinta e última turma foi o universo de pesquisa escolhido e indicado no estudo de caso efetivado com o objetivo de validar o que se considera como pressuposto: a aprendizagem baseada em problemas representa uma nova forma de abordagem do processo de ensino e aprendizagem capaz de permitir a melhoria da qualidade de atividades de ensino e aprendizagem.

É importante destacar que o universo de pesquisa foi centrado no ensino superior, mas seus resultados, em se tratando de reações humanas a um conjunto de incentivos, permite que os resultados apresentados possam ser utilizados em contextos diferenciados daqueles em que o estudo de caso foi desenvolvido. O resultado apresentado foi obtido diretamente da avaliação dos alunos, em questionários, enquetes e desenvolvimento pelas equipes da completa solução de um problema proposto.

O objetivo final deste trabalho é oferecer para a comunidade acadêmica recursos que permitam a mudança das formas tradicionais de ensino e aprendizagem, tendo como foco a melhoria da qualidade da aprendizagem desenvolvida pelo aluno.

Estudar a qualquer hora, em qualquer lugar, os conteúdos necessários à sua formação profissional na área em que desenvolve seus trabalhos, preparação para formação permanente e continuada para toda a vida, é um norte que se pretende que este material incentive nas instituições de ensino, que demonstram a coragem de adotar novas propostas para melhoria das atividades de ensino e aprendizagem.

LEITURA COMPLEMENTAR

Ao final da exposição deste capítulo, acreditamos que fica mais fácil você enxergar a necessidade de contraposição direta, entre as propostas de implantação de novas metodologias, como forma de superar o fator resistência. Antes de passar para o próximo capítulo, pare para efetuar uma reflexão sobre a validade desta proposta ou imaginar alguma alternativa viável para o tema.
http://ehlt.flinders.edu.au/education/DLiT/2002/environs/scott/tradteac.htm.
Nesse endereço, você pode acessar o conteúdo de um pequeno curso voltado para análise similar àquela que foi desenvolvida neste capítulo. Desenvolva um estudo mais profundo sobre esta proposta ou guarde esse endereço como uma futura fonte de referência sobre o assunto. Ele tem diversos pontos de contato com as opiniões estabelecidas neste material.

★ 7.4 Síntese deste capítulo

Neste capítulo, você teve a possibilidade de comprovação das diferenças entre ambientes tradicionais e os ambientes nos quais o destaque é a utilização da aprendizagem baseada em problemas, metodologia que você agora tem condições de estudar e implantar.

★★ 7.5 Questões de revisão

1ª QUESTÃO
Analise a concepção bancária da educação com possíveis sugestões de alteração da situação.

2ª QUESTÃO
Questione a manutenção do currículo seriado, como abordagem ultrapassada, e sugira alguma forma de substituição.

3ª QUESTÃO
Analise a formação de grupos e os benefícios que podem ser obtidos desta abordagem.

4ª QUESTÃO
Questione a aprendizagem cooperativa e aprendizagem colaborativa, buscando a diferenciação entre elas.

5ª QUESTÃO
Analise o fato do sentimento de que a ABP é uma metodologia indicada para ambientes virtuais de aprendizagem.

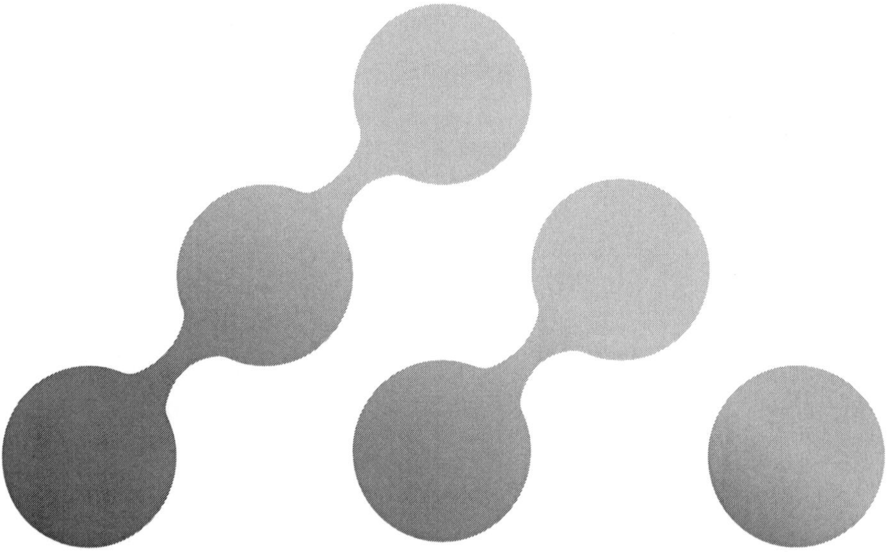

8
O QUE É E O QUE NÃO É A ABP

8.1 Apresentação
» Conteúdo
» Competências e habilidades
» O que não é ABP
» Atividades
» Síntese deste capítulo
» Questões de revisão

8.2 Competências e habilidades adquiridas
Ao terminar a leitura deste capítulo você poderá identificar um ambiente ABP adotado pela avaliação do seu reverso e identificar possíveis lacunas para que ele atenda às recomendações efetuadas para a obtenção de eficácia no processo de aprendizagem.

8.3 O que não é ABP
Depois de uma reflexão voltada para a determinação de como seria a forma mais apropriada de iniciar um material voltado para despertar o interesse para uma modalidade educacional, capaz de se contrapor a métodos tradicionais de ensino e aprendizagem, a ideia que prevaleceu foi iniciar o estudo informando para a pessoa, grupo de pessoas ou instituições de ensino sobre o que é e o que não é a aprendizagem baseada em problemas. Considera-se que, assim, você pode partir para um estudo introdutório de forma mais

apropriada, sem que qualquer confusão de termos ou nomenclatura atrapalhe seu desenvolvimento.

Para saber o que não é aprendizagem baseada em problemas, você precisa lançar um olhar crítico sobre o ambiente em foco. Se neste ambiente você observar as atitudes indicadas na lista a seguir, pode ter a certeza que ele pode não ser um ambiente tradicional e pode se autodenominar um novo ambiente de aprendizagem, mas não pode ser considerado um ambiente onde é desenvolvida a atividade de aprendizagem baseada em problemas:

» Os professores oferecem ao aluno um conjunto de materiais considerado como a totalidade do conteúdo necessário para o desenvolvimento da aprendizagem;
» As "aulas" são expositivas sobre conteúdos que podem estar superados pela evolução tecnológica apresentada no mercado de trabalho;
» Não se observa um planejamento cuidadoso, desenvolvido em diversas etapas e com diversos pontos de inflexão em que se avalia a funcionalidade do processo para que mudanças possam ser efetivadas;
» Os alunos não podem optar pela melhor forma de aprendizagem e que esteja de acordo com suas características particulares;
» Não há a aprendizagem desenvolvida pela investigação e descoberta, os conhecimentos são entregues aos alunos de forma pronta e acabada;
» É possível observar a falta de um processo de comunicação mais aproximado entre os alunos e os professores;
» Há uma proposta de avaliação única para todos os alunos;
» Não há a proposta do desenvolvimento do projeto em grupos;
» Não é dada ao aluno a possibilidade de exploração do mundo real nem de utilizar suas experiências anteriores para o desenvolvimento de atividades;
» Não há compartilhamento do que um indivíduo aprendeu por sua iniciativa como os colegas de turma;
» Não há debate de ideias e discussões sobre formas de pensar;
» É possível perceber falta de questionamento constante e aceitação, como verdades universais, tudo o que é dito pelo professor.

A observação de qualquer dos aspectos anteriores indica que o ambiente não está preparado para a aprendizagem baseada em problemas ou foi projetado nominalmente como um ambiente com as suas características, que são contrariadas na prática.

Se o olhar que você lançou sobre o ambiente de ensino e aprendizagem em foco lhe mostrar as seguintes características:

- Há uma preocupação constante com os desejos e necessidades dos alunos;
- Em todas as propostas consta a indicação da centralização do ambiente no aluno;
- Aos alunos é dada a oportunidade de desenvolver a atividade de aprendizagem de acordo com suas necessidades profissionais, isto é, a aprendizagem adquirida se mostra significativa e relevante e atende seus propósitos;
- Os objetivos são, pelo menos em parte, definidos pelos próprios alunos que, normalmente contam com a colaboração e o acompanhamento do professor, ainda que sejam desnecessários;
- Ainda que o professor não perca a autoridade para fazer julgamentos, o que lhe é dada por sua formação especialista na área em que o aluno é um aprendiz, esse fato não determina um relacionamento de poder entre o aluno e o professor;
- Os professores, como estratégia educacional, colocam sobre os ombros dos alunos a responsabilidade parcial ou explícita pela própria aprendizagem;
- Apesar de serem respeitados os limites apresentados pelo aluno, pelo menos a sua presença em momentos específicos e o desenvolvimento de todas as atividades supervisionadas ou atividades pedagógicas a serem desenvolvidas no ambiente on-line, são efetivas e exigidas como parte de seu processo de avaliação;
- Em nenhum momento os alunos sentem-se sozinhos ou largados por conta própria;
- Os alunos têm respeitados os seus conhecimentos anteriores e se considera que eles possam, ainda que sejam novatos no assunto da disciplina em foco, ajudar na aprendizagem. Não é incomum que, ainda que

não sejam certificados, os alunos tenham mais conhecimento que o professor sobre determinados assuntos;
- A aprendizagem é desenvolvida de forma interativa, colaborativa e ativa;
- A aprendizagem se efetiva sobre o contexto que vive a sociedade atual no mercado de trabalho, o que impede o questionamento do aluno sobre as razões pelas quais está desenvolvendo o estudo de determinado tema;
- A avaliação está centrada na apreciação da solução apresentada para algum problema proposto, que admite diversas soluções que podem ser efetivas em determinados ambientes e não efetivas em outros contextos presentes na sociedade;
- O tratamento dos conteúdos é basicamente efetuado na forma de narrativas e apresentações dos temas de forma a permitir que os alunos aprendam do mais simples ao mais complexo;
- Os desafios do mundo real estão presentes no conteúdo apresentado aos alunos;
- O acionamento do pensamento crítico e da mais alta ordem é incentivado como caminho a ser seguido pelo aluno, durante a atividade de solução do problema proposto;
- É possível observar uma orientação direta e frequente para que o aluno desenvolva a capacidade de analisar, sintetizar e avaliar a informação e utilizá-la para a criação de novos conhecimentos;
- O professor desenvolve com frequência questionamentos aos alunos sobre o seu processo de aprendizagem, com perguntas metacognitivas (aquelas que permitem ao aluno controlar o próprio processo de conhecimento): você sabe que...? Como sabe que...? Quais são suas suposições sobre o assunto?
- Todos os temas tratados são atuais e perspectivas superadas ou em fase de superação são apresentadas como conhecimentos teóricos necessários;
- A utilização da perspectiva do desenvolvimento de projetos experimentais é uma orientação constante no ambiente e a sugestão do aprender pelo erro é manifesta, como forma de superar toda e qualquer coerção no ambiente.

As características anteriores indicam um ambiente que utiliza a aprendizagem baseada em problemas. Se ele atende todas essas colocações, estamos em um ambiente ideal. Quando menos condições ele atender, sem que perca a característica de um ambiente ABP, fica menos sujeito ao sucesso que um ambiente ABP considerado como ideal pode proporcionar.

Tudo o que o mercado de trabalho contemporâneo reclama pode ser solucionado com a abordagem da aprendizagem baseada em problemas. Se você analisar essas reclamações verá que elas estão centradas nos seguintes aspectos:

» Pobreza em escrita;
» Pobreza em comunicação verbal;
» Apresentam competências e habilidades insuficientes para o desempenho das funções, o que acaba por delegar para universidades corporativas a formação complementar que necessitam para o desempenho do que dele é esperado;
» Demonstram incapacidade para resolução de problemas, como são considerados os desafios que as organizações modernas enfrentam em seu dia a dia.

A proposta da aprendizagem baseada em problemas apresenta condições de conseguir dar aos egressos de cursos com essa abordagem, essas competências e habilidades. O trabalho em equipe estimula a comunicação oral. A determinação de estratégias e apresentação de objetivos estimula a comunicação escrita. A apresentação de problemas aproximados da vida real, na área de conhecimento em que o aluno vai desenvolver seus trabalhos, tende a prepará-los como profissionais conhecedores dos problemas do dia a dia. O desenvolvimento da solução de problemas durante o desenvolvimento do curso prepara o aluno para enfrentar a quarta reclamação.

Todos esses fatores somam-se para dar uma primeira visão positiva para a adoção da PBL em cursos oferecidos em ambientes universitários. É necessário efetuar um parênteses nesta argumentação, para pôr em xeque a educação a distância. Será que nesses ambientes também é possível seu desenvolvimento? A existência das redes sociais, as tribos digitais, o contato extensivo do aluno com as tecnologias, o elevado volume de informações colocadas à disposição do aluno são fortes indicativos de que a abordagem da aprendizagem baseada em problemas, em conjunto com o suporte teórico metodológico dado pelo conectivismo, é a abordagem mais indicada para a EaD.

Voltando à argumentação que analisa a ABP sem levar em conta em que ambiente vai ser desenvolvida, vamos nos centrar apenas na análise da ABP para que possamos responder à segunda parte da proposta deste capítulo: o que é a ABP.

De modo superficial a aprendizagem baseada em problemas pode ser mais bem explicada ao responder a três questionamentos: o quê? Como? Por quê?

Ela representa um processo a ser desenvolvido em ambientes centrados no aluno onde todos os temas tratados são relevantes para a vida pessoal e profissional dos alunos e cuja forma de aprender é determinada pelo próprio aluno. É ele quem escolhe os conteúdos e determina os recursos de campo; determina e escolhe o problema que vai analisar, com apoio do professor que é quem sabe se a solução do problema escolhido vai abarcar todo o conteúdo recomendado para que o aluno atinja os objetivos a que se propôs e que estão de acordo com o previsto no projeto instrucional, o que deve ser ajustado entre as partes. O principal fator a destacar é que esse conteúdo tenha relevância com a formação que o aluno pretende.

A ABP indica que, imediatamente após a escolha dos conteúdos e da determinação da estratégia adotada, o aluno busca e armazena as informações de interesse, e a aprendizagem mais profunda tem início quando esta informação é relacionada com o contexto da vida social e profissional do aluno. Quando isso acontece, o envolvimento do aluno é completo e a razão para estudar os conteúdos que está estudando ganha significado.

Na ABP, os conhecimentos anteriores do aluno ganham destaque, na etapa em que ele é chamado a desenvolver e testar suposições, estratégias e fatos, relacionados com o que já aprendeu em sua vida pregressa. Fernandes (2011) considera que a aprendizagem acontece quando há um conflito entre a aprendizagem anterior e o surgimento de novas informações. A autora considera ainda que tudo o que acontece, que é próximo a casos reais e está interligado com um contexto, tende a ser aprendido em um nível mais profundo e é retido por mais tempo.

Nesse ambiente o professor pode apresentar um problema complexo e ambíguo, que também pode ser escolhido pelo aluno com acompanhamento do professor e que exigem a efetivação da metacognição, um dos conceitos mais novos no jargão educacional que tem um significado simples: levar o aluno, independentemente de sua formação, a discutir e pensar sobre como as coisas são feitas e o que é mais importante sobre a forma como ele próprio aprende.

Na ABP, um dos aspectos mais interessantes diz respeito à utilização a que o aluno é forçado a usar as habilidades de pensamento de ordem superior, tais como análise, síntese, avaliação e criação de novos conhecimentos. Este último resultado é o prêmio pela ousadia de inovar.

Outra característica que nos diz o que é a ABP é o desenvolvimento dos trabalhos em pequenos grupos, efetivação de cooperação e colaboração ativas, a discussão intensiva com propósito construtivo e não competitivo, que sugere que o conceito de inteligência coletiva, considerada por Lévy (2014) como a soma das inteligências individuais envolvidas em algum processo de comunicação, no qual há troca de conhecimentos de forma ativa.

Na ABP é criado um ambiente em que são consideradas as características coletivas que influenciam todos os envolvidos:

» Um planejamento extensivo das atividades;
» Desenvolvimento de processos de reflexão constantes;
» Construção de listas de verificações de atividades (*checklists*);
» Utilização de diversas fontes de informação;
» Efetivação de atividades de retorno de forma ativa, no menor tempo de resposta possível;
» Existência de processo de avaliação que está apoiado no conhecimento do comportamento do aluno no ambiente;
» Ferramentas para desenvolver um modelo de questionamento constante para que os alunos possam, em todos os momentos, responder às questões que surgem durante o desenvolvimento da solução do problema;

» Todos se caracterizam como solucionadores de problemas, pensadores críticos e pessoas interessadas em resolver problemas de forma cooperativa e colaborativa sem nenhum outro propósito que não seja a disseminação do conhecimento criado no interior da comunidade.

Todos os fundamentos necessários para que você se sinta motivado para desenvolver um estudo mais aprofundado sobre os fundamentos da ABP e possa desenvolver o seu primeiro projeto de curso estão estabelecidos. Nos próximos capítulos aprofunde esses conhecimentos e adquira condições para implantar a sua primeira experiência com esta abordagem inovadora do processo de ensino e aprendizagem.

LEITURA COMPLEMENTAR
Leia o material indicado <http://www.pbl.uci.edu/whatispbl.html> e desenvolva a atividade proposta. Registre o resultado do trabalho em seu diário de bordo e, se desejar uma devolutiva, envie-o para o endereço de contato do autor.

★ 8.4 Síntese deste capítulo

O que você aprendeu neste capítulo lhe confere competências e habilidades para que você analise ambientes assim estabelecidos com aquilo que deles se espera e providencie as mudanças necessárias, caso sejam necessárias.

★★ 8.5 Questões de revisão

1ª QUESTÃO
Qual o efeito de aulas expositivas em relação à utilização da ABP?

2ª QUESTÃO
Qual o processo de comunicação mais indicado quando se opta pela utilização da ABP?

3ª QUESTÃO
Qual a importância da utilização de grupos para ambientes da ABP?

8. O QUE É E O QUE NÃO É A ABP

4ª QUESTÃO
Qual a importância de se reconhecer conhecimentos anteriores do aluno em ambientes de ABP?

5ª QUESTÃO
Quais questionamentos levantam a adoção de uma posição metacognitiva no ambiente?

Justifique todas as suas respostas.

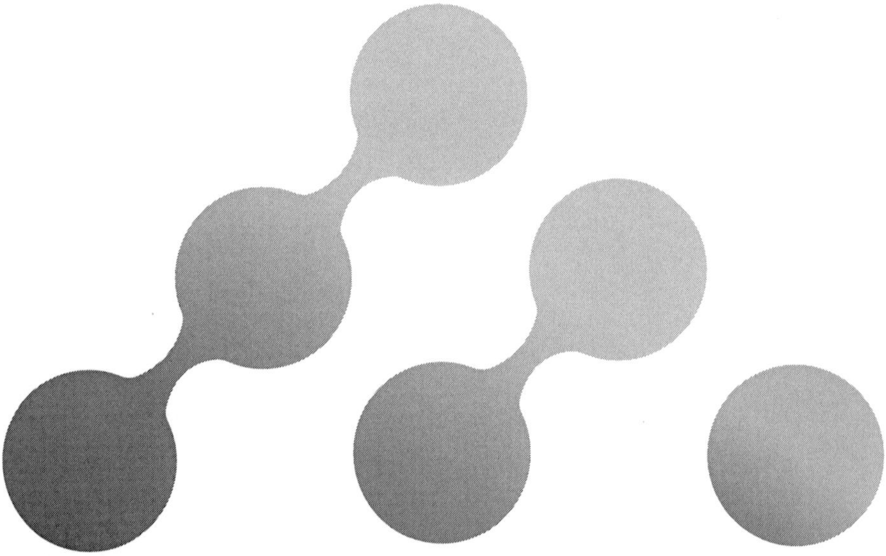

9
A APRENDIZAGEM BASEADA EM PROBLEMAS

9.1 Apresentação
» Conteúdo
» Competências e habilidades
» O que é a ABP
» Estágios da ABP
» Mudanças culturais provocadas
» Atividades
» Síntese deste capítulo
» Questões de revisão

9.2 Competências e habilidades adquiridas
Ao terminar a leitura deste capítulo, você completa o conjunto de requisitos teóricos mínimos para trabalhar na implantação da ABP em ambientes virtuais de aprendizagem.

9.3 O que é a ABP
Todos os processos têm um início, um desenvolvimento, atingem o estado da arte e podem ou não se manter à tona, dependendo da efetividade de sua proposta. Com a aprendizagem baseada em problemas não acontece de forma diferente, apesar de não ser uma novidade, algo recente, ela se mantém e está em fase de inovação para modificar ambientes tradicionais de aprendizagem, dando-lhes maior qualidade de ensino e aprendizagem.

A utilização da metodologia teve início há pouco mais de quarenta anos e ganhou popularidade devido à sua extensiva utilização em escolas médicas. Ela foi criada como uma forma de que os profissionais de saúde, já formados, tivessem uma ferramenta eficaz para o desenvolvimento de uma proposta de formação permanente e continuada, uma imposição na área da saúde, em que a evolução se mostra presente, como resultado de uma busca contínua de medicamentos e procedimentos que diminuam o sofrimento humano com as doenças.

LEITURA COMPLEMENTAR

As fontes de pesquisa convergem para identificar o seu ponto de origem em estudos desenvolvidos na Case Western Reserve University Medical School (http://casemed.case.edu/). Faça leitura desse artigo. Nessa localidade existem diversos outros documentos nos quais você poderá acompanhar a evolução que ela apresentou em sua utilização. Registre o resultado em seu diário de bordo e, se desejar devolutiva, envie-o para o endereço de contato com o autor. Há fontes que apresentam a McMaster University (http://mcmaster.ca/) como uma das localidades de utilização mais extensiva da ABP como abordagem do processo de ensino e aprendizagem. Busque mais informações em um relatório (que estabelece como estão as condições atuais de utilização da ABP na área médica). Consulte o link http://www.mcmaster.ca/opr/html/mcmaster_home/main/search_results.html?-cx=01711005327385641298%3Aakq6v26t6nm&q=problem+based+learning&hq=inurl%3Amcmaster.ca&cof=FORID%3A11&sa.x=6&sa.y=5.

A utilização inicial da ABP se deu como um processo tutorial que estabelecia uma nova abordagem da metodologia de ensino e aprendizagem, considerando o ambiente centrado no aluno. O protótipo proposto teve grande sucesso, o que o levou a ser utilizado por diversas outras instituições de ensino, ainda restrito à área médica.

A escola médica de Harvard foi uma das primeiras a propor inovações no método, com a criação de um modelo diferenciado para a época, que utilizava tutoriais, leituras e conferências. Aos poucos o processo evoluiu até que, nos anos 1980, um estudo proposto pela Case Western Reserve University Medical School a definiu como um processo acreditado, mas que era colocado como um processo descritivo de apresentação de resultados de procedimentos e protocolos médicos.

Ela ainda não era tida como um método analítico de construção do conhecimento, como é considerada nos dias atuais. A partir dessa data, as pesquisas começam a se desenvolver na análise de desempenho de alunos, submetidos e não submetidos à ABP em processos similares.

Com o surgimento das grandes redes de comunicação, ela atinge um ponto de grande utilização e os estudos se multiplicam, o que leva, a partir dos anos 1990, à sua utilização mais extensiva em outras áreas do conhecimento. Então a ABP deixa de ser um método quase de uso exclusivo da classe médica.

A evolução dos estudos a trouxe até o estado da arte na atualidade, em que são inúmeros os trabalhos de pesquisa e a consideração da utilização extensiva de ambientes colaborativos. Surge a proposta de que ela não seja mais utilizada de forma pontual em procedimentos específicos e passe a ser empregada na alteração da estrutura curricular de cursos que, a partir daí, teriam toda a sua estrutura curricular apoiada na ABP, facilitando a interdisciplinaridade.

Na atualidade, sob a influência das redes sociais e da evolução das tecnologias das comunicações, a modalidade passa a ser considerada uma nova forma de ensinar e aprender que pode se contrapor aos métodos tradicionais de ensino e aprendizagem. Essa evolução parte da comprovação de que, ao solucionar problemas, profissionais de diversas áreas apresentavam maior rendimento.

O mercado exige um profissional que possa ser considerado o **profissional do conhecimento** (Drucker, 2001), para que possa desenvolver seus trabalhos nas **organizações aprendentes** (Senge, 2010), um novo paradigma que impõe para as organizações novas formas de gestão e atuação no mercado, que parte da correta gestão do conhecimento. Tivemos a oportunidade de estudar que essa imposição é uma das razões para a incessante procura de novos métodos de ensino e aprendizagem, contrapostos aos métodos tradicionais, não mais funcionais na sociedade contemporânea.

Drucker (2001) define o profissional do conhecimento como aquele que é altamente qualificado, com alto nível de escolaridade e tem como principal função na organização a conversão da informação em conhecimento, o que lhe dá elevado nível de competitividade e empregabilidade.

Senge (2010) define a organização aprendente não somente aquela que se volta para a educação de seus colaboradores, mas que representa uma estruturação econômica voltada para processos de formação permanente e continuada, com elevado processo de disseminação de conhecimentos no interior da organização.

A aprendizagem que se adapta ao contexto de uma nova sociedade onde as mudanças acontecem de forma abrupta e emergencial, altamente acelerada e imprevisível em seu desenvolvimento parece encontrar na ABP uma nova maneira de engajar os alunos e formar egressos com competências e habilidades mais próximas do que aquilo que o mercado exige.

Todas as pesquisas convergem para a necessidade consensual de formação de competências e habilidades que permitam que os futuros profissionais tenham a capacidade de solucionar problemas. Assim, a ABP sai dos redutos médicos e passa a ser utilizada em diversas outras iniciativas, quase todas reportando bons resultados com a aplicação dos seus fundamentos e políticas.

Nas avaliações efetuadas, é possível observar melhorias no rendimento do aluno com o uso de algumas estratégias. Essas estratégias são: colocar os alunos diante de problemas difusos, que têm um número insuficiente de informações; incentivo ao desenvolvimento da criatividade; apoio da técnica do **raciocínio baseado em casos (RBC)**, buscando problemas similares já solucionados.

O raciocínio baseado em casos é considerado por Von Wangenheim e Von Wangenheim (2013) o resultado da aplicação de um conjunto de procedimentos tidos como uma técnica que busca resolver novos problemas, com busca de soluções anteriores para problemas e contextos similares, armazenados em grandes bases de dados. É o registro do conhecimento especialista que utiliza a experiência do passado para resolver um problema do presente.

Ao enfrentar um problema sem uma solução definida de forma prévia, não atestada pelo professor, que adota um papel de orientador, somente o despertar do senso crítico, da criatividade e da iniciativa é capaz de levar a uma solução satisfatória. Essa é a abordagem proposta para a ABP.

Vista dessa perspectiva, a ABP é, então, uma proposta de desenvolvimento de currículos e um sistema de aplicação de técnicas e práticas que reconhece as necessidades do mercado e de auxiliar os alunos a adotar um comportamento interessado e participativo, com propostas cooperativas e colaboradoras e capacidade de desenvolver trabalhos em grupos.

Um novo currículo adaptado à solução de problemas vê neles a possibilidade de aprendizagem do conteúdo necessário, de uma forma mais eficaz e capaz de recuperar o encantamento no relacionamento entre professor e aluno, desenvolvido com utilização de uma extensiva aplicação de um diálogo constante entre todos os participantes do processo de ensino e aprendizagem, que agora incluem as redes sociais, familiares e a própria sociedade. A ABP pode então ser considerada uma abordagem educacional com características diversificadas dos métodos tradicionais de ensino e aprendizagem e que apresenta algumas das seguintes características:

» utiliza os problemas para desenvolvimento dos currículos, que não têm como finalidade testar as habilidades dos alunos, mas sim utilizados para o desenvolvimento de habilidades desejadas no perfil profissional do aluno;
» são colocados para os alunos problemas mal estruturados, que não apresentam uma solução limpa, convergente e baseada em formulações simples. Importa mais o processo de montagem da solução do que a solução em si mesma;
» os alunos resolvem os problemas, tendo os professores como auxiliares, colaboradores ou facilitadores;
» os alunos recebem como insumos apenas orientações gerais sobre como abordar o problema e não formulações que permitam obter uma solução, ou alguma lista de procedimentos colocadas como uma receita de bolo a ser seguida;
» utiliza de forma extensiva a formação de grupos e a avaliação é baseada no desempenho do grupo como um todo.

Com essa visão, a ABP assiste os alunos na solução de problemas como antecipação do que eles vão enfrentar na vida profissional, preferencialmente contextualizados no ambiente profissional onde vão atuar, desenvolvidos por especialistas da área, para formar alunos que têm como características as seguintes habilidades:

» aptidão para definir claramente como será efetivada a solução de um problema, com a abordagem a ser adotada e a estratégia a ser seguida, primeiro passo na apresentação da solução do problema proposto;
» capacidade para acessar, avaliar e utilizar dados compilados a partir de uma variedade de fontes;
» coragem para alterar hipóteses, sempre que forem dadas ou consideradas novas informações que podem alterar a solução do problema;
» condições de desenvolver soluções claras, que demonstram o ajuste do problema e das condições apoiados e baseados em argumentos e informações claras.

Alunos formados com essas habilidades estarão bem preparados para ocupar posições que não necessitam de supervisão constante, com tempo para desenvolvimento de outros processos de formação permanente e continuada. Também terão condições de enfrentar a explosão de conhecimentos que satura o mundo atual.

9.4 A divisão da ABP em estágios
Para a formação de pessoas com essas características, a ABP se estabelece como um processo desenvolvido em diferentes estágios, os quais devem ser seguidos com algum rigor pelos alunos.

9.5 Estágios da ABP
Em um currículo baseado na solução de problemas, é possível observar a presença de três fases distintas de operação que são desenvolvidas pelos alunos, enquanto estão coletando as informações ou conhecimentos que consideram necessários, a partir de uma grande variedade de fontes disponíveis na internet, por meio de diversos tipos de mídias; conversam com seus orientadores, com outros especialistas nas redes de relacionamento profis-

sional (LinkedIn) e nas redes sociais (Facebook etc.). Esses estágios iniciais estão relacionados nos capítulos seguintes, como características da ABP.

9.5.1 Primeiro estágio

O aluno encontrando e definindo problemas. Nessa atividade, os alunos são confrontados com um problema da vida real e instados a responder algumas questões básicas, como:

» O que eu já sei sobre o problema ou pergunta colocadas?
» O que eu preciso saber para resolver efetivamente esse problema?

9.5.2 Segundo estágio

O alunos têm acesso, coletam, armazenam, analisam e escolhem as informações que vão utilizar. É somente após ter o problema claramente definido que eles acessam informações em múltiplas mídias, ainda consideradas informações e não conhecimento. Elas são obtidas a partir do trabalho de diversos especialistas presentes na rede. A internet assume o lugar de principal fornecedora de recursos de informações, nas pesquisas desenvolvidas utilizando-se os mecanismos de busca disponíveis. No caso de problemas simples, os alunos podem encontrar uma diversidade de perspectivas sob as quais o problema pode ser abordado e os recursos que o preparam para desenvolver a terceira parte da solução do problema, que é o levantamento dos recursos que permitam satisfazer aos questionamentos:

» Os recursos obtidos são atualizados?
» Os recursos obtidos são exatos ou corretos?
» Há fontes de validação?
» Eles atendem aos referenciais teóricos estabelecidos como linha de atuação do aluno?
» Existe alguma razão para suspeitar da credibilidade da fonte onde os dados são obtidos?
» Todos os dados captados têm autorização para utilização?

9.5.3 Terceiro estágio

Etapa em que acontece a síntese e o desempenho do processo. É um novo estágio no qual os alunos constroem uma solução para o problema. Nessa fase, o aluno pode utilizar um programa multimídia, mapas mentais (o mais indicado) ou, de forma mais tradicional, escrever um arquivo que focalize a questão principal do problema apresentado. Os alunos devem reorganizar as informações obtidas se novas visões sobre como desenvolver o processo surjam nesta fase. São atividades que se processam como se os alunos estivessem respondendo a questionamentos que surgem como razão de maior conhecimento do problema, devido ao aprofundamento natural. Então a informação que o aluno obteve pode ser reorganizada de acordo com as diversas perspectivas sob as quais o problema pode ser solucionado.

9.6 Mudanças culturais

Uma das características da ABP se refere às mudanças culturais que o processo sugere. Os alunos estão acostumados aos ambientes tradicionais de ensino e aprendizagem, onde desenvolvem os seus trabalhos na companhia de professores, tidos e assumidos como detentores universais do conhecimento e que trabalham em uma perspectiva reprodutivista do conhecimento e tendem a levar um choque ao desenvolver seus trabalhos em ambientes baseados na solução de problemas e de professores que desenvolvem uma nova ação e prática docente como *coacher* que acompanha o aluno de forma constante.

Nesse ambiente acontecem mudanças culturais mais ou menos profundas. A primeira mudança cultural que podemos identificar se manifesta quando o aluno enfrenta um ambiente colaborativo. Eles são colocados perante o desafio de aprender que não estão mais sozinhos e que fazem parte de um grupo, da mesma forma como as coisas acontecem nas organizações do mercado contemporâneo, na vida real. O aluno, tal qual um profissional do mercado, passa a fazer parte de um organograma estabelecido e tem funções específicas a resolver. Em um grupo, um aluno não é levado a conduzir todas as pesquisas e a apresentar a solução do problema.

O mesmo novo paradigma é proposto aos professores para alteração de sua ação e prática profissional. Ele é instado a ignorar o relacionamento de poder que mantém com os alunos no ambiente tradicional; além disso, deve assumir o papel de orientador e aceitar a possibilidade de aprender junto com os alunos e com as soluções que eles propõem, que acontecem de diferentes perceptivas. Um mesmo problema entregue para diferentes equipes pode ter soluções totalmente diversificadas. A solução apresentada pode ser algo que se contrapõe ao que o professor considerava mais correto. É importante sempre relacionar a solução apresentada com o contexto.

Assim, os professores devem aprender a construir problemas, atuar junto com os alunos, aceitar sugestões de alterações e assegurar que todo o material básico para o assunto em multimídia esteja sendo oferecido ou com fontes de obtenção indicadas. Um dos grandes desafios para o professor é a aprendizagem sobre como construir problemas e dar ao aluno a assistência necessária para que ele adquira a habilidade para solucionar problemas. A regra do contato entre professor e aluno sempre será a facilitação e nunca o direcionamento do aluno de forma assistencialista, como ocorre nos ambientes tradicionais de ensino e aprendizagem.

Com todas essas providências, há um conjunto de benefícios representados pela mudança de um ambiente de aprendizagem centrada no professor e sua troca por um ambiente centrado no aluno. A utilização da ABP causa um desconforto inicial, que é relatado por muitos professores, quando o processo está sob investigação para avaliação de sua efetividade. Contudo, na continuidade é relatado um entusiasmo revelado pelos alunos que demonstram uma nova energia e entusiasmo, que são bem diferentes do desencanto que permeia os ambientes tradicionais de ensino e aprendizagem. Não é incomum que os alunos elogiem a forma como a problematização lança novos desafios no desenvolvimento do planejamento curricular de cada eixo temático no qual a disciplina foi dividida. A soma de vantagens mostra vantagens significativas na utilização da ABP.

A busca de contradições apresenta algumas colocações que permitem estabelecer como eventuais desvantagens:

» a existência ignorada de outros métodos que também apresentam resultados positivos e que não podem ser utilizados em alguns casos devido às mudanças curriculares sugeridas pela ABP;

» há a necessidade de formação do professor, do aluno, preparação da instituição de ensino e de formatação de bons tutoriais;
» é um processo mais demorado que o comum por exigir um estudo mais detalhado na fase inicial, na qual se determina o conteúdo e definem as estratégias que serão utilizadas, para somente depois ser iniciado o processo;
» necessita de um planejamento detalhado.

Os aspectos assinalados podem impactar alguns tipos de cursos rápidos, nos quais a importância de aspectos, como tempo de resposta e duração, é essencial e sobrepuja os benefícios que podem advir da proposta metodológica da ABP.

DIÁLOGO

Importante: O acrônimo PBL aponta para duas metodologias que não têm a mesma proposta e o mesmo significado. É importante ter um destaque sobre esse aspecto que confunde alguns alunos de cursos e leitores de materiais que chegam a apresentar essas duas siglas.

A aprendizagem baseada em problemas e o projeto baseado em problemas apresentam alguma confusão por utilizarem a mesma sigla para indicar objetivos similares, que são estratégias de ensino adotadas para superação das metodologias tradicionais de ensino e aprendizagem.

Uma visão mais acurada na forma de uma análise comparativa apresenta como convergência o fato de envolver o aluno em tarefas próximas àquelas que o leitor irá desenvolver em sua vida pessoal ou profissional, permitindo efetivar a aprendizagem significativa. A base é comum no que diz respeito à entrega de projetos ou problemas abertos a serem solucionados. Em ambos os casos, os ambientes de trabalho estão centrados no aluno, como é comum nessa modalidade. A atividade de *coaching* educacional é vista como uma vantagem, sem as restrições colocadas por pessoas ligadas à área da pedagogia. O aprender pela pesquisa é orientado nas duas abordagens, e a avaliação é baseada no desempenho, comprovado pela entrega do problema.

Em contraposição, é possível identificar diferenças. Quanto ao projeto, ele inicia com um produto final desenvolvido com alguma ferramenta específica (por exemplo, PMI – Project Management Institute, programa de formação gestores em projetos e que utiliza metodologia própria reconhecida na comunidade informática). Já a aprendizagem baseada em problemas tem seu início na problematização de situações em determinada área em que há necessidade de busca de novas ideias, transformado em estudo de caso, com liberdade de ação pelo solucionador, que pode, então, desenvolver a solução com uso de diferentes contextualizações na dependência de sua criatividade.

Esse destaque é necessário para que você possa separar os materiais resultantes de alguma pesquisa com o termo "PBL", para o qual vai receber resultados com apontamentos para as duas áreas.

★ 9.7 Síntese deste capítulo

Neste capítulo, você adquiriu condições de trabalhar de forma ativa na implantação de ambientes nos quais a abordagem do processo de ensino e aprendizagem se apoia na aprendizagem baseada em problemas.

★★ 9.8 Questões de revisão

1ª QUESTÃO
Cite motivos para que os ambientes colaborativos sejam os sugeridos para implantação da ABP.

2ª QUESTÃO
Relacione a ABP com a metodologia do raciocínio baseado em casos.

3ª QUESTÃO
Como deve ser a atuação do professor em ambientes ABP?

4ª QUESTÃO
Como deve ser a atuação do aluno em ambientes ABP?

5ª QUESTÃO
Qual a razão pela qual a ABP é considerada efetivadora da aprendizagem significativa?

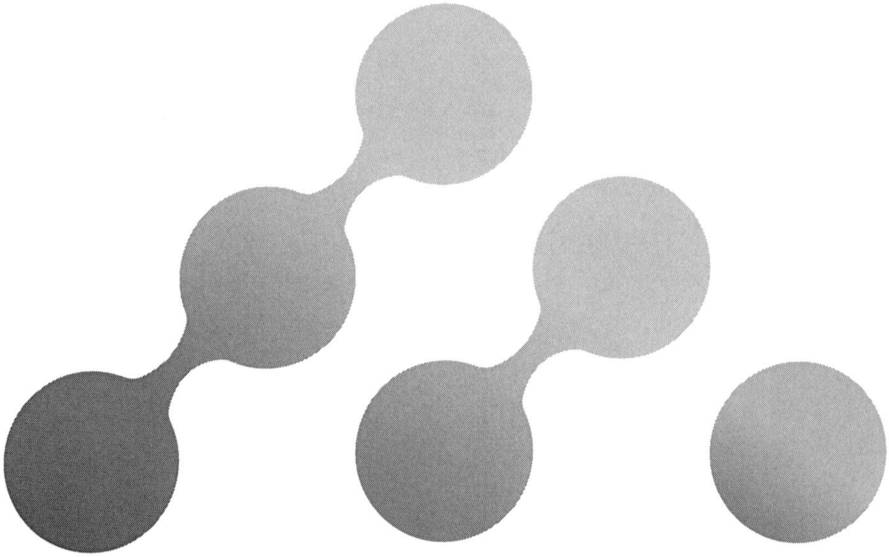

10

FUNDAMENTOS ESSENCIAIS EM APRENDIZAGEM BASEADA EM PROBLEMAS

10.1 Apresentação

» Conteúdo
» Competências e habilidades
» Fundamentação da proposta ABP
» Atividades
» Síntese deste capítulo
» Questões de revisão

10.2 Competências e habilidades adquiridas

Ao terminar a leitura deste capítulo, você terá os conhecimentos necessários para desenvolver trabalhos com a metodologia ABP em ambientes virtuais de aprendizagem.

10.3 Fundamentação da proposta ABP

A partir deste ponto, você inicia um estudo detalhado sobre a aprendizagem baseada em problemas. Há muitas instituições com propostas de utilização da problematização no desenvolvimento do currículo dos eixos temáticos que direcionam a aprendizagem em alguma área específica.

Do que foi visto até o momento você pode tentar fazer uma definição de próprio punho sobre o que é a ABP, e o que você escrever deve estar bem próximo do que apresentamos como definição básica:

> A ABP é uma nova abordagem educacional, utilizada para o desenvolvimento de currículos e que se contrapõe a métodos tradicionais de ensino. É utilizada no desenvolvimento simultâneo de problemas e seguimento de estratégias determinadas como as mais indicadas para sua resolução. Durante o processo, o aluno desenvolve habilidades e conhecimentos que resgatam seu senso crítico, sua criatividade, sua iniciativa, aspectos que o colocam como um solucionador de problemas.

Atingir esse objetivo, parte da apresentação de um problema mal estruturado para os alunos, algo relacionado com sua vida pessoal ou profissional, que não tem nenhuma solução pré-fabricada e que representa algo referente ao mundo real.

O centro da aprendizagem, nessas condições, é o aluno, e seu caminho é trilhado de acordo com o enfrentamento de problemas que apresentam as seguintes características:

» são situações evidentemente complexas e que não apresentam uma solução clara e imediata;
» para sua solução, são necessárias: investigação, coleta de informações e reflexão;
» o problema está relacionado com uma situação que está em constante mudança, como as coisas acontecem na vida real;
» não há uma única solução para o problema, e as possíveis estão relacionadas com o contexto e não são fáceis, fixas e formuláveis, em possibilidade de erro. Não há determinismo de nenhuma espécie apontado na solução encontrada.

A ABP cria um ambiente com diversos componentes e segue a metodologia descrita a seguir, exatamente como os problemas propostos para os alunos:

» Tudo tem início na apresentação de um problema mal estruturado para que os alunos busquem por uma solução.

- » Os professores, parte importante no processo, assumem o papel de mediadores, acompanhantes, orientadores cognitivos e metacognitivos, em contraposição ao papel de detentores do conhecimento, que eles assumem nos ambientes tradicionais de ensino e aprendizagem.
- » Os alunos assumem o papel de solucionadores ativos de problemas, tomadores de decisão e construtores de significados, papel oposto ao de espectador passivo que o desempenha nos ambientes tradicionais de ensino e aprendizagem.

Essa proposta inicial deixa clara a a necessidade de que tanto os professores como os alunos têm de alterar o papel que cada um desempenha no processo de ensino e aprendizagem. São funções e papéis diferenciados em relação aos que eles desempenham nos ambientes tradicionais de ensino.

O professor, como orientador, desempenha as seguintes funções:

- » questionar sobre o pensamento desenvolvido pelos alunos;
- » monitorar a atividade de aprendizagem;
- » colocar frequentemente para os alunos novos desafios que incentivem a construção de significados em seu processo de aprendizagem;
- » manter os alunos envolvidos no processo;
- » monitorar e ajustar os níveis de desafio para evitar qualquer tipo de sobrecarga (cognitiva, laboral, emocional), em qualquer situação;
- » gerenciar as dinâmicas de grupo que se tornam necessárias para desenvolver um trabalho com características multiculturais;
- » manter o processo em contínua movimentação.

Do aluno também são esperadas diferentes funções:

- » atuar como ativo solucionador de problemas;
- » participar de forma ativa no ambiente;
- » estar engajado na atividade de aprendizagem;
- » construir de forma contínua novos significados a partir dos estudos desenvolvidos sobre o elevado volume de informações às quais tem acesso.

O problema deve apresentar como características:

» ser motivador e desafiante;
» ser mal estruturado e não apresentar uma solução única e que seja formulável;
» apelar para o natural desejo humano de buscar a solução de tudo que possa ser considerado um problema, que ele deseja mudar com seu estudo;
» estar relacionado com o contexto da vida pessoal ou profissional dos alunos.

A partir dessas considerações iniciais, é possível para você identificar benefícios da abordagem ABP, sem que a relacione de forma comparativa com nenhuma outra abordagem. Se você desenvolver um trabalho de reflexão neste ponto, é possível que venha a chegar às seguintes propostas sobre os seus benefícios:

» é uma proposta que, apesar de poder causar espanto inicial (desejável como motivação inicial), na sequência engaja os alunos na atividade de aprendizagem;
» tem uma proposta de que os alunos incluam em seu perfil competências e habilidades para solução de problemas, consideradas necessárias no mercado corporativo contemporâneo;
» levar o aluno a aprender a efetuar o aprender pela pesquisa, como base para outras ideias pedagógicas (aprender a aprender, aprender pelo erro, aprender fazendo, aprender de forma significativa etc.);
» levar o aluno a trabalhar com temas relevantes e contextualizados em sua futura prática profissional, que pode lhe dar resposta clara para questionamentos frequentes nos ambientes tradicionais: "Por que precisamos aprender esta informação?", "O que estou fazendo na escola e como vou utilizar esses conhecimentos na vida real?".
» conduzir o aluno ao desenvolvimento de pensamentos de alta ordem, devido à estruturação dos problemas o levar a desenvolver pensamento

crítico, criativo e que suscita outro questionamento: "Qual a resposta certa para esse questionamento, de acordo com o que o aluno espera, para que eu possa tirar uma boa nota?".

» apresentar uma condução diretamente relacionada com o aprender a aprender, o que leva o aluno a desenvolver a metacognição, a aprendizagem autorregulada, a partir de um trabalho de análise que leva o aluno a estabelecer, junto com seu grupo de trabalho, estratégias para a definição do problema, com a construção e teste de cada uma das hipóteses levantadas, para que o resultado possa ser comparado com as estratégias utilizadas pelos outros grupos, com a intenção clara de incentivar a inteligência coletiva;
» destacar a importância da autenticidade em que os problemas estudados e as formas de resolução são semelhantes aos problemas que os alunos irão encontrar em sua vida real, pessoal ou profissional;
» estimular um processo de avaliação diferenciado que não apenas capta a capacidade que o aluno tem de memorizar conhecimentos acabados que lhe são transmitidos de forma pronta e acabada.

Parece-nos claro estar sendo desenhado um ambiente com alguns parâmetros claramente determinados, de modo que o aluno não fique imerso em dúvidas, mas adote um posicionamento de aprender pelo erro, incentivado pela ausência de coerção. Esse ambiente apresenta as seguintes características:

» O trabalho acontece de forma restrita a uma unidade didática específica, que pode ser alguma unidade sem existência real utilizada como elemento para incentivo da interdisciplinaridade, resultante da reestruturação curricular;
» Tudo começa com a apresentação de um problema mal estruturado que serve como centro do ambiente, que organiza o contexto da aprendizagem.
» O problema é apresentado para o aluno formalmente como algo:
  • mal estruturado em sua natureza;
  • que não apresenta solução clara e imediata;
  • que é alterável de acordo com o surgimento de novas informações;

- que não tem uma solução fácil e evidente;
- que nem sempre resulta em uma resposta correta para diversos contextos e pode apresentar funcionalidade em contextos diversificados.

» As salas de aula apresentam os alunos como participantes e solucionadores de problemas, e os professores como orientadores das atividades desenvolvidas pelos alunos.

» No processo de ensino e aprendizagem desenvolvido nesses ambientes, a informação é compartilhada, mas a construção do conhecimento é um processo individual como propugnado pelo conectivismo, teoria de aprendizagem que temos sugerido que seja adotada (Siemens, 2005. Downes, 2012).

» O processo de avaliação é desenvolvido sobre a evolução do aluno em relação a um ponto inicial de conhecimento e efetivado de forma constante.

» Interdisciplinaridade e integração são características das disciplinas submetidas a um processo de revisão dos currículos, para que a ABP possa ser adotada de forma mais facilitada.

Você já teve oportunidade de analisar e comparar a ABP com outros métodos de ensino e aprendizagem. É interessante, de posse de novas informações, rever esse comparativo em algum de seus aspectos. Os métodos tradicionais de ensino e aprendizagem trazem a proposta de utilizar o currículo como um conteúdo acabado previamente construído por outras pessoas.

As coisas não se passam dessa forma no ambiente ABP, onde o currículo é utilizado como uma experiência a ser vivenciada pelo aluno, durante um processo de solução de um problema, com as características já apresentadas nos capítulos anteriores. Tudo o que foi dito é importante, e no seguimento da proposta de aprendizagem da ABP, você terá um ambiente com os seguintes direcionamentos:

» A atuação do aluno como pessoa interessada, ativa e que vai trabalhar na solução de um problema para aprendizagem de determinado conteúdo.

» A atuação do professor como orientador e acompanhante do aluno.

10. FUNDAMENTOS ESSENCIAIS EM APRENDIZAGEM BASEADA EM PROBLEMAS

» A aprendizagem não é linear e racional, mas estruturada pela resolução de problemas que tornam a aprendizagem coerente e relevante para o aluno.
» A atividade de aprendizagem é feita com base na facilitação oferecida pelos professores e no engajamento, comprometimento e motivação constantes do aluno.
» Tudo acontece como um processo de construção individual do conhecimento.
» O ambiente não é estruturado de forma rígida.

Assim, nos capítulos seguintes, interessa-nos analisar:

» Quando é recomendável utilizar a ABP?
» Qual o papel do problema no ambiente? Pergunta efetivada de forma que as respostas dadas possam permitir uma orientação competente sobre como determinar um problema?
» Qual o papel do professor no ambiente ABP? Pergunta efetivada de forma que as respostas dadas possam permitir a oferta de um guia do professor ABP.
» Qual o papel do aluno no ambiente ABP? Pergunta efetivada de forma que as respostas dadas possam permitir a oferta de um guia do aluno ABP.
» Desenvolver e apresentar um estudo de caso efetivo em que sejam oferecidos ao leitor:
    • a forma de efetivação;
    • análise dos resultados obtidos;
    • conclusões que podem ser obtidas da avaliação dos alunos.
» Inferir, a partir de todo o conteúdo apresentado, as perspectivas futuras para a utilização da ABP.

É uma caminhada em que se pretende dar ao professor plenas condições de utilização da ABP nos ambientes de sala de aula como uma proposta de contraposição aos ambientes tradicionais, visando a quebra de um paradigma que nenhum serviço presta ao processo de ensino e aprendizagem, em uma sociedade em evolução constante.

Você pode considerar que este estudo foi dividido em duas partes. Neste ponto você está encerrando a primeira, na qual foram apresentados os fundamentos da ABP e algumas das razões que justificam a proposta de sua utilização.

É uma oportunidade de confrontar os ambientes tradicionais de ensino que, em muitos casos, não mais conseguem sensibilizar os alunos ao desenvolvimento de uma proposta de aprendizagem mais de acordo com as necessidades apresentadas no ambiente da sociedade contemporânea.

Na segunda parte, a orientação é apresentar uma análise de cada um dos componentes do ambiente: o aluno, o professor, o problema e comprovar todas as colocações efetuadas até o momento no desenvolvimento de um estudo de caso, apresentado em detalhes.

Independentemente de ter ou não experiência com a área, temos um posicionamento convergente de muitas pessoas que leram este material e participaram de cursos de curta duração sobre o assunto, que foram as principais responsáveis pela elaboração deste material sobre a necessidade de mudança.

A criação de ambientes nos quais é efetivada a aprendizagem baseada em problemas representa uma das muitas possibilidades de trabalho que não é única. Quando ela é adotada, várias ideias pedagógicas presentes em outras abordagens fazem parte integrante da proposta de criação de ambientes com essas características.

LEITURA COMPLEMENTAR

Há diversas localidades onde você pode encontrar comunidades voltadas para o estudo da ABP. Ao acessar uma delas você abre uma porta para diversos outros recursos. Acesse o link http://www.udel.edu/inst/resources/ e comece a montar a sua biblioteca virtual sobre a ABP.

Fonte de recursos e de participação ativa onde você poderá encontrar diversos materiais complementares sobre a aprendizagem baseada em problemas.

Problem Based Learning Network: http://ctlt.ubc.ca/programs/communities-of--practice/problem-based-learning-network/.

Local em que podem ser encontrados diversos recursos e mantida a comunicação com especialistas da área. A assinatura do *newsletter* oferecido aos membros atualiza constantemente os estudos.

Após efetuar a leitura, anote suas conclusões e registre o resultado em seu diário de bordo. Se desejar a devolutiva, envie o trabalho para o endereço de contato com o autor.

★ 10.4 Síntese deste capítulo

Neste capítulo, você pode considerar concluída a etapa em que captou os conhecimentos teóricos necessários para implantação da modalidade ABP em ambientes virtuais de aprendizagem.

★★ 10.5 Questões de revisão

1ª QUESTÃO
Relacione o desenvolvimento de trabalhos em grupo, com o sucesso da ABP.

2ª QUESTÃO
Quais são as principais características de um problema típico para ABP.

3ª QUESTÃO
Relacione a ABP com a aprendizagem significativa.

4ª QUESTÃO
Quais as principais funções do professor na ABP?

5ª QUESTÃO
Quais as principais funções do aluno na ABP?

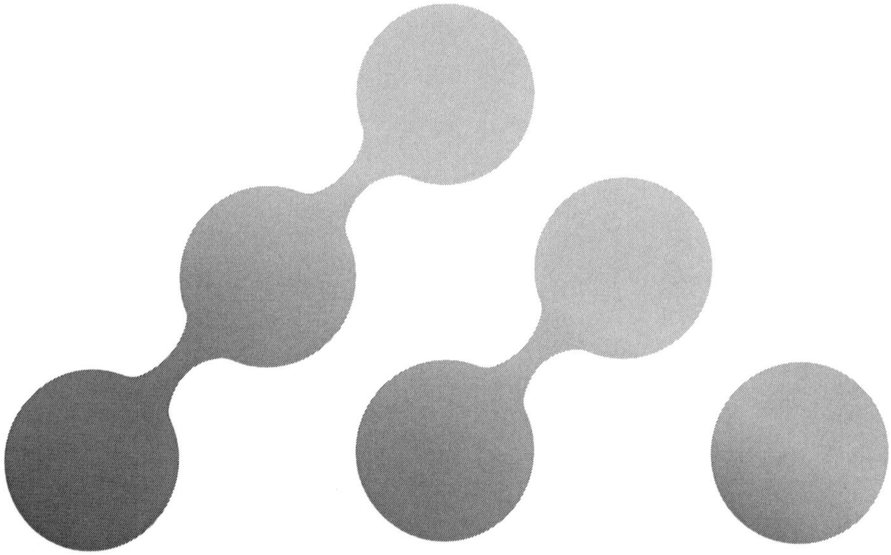

11

QUANDO UTILIZAR A APRENDIZAGEM BASEADA EM PROBLEMAS

11.1 Apresentação
» Conteúdo
» Competências e habilidades
» A utilização da ABP
» Atividades
» Síntese deste capítulo
» Questões de revisão

11.2 Competências e habilidades adquiridas
Ao terminar a leitura deste capítulo, você terá conhecimento das primeiras práticas para desenvolvimento da atividade ABP.

11.3 A utilização da ABP
Não há muitos estudos especificamente dirigidos quanto à aplicação da ABP nas áreas de conhecimento ou disciplinas. Ela surgiu e evoluiu na área médica, e durante muito tempo foi utilizada somente nesse campo. Atualmente, outras áreas de conhecimento estão tomando a iniciativa de utilizar a ABP como estratégia educacional, principalmente nos ambientes semipresenciais e não presenciais.

No início dos estudos propostos neste livro, foi apresentada a você a utilização da ABP como uma proposta de substituição de métodos tradicionais de ensino e aprendizagem. Foi analisado um confronto que se mostra cada vez mais presente na sociedade contemporânea: a busca de novas formas de relacionamento entre os professores e os seus alunos.

Essa integração é considerada de importância fundamental para que o professor possa efetivar o *coaching* educacional, destacado no Capítulo 3 como uma das reais possibilidades de recuperar o encanto que sempre existiu no relacionamento entre pessoas envolvidas em um relacionamento educacional. A importância já foi propugnada por Assman (2001) como necessidade de um reencantamento nesse relacionamento.

O autor considera de vital importância que venha a acontecer a melhoria pedagógica a partir da visão que caminhe junto com o compromisso social e que se aceite que um bom ensino, ainda que seja requisito fundamental e tido como responsabilidade dos professores, sozinho não é suficiente para uma boa aprendizagem. É necessário que o relacionamento seja envolvido pela afetividade que incentiva e motiva a participação do aluno.

As pesquisas atuais estão localizadas no propósito de identificar a eficácia da ABP sem efetuar comparativos e determinar quando é mais prático utilizar essa abordagem em detrimento de outras metodologias que também se contrapõem ao método tradicional.

Estudos desenvolvidos por Kirschner, Clark e Sweller (2006) apresentaram resultados falhos para a ABP quando ela é utilizada como uma metodologia em que o processo de orientação foi deficiente. Essa necessidade de formação e resultados totalmente dependentes de desempenhos individuais já havia sido citada como uma das desvantagens da utilização do método. A necessidade de um cuidadoso planejamento sobre esse relacionamento se reafirma como uma necessidade.

A determinação da eficácia depende de uma análise detalhada do processo como um todo, principalmente devido ao fato de serem aceitas soluções de problemas que podem se demonstrar ineficazes em muitas situações e funcionalidade em outros contextos, o que não permite invalidar alguma das soluções propostas, ainda que não apresentem funcionalidade completa.

A vertente que pode trazer melhores resultados para analisar a eficácia da ABP é uma linha adotada por alguns pesquisadores. Klegeris, Bahniwal e

11. QUANDO UTILIZAR A APRENDIZAGEM BASEADA EM PROBLEMAS

Hurren (2013) e Kirschner, Clark e Sweller (2006) consideram que as disciplinas nas quais a metodologia pode apresentar maior eficácia são aquelas que apresentam as seguintes características:

» Permitem a adequação dos seus conteúdos na forma de respostas obtidas à proposta da solução de problemas que não são claramente determinados.
» Apresentam lacunas de conhecimento e os procedimentos adotados como justificativas de sustentação teóricas que são dependentes do contexto.
» São disciplinas alinhadas com práticas desenvolvidas no mundo real, em áreas específicas do conhecimento, nas quais o trabalho com a solução de problemas pode dar significado para o aluno sobre a necessidade de sua aprendizagem.
» São adequadas a um processo de pesquisa para a obtenção de conteúdo, que permite ao aluno a reprodução da construção do conhecimento proposto, em vez de sua apresentação como algo pronto e acabado.
» Admitem a compreensão do conteúdo apresentado, com utilização de diferentes conceituações e comparações.
» Apresentam diversas situações práticas, alinhadas com o que acontece na vida real.

Além desse enfoque, há outras considerações sobre a aplicabilidade e usabilidade da ABP, considerando outros enfoques, nos quais a proposta que mais se destaca é utilizar a abordagem como uma proposta para diminuição da lacuna existente entre teoria e prática no método de ensino e aprendizagem (Macambira, 2012). A diminuição da distância entre alunos e professores é uma proposta marginal, cuja efetivação é de vital interesse. Essa é uma proposta que se insere como necessidade a se efetivar em todas as áreas do conhecimento. Existem estudos que a colocam como capaz de recuperar esse interesse.

Ainda segundo Macambira (2012), há relatos da obtenção de alguns resultados de interesse na atividade de ensino e aprendizagem, em que a utilização da ABP trouxe como resultados:

» aumento da capacidade de pesquisa por parte dos alunos quando a busca de recursos foi colocada como um imperativo para que, a partir de um grande número de informações, o aluno pudesse escolher, com auxílio do professor, atuante como facilitador, pudesse escolher os relevantes para que, em atividades de reflexão, possa criar novos conhecimentos;
» desenvolvimento do espírito crítico aplicado na seleção, entre um grande número de informações, daquelas consideradas relevantes para a solução do problema;
» efetivação de um espírito empreendedor em educação, apoiado na necessidade de iniciativa para determinação do melhor caminho a ser adotado para a solução do problema, colocado como atividade logística de destaque;
» aumento dos novos conhecimentos ou, pelo menos, novas visões sobre conhecimentos já estabelecidos, como resultado confirmado na apresentação dos trabalhos desenvolvidos como solução de problemas relacionados com a vida real dos alunos em cursos de engenharia.

O resultado apresentado na lista anterior, adaptado a este trabalho, tem como ponto de interesse o fato de seu desenvolvimento efetuado em uma área na qual a aplicação da ABP não é comum: a área de engenharia.

Voltando para a área médica, mais especificamente para a área da enfermagem, podemos nos apoiar em um estudo desenvolvido por Faustino (2013), no qual a autora, ao analisar a eficiência da aplicação da aprendizagem baseada em problemas na área de graduação de enfermagem, chega a algumas conclusões de interesse em nosso trabalho. Ela considera que, como estratégia educacional centrada no aluno, os resultados apresentados pelo extenso levantamento de revisão de literatura desenvolvido indicaram que:

» sua utilização em cursos de enfermagem colaborou para o desenvolvimento mais apurado do raciocínio e comunicação, consideradas habilidades fundamentais para o sucesso na carreira;
» foi possível perceber maior sistematização do pensamento crítico do aluno quando colocado ante a situações reais, o que permitiu que fosse

relatada, como resultado dos estágios desenvolvidos pelos alunos, melhor articulação do trabalho desenvolvido com relação ao que acontece no mundo real. Alunos provenientes de ambientes tradicionais necessitam de tempo adicional para adquirir costume com a prática da enfermagem, em relação aos alunos que tiveram contato com a ABP. É um resultado de interesse para qualquer área do conhecimento;

» o trabalho desenvolvido em grupo revelou facetas ignoradas da capacidade que o volume de interação entre os alunos melhorasse o aproveitamento da forma como os resultados indicaram. Alguns alunos não submetidos ao método em fases anteriores do curso passaram a apresentar resultados sensivelmente melhores, quando foram submetidos às estratégias adotadas na ABP;

» o processo de inteligência coletiva, um objetivo sempre colocado como uma necessidade para o profissional da área médica e algo difícil de conseguir, não somente na instituição de ensino, mas também no campo profissional, se mostrou efetivo nos pequenos grupos montados para solução de problemas específicos relacionados com a prática da enfermagem.

Há resultados de diversos outros estudos, disponíveis no endereço indicado a seguir.

■ **LEITURA COMPLEMENTAR**
No endereço http://www.educacaomedica.org.br/ você poderá encontrar diversos artigos sobre a utilização da aprendizagem baseada em problemas na área de saúde, na qual a aplicação da metodologia e o volume de estudos sobre sua validade são mais extensos. Navegue pelo conteúdo do material e solicite o recebimento de material de divulgação conforme o seu interesse na área. Registre o resultado em seu diário de bordo e o envie para o endereço de contato do autor, se deseja uma devolutiva.

Complementos a esses estudos podem ser obtidos na base dados estabelecida na biblioteca virtual em saúde (BVS) no Lilacs em http://lilacs.bvsalud.org/ considerado o mais importante índice de literatura científica e técnica da

América Latina, com inegáveis contribuições para o aumento da visibilidade, acesso e qualidade da informação em saúde na região (Lilacs, 2014).

> **LEITURA COMPLEMENTAR**
> Neste endereço, da maior base de dados sobre pesquisas na área da saúde na América Latina e onde você poderá encontrar diversas pesquisas sobre a ABP – Aprendizagem Baseada em Problemas na área médica, cujos resultados podem ser extrapolados para outras áreas do conhecimento. Guarde essa referência para utilizar quando surgir a necessidade de obtenção de dados sobre essa abordagem do processo de ensino e aprendizagem. Consulte: http://lilacs.bvsalud.org/.

Verstegen, Fe e O'Connor (2013) compilaram um estudo no qual diversas conclusões apontam para a eficácia da utilização da ABP na área médica, em cursos de formação, nos quais um dos aspectos de destaque é a constatação da utilização da abordagem de forma pontual, sem que o currículo esteja especificamente desenvolvido para a aplicação desse novo método de ensino e aprendizagem, o que indica para os interessados na área um vasto campo de pesquisa. A principal hipótese para esses estudos é a melhoria da área como um todo, quando é tido esse cuidado.

Um olhar para a utilização da ABP no setor acadêmico brasileiro revela a mesma falta de cuidado, o que também aconteceu com o estudo de caso desenvolvido neste livro a partir do Capítulo 17, em que uma disciplina pontual, do curso de secretariado executivo, foi utilizada como uma proposta de verificação da efetividade da metodologia cujos resultados se aproximaram bastante do que se está revelando nesse levantamento que inclui a consulta de vasta bibliografia na área.

Silver e Barrows (2006), em estudos efetuados sobre a utilização da ABP como uma estratégia que torna possível atingir alguns objetivos dificilmente obtidos em ambientes tradicionais, apresentam resultados que interessam à evolução de nosso estudo. Os autores consideram que a ABP é especialmente favorável na facilitação da obtenção dos seguintes objetivos, a partir de resultados obtidos em suas pesquisas. A ABP é efetiva em situações nas quais:

» acontece a efetivação de processos nos quais o campo de aprendizagem apresenta a necessidade de efetivação de complexas atividades cognitivas;
» são envolvidas áreas que apresentam grande efetivação de atividades práticas, todas elas diretamente relacionadas com a área de trabalho profissional, como paradigmas emergentes que exigem grande capacidade para solução de problemas;
» são desenvolvidos estudos que envolvem situações nas quais o conhecimento anterior do aluno tem importância fundamental;
» são desenvolvidas atividades que requerem elevada capacidade de análise de um grande volume de informações e capacidade de síntese para restringir áreas de estudo que sejam de interesse em algum momento particular;
» o envolvimento das redes pessoais de relacionamento e as redes sociais podem colaborar de forma decisiva para a aprendizagem do aluno;
» exige-se do aluno que ele assuma parte da responsabilidade por sua formação;
» sugere-se a participação do professor como um facilitador que aplica técnicas de *coaching* educacional no processo de ensino e aprendizagem.

Todos os estudos consultados parecem convergir para um desejo de demonstração da efetividade da aprendizagem baseada em problemas como metodologia aplicável ao ensino superior, em carreiras com elevado teor de estudos práticos. Em alguns trabalhos, há excesso na vontade da defesa de resultados positivos.

O baixo volume de aplicação da metodologia em nosso país e a sua aplicação quase em silêncio por alguns educadores mais preocupados com a evolução da qualidade da aprendizagem adquirida pelos alunos apresenta trabalhos mais isentos, porém em menor número e em grande parte voltado para a área médica, mas que trazem consigo o mesmo objetivo de identificar onde a aplicação da aprendizagem baseada em problemas é mais eficiente.

A opção da linha de conduta deste trabalho é considerar a ABP uma estratégia educacional cujo principal objetivo é formar no aluno determinadas competências e habilidades exigidas pelo mercado de trabalho contemporâneo, dentre as quais as de maior destaque são relacionadas com a capacidade de solução de problemas, o que leva em conta o permanente estado de desafio que a elevada competitividade desse mercado apresenta.

É preciso quebrar, antes de tudo, o perfil não participativo do aluno. A evolução tecnológica, ao facilitar o desenvolvimento da comunicação, presta uma grande colaboração nesse sentido, mas a efetivação desse desejo não pode ser deixada ao acaso, como algo que irá acontecer somente devido à existência de facilidades de comunicação no ambiente. É importante destacar esse fato por ser esse sentimento uma característica nos professores que começam a desenvolver seus trabalhos com a ABP.

Alguns desses professores desenvolvem um bom trabalho na determinação de estratégias educacionais, escolha dos problemas mais indicados para a aprendizagem do conteúdo previsto, mas falham quando consideram que o aluno, ao desenvolver a aprendizagem independente, rumo à **heutagogia**, está no ambiente por sua própria conta e risco. Esse posicionamento pode invalidar todo um trabalho prévio desenvolvido no projeto instrucional.

Os professores mais novos, com pouca vivência na área acadêmica, são os mais atingidos por essa presunção. Alunos que desenvolvem a aprendizagem independente buscam seus recursos, escolhem a melhor forma, locais e horários para fazê-lo, mas não podem prescindir do contato humano que, em ambientes virtuais de aprendizagem, acaba por envolver toda a comunidade composta pelos seus colegas de classe, participantes de sua tribo virtual, parentes e sociedade em geral nas atividades de ensino e aprendizagem.

O contato do aluno com outras pessoas nunca antes foi tão necessário como se demonstra na atualidade. Quando ele perde o protecionismo assistencialista presente nos ambientes tradicionais, ainda que não tenha perdido a capacidade de fazer as coisas, pelo menos é sujeito a uma situação inicial de abandono que pode ser considerada um dos aspectos que mais favorece o abandono do curso por muitos alunos, com maior destaque para a desistência nos ambientes virtuais de aprendizagem.

Um conjunto de considerações sobre atingir um nível de "distância transacional zero" orienta o professor no sentido de que a maior aplicabilidade da ABP está em relação direta com o desempenho do professor, como facilitador, orientador e *coacher*, bem próximo ao aluno. Esse posicionamento foi uma convergência possível de observar praticamente em todos os estudos, ainda que não fosse estabelecida como uma hipótese a verificar. Parece que essa condição é tida como um pressuposto em todos os estudos desenvolvidos.

Assim, não dá para separar a efetividade da utilização da ABP do desempenho dos professores e dos alunos e, segundo necessidades estabelecidas, da própria comunidade que envolve o aluno com grande afetividade. Na formação de profissionais em áreas técnicas, que envolvem elevado nível de especialização, esta última proposição tem importância também não destacada e tida como outro pressuposto importante.

Ser um facilitador está colocado na ordem do dia para todos os professores, principalmente para aqueles que irão utilizar a ABP em sua ação e prática docente. Se observarmos o perfil de pedagogos recém-formados, é possível observar que, em sua graduação, esses aspectos da importância do relacionamento com o aluno, não têm destaque, o que também acontece com sua formação para utilização da mediação da tecnologia educacional. Quem sabe não será pela alteração do currículo dos cursos de graduação dos professores, nos quais pouco ou nunca se observa a preocupação com a formação voltada para ABP, que uma mudança significativa tenha início?

É uma proposta não colocada em discussão neste material, mas que pode resultar em linha de pesquisa que favoreça sobremaneira um aumento da utilização dessa abordagem do processo de ensino e aprendizagem, tida por muitas pessoas como uma metodologia efetiva, dentro das condições de ambiente, discutidas e apresentadas até o momento.

O facilitador lança um olhar diferenciado ao aluno. Ele não está preocupado com conteúdo, este existe em grande volume na sociedade em rede. Ele está preocupado em identificar como o aluno aprende, como forma de criar ambientes onde as condições de aprendizagem possam ser adequadas às características individuais de aprendizagem. Determinar o nível de educabilidade cognitiva, as formas de aprender, bem utilizar uma diversidade de ideias pedagógicas (aprender a aprender, aprender pela pesquisa, aprender em grupo, utilizar a aprendizagem baseada em problemas etc.), parece determinar a principal orientação para os profissionais da educação.

Os próximos capítulos serão decisivos para que você possa vir a ser um professor diferenciado, em relação àquele que atua nos ambientes tradicionais de ensino e aprendizagem. Estudar o problema e compreender novos papéis a serem desenvolvidos pelos professores e alunos podem trazer uma nova dimensão para a atividade de ensino e aprendizagem, aquela buscada por diversos educadores idealistas que consideram que na qualidade do relacionamento do professor com o aluno está o principal ponto de destaque no estudo de metodologias inovadoras no processo de ensino e aprendizagem.

Independentemente de ser um professor ou apenas alguém interessado na ABP, é importante que você entenda a amplitude desta última colocação. A importância do relacionamento entre o professor e o aluno representa uma área de estudo constante para qualquer pessoa interessada em ensinar.

LEITURA COMPLEMENTAR

Acesse os links abaixo indicados, nos quais esta preocupação está colocada em estudos desenvolvidos especificamente em torno desse tema. Neles, você vai encontrar uma série de textos, propositalmente escolhidos como textos curtos e de fácil leitura, para facilitar a compreensão desse importante conceito.
<http://www.espacoacademico.com.br/052/52pc_silva.htm>
<http://web.unifil.br/docs/revista_eletronica/educacao/Artigo_06.pdf>
<http://www.sopsp.org.br/index.php/a-importancia-da-relacao-professor-x-aluno>
<http://br.monografias.com/trabalhos3/impressao-mono-capa/impressao-mono-capa2.shtml>
Leia os textos indicados e faça uma nova experiência em sua caminhada. Procure interromper por alguns momentos a leitura do livro e prepare o campo para desenvolver um artigo científico de sua própria produção, o que, como professor, você terá de fazer com alguma frequência. Não considere isso como um "dever de casa", mas como uma proposta para que, aos poucos, você vá aperfeiçoando a sua produção científica. Se quiser compartilhar o documento, envie para o site do autor, indicado em diversas situações anteriores que ele lhe será devolvido com considerações ou apenas o coloque nas redes sociais para apreciação dos seus pares acadêmicos. Atuar nas comunidades, oferecendo a outros professores textos de interesse é uma boa política de vizinhança e uma forma de você aprimorar seus estudos.

Neste capítulo, você teve a última oportunidade de lançar um olhar sobre a teoria subjacente no campo da ABP. A partir deste momento, o trabalho que terá início na aprendizagem sobre como definir um problema estará voltado para que você possa realmente iniciar a experiência de trabalhar uma unidade didática e aplicar os fundamentos da ABP. O escopo deste trabalho não apresenta a abrangência de redesenho curricular, o que é um trabalho mais extenso e objeto de estudo para o lançamento de novos materiais de estudo, colocados à disposição da comunidade.

★ **11.4 Síntese deste capítulo**

Neste capítulo, você absorveu conhecimentos complementares necessários para desenvolver a implantação da abordagem ABP em ambientes virtuais de aprendizagem.

★★ **11.5 Questões de revisão**

1ª QUESTÃO
Estabeleça condições para utilização da ABP.

2ª QUESTÃO
Estabeleça a importância do papel do tutor em ABP.

3ª QUESTÃO
Relate alguns resultados de interesse que pode observar com o uso da ABP.

4ª QUESTÃO
Discorra sobre como superar a primeira reação de espanto do aluno ao enfrentar a metodologia ABP.

5ª QUESTÃO
Quais os principais erros que podem acontecer ao se usar a ABP?

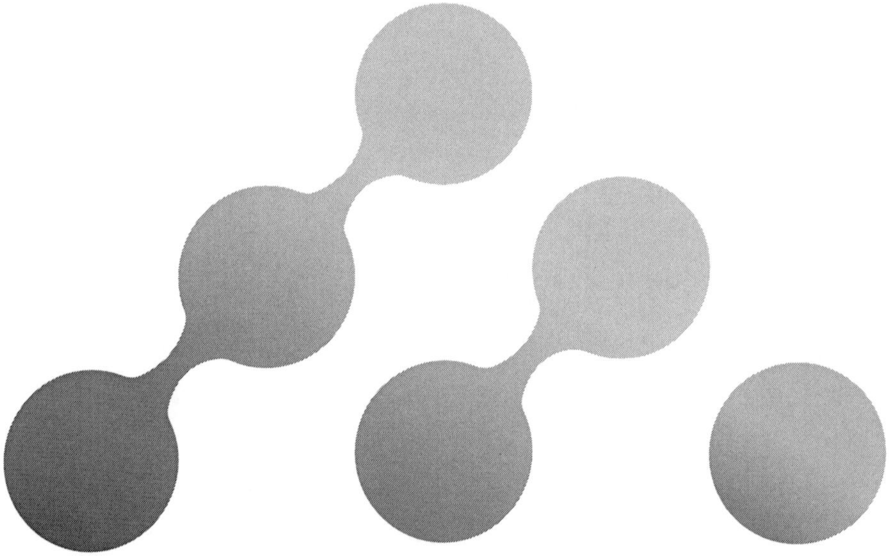

12
O PAPEL DO PROBLEMA: COMO ESCOLHER UM PROBLEMA

12.1 Apresentação
» Conteúdo
» Competências e habilidades
» O papel do problema
» Atividades
» Síntese deste capítulo
» Questões de revisão

12.2 Competências e habilidades adquiridas
Ao terminar a leitura deste capítulo, você terá o conhecimento necessário para orientar participantes de cursos desenvolvidos com abordagem ABP na determinação e escolha do problema e formas de determinação de estratégias a serem seguidas.

12.3 O papel do problema
A primeira pergunta dos professores escolhidos para efetuar um curso sobre a ABP é: quem vai determinar e escolher o problema? Se o professor viesse para o ambiente ABP, com um problema previamente determinado como um ás escondido na manga, atitude tomada por aqueles que trapaceiam nos jogos de azar, toda a proposta da aprendizagem baseada em problemas (com ambientes centrados no aluno e o professor como participante ativo na escolha de um problema por parte do aluno) estaria invalidada.

Quem determina o problema é o aluno, mas ele não o faz sozinho. O professor não chega no ambiente ABP com um problema definido, mas sim com uma série de indicações que servem de orientação para que o aluno faça a escolha e submeta ao professor, não com a intenção de permitir um controle, mas sim visando obter uma orientação segura sobre como direcionar a escolha das estratégias que determinam o caminho a seguir.

Assim, qualquer estudo sobre determinação e escolha de problemas para a efetivação dos trabalhos deve ter como um de seus principais objetivos a determinação da característica mais marcante do problema. É importante determinar como eles são percebidos pelos alunos e sugerir que o trabalho seja desenvolvido de acordo com a perspectiva de seu campo de trabalho atual ou futuro.

Essa proposta atende a um dos primeiros objetivos: tornar a aprendizagem significativa para o aluno. É importante destacar que, a partir desse momento, vamos nos referenciar indistintamente ao termo **aluno** como uma pessoa física ou como um pequeno grupo, sendo os termos utilizados de forma intercambiável.

As considerações aqui efetuadas foram tomadas a partir da aplicação do método a uma disciplina específica – telemática aplicada ao secretariado executivo – sem que nenhum estudo mais aproximado com relação à mudança do currículo do curso como um todo fosse desenvolvido. A implantação para apenas uma disciplina do curso já tomou um bom tempo de convencimento do coordenador responsável, que tinha receio de que os alunos não compreendessem a proposta e o curso tivesse a avaliação prejudicada caso fosse adotado.

Após algum tempo de negociação, o processo teve início. Até que este material fosse produzido, a mesma proposta foi efetivada durante cinco semestres, sendo apenas os resultados apresentados pela quinta turma, similares ao que foi observado nas turmas anteriores, registrados de forma esquemática para apresentação como um estudo de caso sobre a utilização da ABP no ensino superior. Todo o processo descrito nos parágrafos seguintes tem início na determinação do grupo de trabalho.

Em um primeiro contato com a disciplina, foi apresentado aos alunos um estudo de levantamento das características que deveria ter um problema, para ser tratado em um ambiente ABP e logo em seguida buscar em estudos desenvolvidos por Schmidt (1983). A escolha do problema deve inicialmente atender aos requisitos:

Característica	Função
Os problemas escolhidos devem estimular a colaboração, e a solução deve representar um esforço de equipe.	Incentivar a utilização da aprendizagem independente, efetivação da aprendizagem em grupo de forma colaborativa e participação extensiva no ambiente de aprendizagem.
Uma grande quantidade de material sobre o problema escolhido deve estar disponível no ambiente em rede. Esse material deve ser pesquisado, avaliado, escolhido e registrado para determinação das estratégias a serem utilizadas.	Desenvolver o aprender a aprender conjugado com o aprender pela pesquisa e, ao mesmo tempo, incentivar o surgimento do senso crítico, da criatividade e do empreendedorismo educacional (iniciativa) como formas de motivar o aluno.
A escolha de conteúdo para atender à solução do problema deve estar disponível no formato de múltiplos meios.	Facilitar atingir alunos com diferentes formas de aprender e atender a características particulares de aprendizagem.
O problema deve estar diretamente relacionado com o contexto da vida real.	Orientar a aprendizagem para um resultado que tenha significado para a vida pessoal ou profissional do aluno.
O problema escolhido deve delimitar um tema cujo desenvolvimento possa ser efetuado dentro de espaço de tempo determinado.	Permitir que o percurso seja cumprido e culmine com a apresentação da solução do problema. A função em destaque é a capacidade de organização de tempo.
O problema escolhido deve ter um grande volume de informações disponíveis na grande rede.	Permitir a identificação do nosso nível de conhecimento sobre o problema e identificar as lacunas em nosso conhecimento.
O problema escolhido deve levar os solucionadores a desenvolver um processo de elaboração de conhecimentos possível de ser identificado e desenvolvido a partir das informações disponíveis.	Tornar a atividade factível dentro dos recursos com os quais a equipe de trabalho conta.

Característica	Função
O problema deve, no maior grau possível, possibilitar a integração de conhecimentos.	Facilitar o desenvolvimento de atividades interdisciplinares no contexto da busca da solução do problema, envolvendo o estudo de diferentes pontos do curso, principalmente se o currículo foi previamente definido com base na utilização da ABP.
Problemas com capacidade de incentivar a aprendizagem independente.	Orientar o aprender fazendo e o aprender pelo erro, atitudes recomendáveis ao enfrentar problemas que representam novidade para o grupo de trabalho.
O problema deve estar ligado ao conhecimento prévio do aluno.	Valorizar o conhecimento e experiências anteriores do grupo de trabalho.
Problemas capazes de despertar o interesse dos alunos.	Possibilitar a manutenção de um grau de motivação constante no decorrer do trabalho.

A proposta de determinação de um problema com as características relacionadas tem todas as condições de atender ao principal objetivo: localizar um problema que relacione o conteúdo, o contexto e permita a conexão entre eles. A proposta tem como principal objetivo incentivar a pesquisa, o raciocínio e a reflexão e acionar processos cognitivos indicados para a solução de problemas.

A complexidade existente deve ser monitorada e controlada por delimitações ao estudo, de forma que o trabalho não somente possa ser desenvolvido, como também entregue em tempo, sem que cause nenhum tipo de sobrecarga – cognitiva, laboral ou psicológica – no desenvolvimento da busca da solução desenvolvida pelo aluno.

O grau de complexidade, quando é muito elevado, além de exigir um tempo superior ao disponível, pode desestimular o grupo a desenvolver um trabalho mais sério e apresentar uma solução que ele próprio sabe ser inadequada sob o aspecto técnico. Os professores têm dificuldade, devido ao pequeno número de pesquisas sobre técnicas para escolha de problemas, de avaliar qual o grau de complexidade de um problema. O que pode ser algo aparentemente fácil, levantado no início do processo, pode se transformar em algo complexo pela adição, durante o percurso, de alguma necessidade não prevista no estudo preliminar.

Sugere-se que o professor, como conhecedor da área do conhecimento no qual processo educacional se localiza, monte um questionário advindo de sua experiência no desenvolvimento de trabalhos na área que permita detectar a complexidade de um problema escolhido pelos alunos, como caminho para a aprendizagem do conteúdo previsto.

Outro problema que professores e alunos encontram é com relação ao tema: problema mal estruturado, mencionado em todas as definições da ABP. Não é incomum que o conceito não seja bem compreendido. Por essa razão, é importante definir o que se compreende como tal. As definições mais simples são mais fáceis de memorizar, mas nem sempre dão ao aluno ou ao professor condições de compreender claramente o conceito.

A definição mais simples é aquela dada por Jacinto, Almeri e Oliveira (2011), que consideram que problemas mal estruturados são, simplesmente, problemas mal definidos e para os quais é possível determinar um grande número de soluções. Apesar de simples e fácil compreensão, essa definição oculta toda a complexidade que está por trás de problemas mal estruturados.

É necessária a ampliação do conceito, o que é efetuado pelos próprios autores citados, quando eles reconsideram a definição e completam que essa definição insuficiente tem objetivos específicos:

» melhorar o raciocínio dos alunos;
» tornar o estudo mais desafiante e atraente;
» despertar o natural interesse do ser humano pela pesquisa de coisas que o intrigam, como se considerar ser capaz de fazer uma definição não totalmente acabada.

Os autores completam o raciocínio ao afirmar que, assim definidos, os problemas passam a assumir que não apresentam uma solução única ou exata, e se o mesmo problema for entregue a diferentes equipes ou analisados em diferentes contextos apresentará resultados divergentes, mas funcionais e aplicáveis, ainda que não com abrangência.

A transformação de problemas em situações de aprendizagem exige muito trabalho do professor, desenvolvido junto com o aluno. O desafio é que o professor não sabe o que vai encontrar como problema proposto e, assim, cada equipe pode apresentar um problema totalmente diverso e, ainda assim, utilizar o conteúdo colocado como necessário para que a disciplina ou processo atinja seu objetivo.

Dessa forma, a solução de problemas mal estruturados não está sujeita a formulações anteriormente estabelecidas e testadas. Sua solução passa a ser uma abordagem totalmente experimental, o que em termos didáticos e pedagógicos é saudável, por incentivar a participação do aluno ao seu limite.

Se o professor souber como direcionar o problema para que ele represente alguma situação do mundo real, isso irá facilitar a sua compreensão pelo aluno e pelo próprio professor, que, com sua experiência anterior, pode colaborar de forma decisiva com o aluno, ainda que depare com problemas que nunca antes enfrentou. Diante disso, seu raciocínio baseado em casos certamente irá falhar, mas é inegável que novos conhecimentos serão adquiridos e inseridos nessa base de dados, que tanto pode estar armazenada na memória de longo prazo do professor, como em algum dispositivo de armazenamento, com capacidade de recuperação de informações.

Por isso, é recomendável que o aluno, ao definir um problema mal estruturado, busque centralizar a sua procura em coisas com as quais ele tem familiaridade. Dessa maneira, reduz-se de modo significativo o tempo gasto para compreender o problema e saber como indicar diferentes estratégias a fim de apresentar a solução. Aliado à familiaridade há outro aspecto que pode favorecer sobremaneira a busca da solução para um problema: o nível de interesse do aluno. Para fechar um ciclo de recomendações além da familiaridade, do nível de interesse, aliar sua experiência de vida anterior, pode ser um aspecto que define como o aluno vai desenvolver a solução para o problema.

Não é incomum que alguns alunos e professores formulem a sua pergunta de forma diferente, quando resolvem estudar algum processo educa-

12. O PAPEL DO PROBLEMA: COMO ESCOLHER UM PROBLEMA

cional, com a utilização da ABP. A pergunta também é simples, mas a resposta continua complexa: qual o papel do problema na aprendizagem baseada em problemas?

Procurar na própria definição da aprendizagem baseada em problemas parece ser o melhor caminho. A convergência de todas as definições permite uma sintetização simplificada e que nos diz que: a aprendizagem baseada em problemas é o processo de aprendizagem que resulta de um processo de trabalho, todo ele desenvolvido no entorno da solução de algum problema que permite que todo o conteúdo de aprendizagem necessário seja tratado, compreendido e transformado em conhecimento. É fácil a conclusão de que, sem um problema para analisar, o processo não tem sentido. É o que permite responder que o papel do problema na aprendizagem baseada em problemas é dar condições para que um método seja criado no entorno da proposta e afirmar que ele está voltado para efetivar um processo de ensino e aprendizagem diferenciado, em contraposição aos métodos tradicionais.

Em sua origem, a aprendizagem baseada em problemas era utilizada para definir comportamentos em procedimentos médicos: o que fazer para curar uma doença era o problema? Assim, fica ainda mais fácil a compreensão do conceito. O problema é aquilo que o aluno precisa para aprender algum conteúdo. A dificuldade então se transfere do questionamento de seu papel para a real complexidade de como ele deve ser definido.

Caracterizado o problema, resta analisar como os alunos devem enfrentar o processo para sua solução. Estudos complementares permitiram dividir o processo em sete etapas diferenciadas, apresentadas na tabela a seguir:

Etapas	Trabalho desenvolvido
Primeira etapa	Discutir e analisar o problema de forma conjunta com participação de todos os elementos do grupo, com o objetivo de levantamento de ideias de todos os participantes, o que sugere a utilização da técnica de *brainstorming* e apresentação da solução em um mapa mental (veja sugestões de leitura de artigos complementares que se referem a essas técnicas, como está apresentado ao final do capítulo). O resultado leva à determinação de uma série de perguntas que requerem exploração por parte dos alunos.

Etapas	Trabalho desenvolvido
Segunda etapa	Utilizar as questões consideradas como "não resolvidas" como diretrizes para a determinação de como serão efetivadas as atividades de estudo de aprendizagem independente, com participação do professor e dos demais componentes do grupo de trabalho. Nessa etapa, acontece a fase de pesquisa de recursos, devidamente dividida entre os participantes do grupo, de forma que todos participem de todas as etapas desenvolvidas para a criação do conhecimento, representado pela solução do problema.
Terceira etapa	Compilar toda a informação recolhida, o que resulta na integração de novos conhecimentos no material coletado e que passa a fazer parte do material de trabalho de cada um dos participantes do grupo. É a fase de avaliação da qualidade dos recursos que foram coletados.
Quarta etapa	Escolha das estratégias a serem adotadas, momento em que cada participante do grupo define as estratégias para uma análise conjunta no final dessa etapa. O grupo estabelece a divisão de tarefas e determina a forma e a periodicidade de comunicação. A utilização da **técnica 6W3H** indicada será orientada pela leitura de um artigo, sugerida ao final deste capítulo.
Quinta etapa	Estabelecimento de pontos de inflexão, durante os quais é efetuada a avaliação da estratégia e mudanças necessárias, caso novos conhecimentos venham a alterar as condições iniciais de levantamento do problema.
Sexta etapa	Montagem do relatório de pesquisa e do trabalho desenvolvido na forma textual e gráfica, de acordo com o cronograma estabelecido pelo grupo de trabalho.
Sétima etapa	Apresentação da solução do problema em seu estágio final a ser desenvolvida por todo o grupo, no qual cada um dos participantes é responsável pela apresentação de um dos aspectos da solução obtida.

A técnica **6w3h** é uma das mais utilizadas no desenvolvimento de projetos, quando ocorre o planejamento de seu desenvolvimento. Sugerimos que você desenvolva a próxima atividade proposta para obter mais informações sobre ela.

Essas considerações podem ser necessárias para a determinação das características de um objeto e da definição de um processo sobre como ele deve ser abordado em diferentes etapas. Esse é um conceito que deve fazer parte integrante do conhecimento tanto dos professores quanto dos alunos.

Os resultados apresentados nos estudos deste capítulo não se apoiam em levantamentos e estudos teóricos, eles são advindos de evidências levantadas durante a realização de diversas propostas colocadas em análise. É importante, ao desenvolver trabalhos com alguma turma, que o professor enriqueça o seu conhecimento sobre o assunto, efetuando levantamentos que questionam diretamente os alunos sobre seu sentimento sobre a participação, principalmente se se tratar de uma proposta inovadora.

LEITURA COMPLEMENTAR

Conheça mais sobre brainstorming em <http://exame.abril.com.br/revista-voce-sa/edicoes/181/noticias/como-fazer-um-brainstorming-eficiente> e http://www.mapasmentais.idph.com.br/ e efetue uma leitura cuidadosa dos textos. É importante que você saiba como desenvolver essas atividades. Aproveite e conheça mais sobre a metodologia 6w3h em <http://www.ebah.com.br/content/ABAAAfwcYAI/metodologia-6w-3h-brainstorming>. Registre o trabalho no seu diário de bordo e, se desejar devolutiva, envie-o para o endereço de contato com o autor.

Os links indicados são introdutórios ao assunto, mas se você desejar aprofundar o estudo do tema pode desenvolver outras pesquisas utilizando como palavra-chave o nome dos temas. Esse conhecimento é interessante, tanto para o professor quanto para o aluno, pois coloca à sua disposição duas ferramentas potentes que podem auxiliar no desenvolvimento de suas tarefas.

★ 12.4 Síntese deste capítulo

Neste capítulo, você adquiriu conhecimentos que lhe dão condições de auxiliar equipes que trabalham na ABP a determinar o problema a ser examinado.

★★ 12.5 Questões de revisão

1ª QUESTÃO
Quais são as orientações iniciais para estabelecimento de um problema relacionado com o conteúdo?

2ª QUESTÃO
Elenque características desejáveis em uma unidade didática para que ela seja candidata a ABP.

3ª QUESTÃO
Indique pelo menos duas características do problema para que a aprendizagem seja considerada significativa.

4ª QUESTÃO
Relacione a ABP com a interdisciplinaridade.

5ª QUESTÃO
Defina com clareza o significado do termo "problema mal estruturado".

13

O PAPEL DO PROFESSOR: UM GUIA DE AÇÃO

13.1 Apresentação
» Conteúdo
» Competências e habilidades
» O papel do professor
» Atividades
» Síntese deste capítulo
» Questões de revisão

13.2 Competências e habilidades adquiridas
Ao terminar a leitura deste capítulo, você terá condições de orientar o comportamento mais indicado para os tutores para que eles possam acompanhar o aluno de forma mais eficaz na solução do problema.

13.3 O papel do professor
Quando é ofertada aos professores a possibilidade de desenvolverem seus trabalhos com a ABP, a primeira reação é de recusa imediata. A partir daí, inicia-se um processo de muita negociação, após o qual é comum que o professor aceite a incumbência. Depois de algum tempo desenvolvendo trabalhos na área, qualquer proposta de retornar ao método tradicional antes utilizado tem uma recusa que nenhuma atividade de convencimento consegue alterar.

 A efetividade da nova metodologia e o grau de satisfação que os alunos apresentam desmotivam qualquer proposta de retorno para o método antigo.

Esse aspecto pode ser citado devido a esse comportamento ser desenvolvido por um percentual elevado de professores. São poucos os que, após desenvolver trabalhos com esse novo método, aceitam voltar para o método tradicional.

A passagem de um ambiente para outro não é feita sem dor. As mudanças exigidas do professor são muito extensas. São diversos novos paradigmas que ele deve aceitar de uma única vez: mudar o relacionamento de poder, trabalhar em ambientes centrados no aluno, desenvolver uma prática de acompanhamento ao aluno etc.

Em nossos trabalhos de formação de professores para desenvolver atividades com adoção da ABP como método de trabalho, demoram em torno de três meses para aparecerem os primeiros resultados. É o tempo que o curso de formação leva para ser concluído, não porque não possa ser desenvolvido em menos tempo, mas devido a esse período de incubação necessário para que o professor compreenda, aceite e adote a ABP como nova forma de desenvolver a sua ação e prática profissional

Existe todo um caminho a percorrer, desde o primeiro contato e o tempo gasto no convencimento da aceitação. A formação do professor para a ABP tem como orientação o desenvolvimento do projeto instrucional (sob nova visão), com o professor sendo a primeira cobaia, com a sua imersão em um ambiente onde o processo de formação é desenvolvido com o método ABP com imersão total no ambiente virtual. Antecipa-se, na prática, o que vai acontecer no ambiente ABP, com o professor submetido a tudo o que o aluno vai encontrar.

A caminhada até que o professor esteja totalmente adaptado ultrapassa o tempo concedido para o professor no processo de formação básico. Isso acontece de forma proposital para que ele possa completar a sua formação em serviço. Há a aceitação tácita da possibilidade de que aconteçam alguns percalços no caminho.

Essas dificuldades são contornadas com o apoio de outros professores que já passaram pelo mesmo método de formação, o qual também utiliza a aprendizagem baseada em problemas em sua efetivação.

O que vai ser apresentado ao professor está concentrado em determinar quais os procedimentos mais indicados para esse profissional no ambiente ABP.

É um processo passo a passo que pode funcionar como um guia de orientação e que durante a efetivação se transforma em um conjunto de "porquês" que se sugere que o professor responda para si mesmo a partir desse momento.

O papel do professor na ABP já foi discutido e apresentado antes neste material, de forma esparsa, sem a concentração proposta neste ponto. Dessa forma, pode ser que alguma redundância seja encontrada no desenvolvimento do texto, o que se justifica pelo desejo de colocar "tudo junto", de forma a facilitar a que o professor tenha uma visão completa do que dele se exige para desenvolver seus trabalhos na ABP.

Vamos considerar que o papel do professor se resuma a responder aos questionamentos que os alunos venham a lhe fazer. Assim, é importante que ele registre as perguntas dos alunos e lhes dê respostas seguras. Essa metodologia será utilizada para que seja possível levantar o papel do professor no ambiente ABP.

Pergunta: Como o aprendizado pode ser mais interessante?

Resposta: Mostrar ao aluno que utilizar as orientações da aprendizagem baseada em problemas, considerada um novo método capaz de substituir com vantagem os métodos tradicionais de ensino e aprendizagem, pode trazer o reencantamento na atividade de aprender.

Pergunta: O que é a aprendizagem baseada em problemas?

Resposta: Mostrar ao aluno que o método é uma estratégia de ensino que baseia a atividade de aprendizagem em torno da solução de um problema do mundo real, em vez de tratar da abordagem pelos métodos tradicionais de ensino, que efetivam a aprendizagem por meio de uma "decoreba" exaustiva de conhecimentos prontos e acabados.

Pergunta: Qual a vantagem da utilização dessa metodologia na qual, pelas informações iniciais, o aluno vai ter de comprometer tempo de efetivação maior?

Resposta: Orientar o aluno sobre a sua utilidade, efetuando uma comparação e mostrando a diferença entre a memorização de conhecimentos acabados que o aluno não sabe para que está estudando e onde vai utilizar e a vantagem de conseguir efetivar a aprendizagem significativa, obtida ao desenvolver a solução de problemas aproximados da vida real e que apresentam relevância em sua formação.

Pergunta: Como a ABP funciona?

Resposta: Apresentar ao aluno resultados anteriores, em que alunos de outros cursos receberam problemas mal estruturados, sobre os quais não tinham conhecimento prévio e nem todos os materiais que necessitavam para apresentar solução; e devem desenvolver pesquisas para sua coleta. Apresentar também a avaliação desenvolvida por alunos que demonstrem elevado grau de satisfação.

Pergunta: O que é a aprendizagem significativa?

Resposta: Mostrar para o aluno que, quando ele escolhe desenvolver a solução de um problema mal estruturado que esteja relacionado com fatos da vida real e apresente relevância para sua vida pessoal e profissional, ele deixa de questionar os motivos pelos quais está aprendendo ao ver resultados positivos na sua formação.

Pergunta: Meus conhecimentos prévios vão ajudar?

Resposta: Mostrar ao aluno que o trabalho em grupo sobre problemas mal estruturados tem um resultado mais positivo, apoiado na inteligência coletiva, quando um grupo de alunos utiliza seus conhecimentos em ambientes em rede, acaba nivelando seu conhecimento com os outros participantes, nos assuntos nos quais não tinha conhecimento.

Pergunta: Como posso obter informações para poder resolver mais facilmente os problemas propostos?

Resposta: Orientar o aluno para a efetividade do aprender pela pesquisa e destacar a importância que ele resgate qualidades inerentes ao ser humano: senso crítico, iniciativa e criatividade. Se ele souber utilizar essas competências e habilidades, irá aumentar a sua competitividade no mercado ao se transformar em um solucionador de problemas.

Pergunta: O que devo fazer quando acabei de definir o problema?

Resposta: Orientar o aluno a encarar o problema e procurar ele mesmo responder: o que eu sei sobre esse problema? O que eu ainda preciso saber sobre esse problema? Que recursos são necessários para solucionar esse problema?

Pergunta: O que posso esperar do professor na ABP?

Resposta: As novas formas de atendimento que ele dá ao aluno é que fazem com que ele se torne um orientador e acompanhante do aluno; sua principal tarefa é responder aos questionamentos dos alunos.

Essa forma de proceder, com o professor anotando as respostas dadas, pode formar de modo mais acelerado a cultura necessária. Um erro comum a todos os professores e início de atividades com a ABP é esperar que os alunos se tornem, de maneira natural, solucionadores de problemas, somente porque esse método foi colocado no ambiente. Se o aluno ainda não desenvolveu nada com utilização desse método, ele irá ter dificuldades iniciais que variam de acordo com o nível de educabilidade cognitiva do aluno.

Mas, em todos os casos, a transformação do aluno em solucionador do problemas de forma natural não vai ocorrer, com exceção de raros casos. A maioria dos alunos ainda tem de ser guiada nas etapas iniciais.

Ao fazer perguntas e responder junto com o aluno, como se ele estivesse presente, como fizemos no corpo deste capítulo o professor pode apresentar para o aluno a forma mais correta de solucionar problemas, com exemplos de sucesso retirados de iniciativas anteriores. Na medida em que os alunos independem desse acompanhamento inicial, o papel do professor sofre mudança e o grau e o nível de atendimento podem variar, até que o aluno consiga atingir um estado de heutagogia, o que não é fácil de conseguir, ainda que a proposta seja mantida como objetivo principal.

Ao atuar como orientador individual, uma restrição se impõe e que pode desagradar aqueles interessados e que trabalham com aspectos financeiros. Um orientador individual não pode ter um número excessivo de alunos sob sua responsabilidade. Não é comum o estabelecimento de números absolutos uma vez que esse número é variável de acordo com as características do processo de ensino e aprendizagem que está sendo desenvolvido. Tudo depende do nível de envolvimento exigido do professor.

Está colocado totalmente fora de cogitação a hipótese de um orientador ABP fornecer ao aluno o caminho para a solução de determinado problema, como acontece com os professores dos ambientes tradicionais, cujo principal objetivo, colocado muitas vezes pela própria direção da escola, é fazer com que o aluno avance para o próximo nível a qualquer custo.

As perguntas que foram colocadas no início do capítulo têm o objetivo específico de orientar não somente o professor em processo de formação para atuar em ambiente ABP, mas principalmente mostrar para o aluno que o papel do professor muda e de forma significativa.

Ao assumir a carga de responsabilidades que é entregue ao professor que atua em ambiente ABP, ele assume um papel único. As brincadeiras que acontecem durante o curso de formação desse profissional o colocam como um artista de circo: o malabarista. Aquele que tem de dar piruetas no ar, para conseguir impressionar uma audiência assustada, como são os alunos inicialmente submetidos ao processo de ensino e aprendizagem no ambiente ABP.

Durante os diferentes processos de formação de professores ABP, criamos a nossa própria base de dados de informações a serem utilizadas na forma de raciocínio baseado em casos e que entregamos para qualquer outro professor ou aluno a título de colaboração, em que são relacionados, como os dez mandamentos para o professor ABP:

1. Observe com cuidado o comportamento do aluno, buscando identificar a forma com a qual consegue colocá-lo em xeque, que o consiga impressionar, de forma a obter como resposta o seu trabalho efetivo.
2. Depois de identificar o comportamento individual do aluno, busque utilizar esse conhecimento para permitir a definição de uma questão instigante que possa ser de utilidade na identificação do problema ou que se confunda com ele, sem que seja deixado espaço para muito questionamento proveniente do aluno. Não responda esse questionamento para o aluno, mas o acompanhe durante a sua tentativa de encontrar uma resposta.
3. Sempre tenha um ás na manga, na forma de materiais de estudo complementares que os alunos têm dificuldade de encontrar. Quando os questionamentos se tornarem exagerados, é hora de silenciar o aluno, com a oferta desses materiais.

13. O PAPEL DO PROFESSOR: UM GUIA DE AÇÃO

4. Procure estar sempre disponível para o aluno e para os pequenos grupos que serão compostos nas comunidades de prática estabelecidas no ambiente. Nessa presença constante, procure ajudá-los de todas as formas possíveis, desde que não assistencialistas, a orientar como vai desenvolver a solução do problema escolhido.
5. Em todos os momentos, incentive as discussões não somente entre os elementos dos grupos, mas também dos grupos entre eles e com a comunidade social e rede de relacionamento pessoal. A interação é base de apoio fundamental para quem deseja efetivar a aprendizagem independente.
6. Procure estabelecer fóruns de discussão, abertura de salas de bate-papo privadas e qualquer outro tipo de comunicação (*Skipe, google hangouts* etc.).
7. Apesar de toda essa intensiva presença estabelecida junto ao aluno, em nenhum momento o professor deve submetê-lo a uma condição em que ele se sinta preso ao professor, algo que ele deve procurar evitar ao máximo.
8. Desenvolva uma forma de acompanhamento do cronograma que foi estabelecido pelos próprios alunos, sem que sua presença seja notada. Interferir apenas nos casos em que eles possam perder datas importantes.
9. Discutir frequentemente com os alunos critérios de sucesso para o problema que o grupo escolheu e a eficácia da estratégia adotada como caminho para solução.
10. Divulgar para fora do ambiente o resultado dos trabalhos desenvolvidos pelos alunos, procurando envolver especialistas na área onde eles vão desenvolver os seus trabalhos. Essa atividade funciona como motivação tanto para o indivíduo quanto para o grupo e no ambiente como um todo.

Nos cursos que foram ministrados e envolveram um pequeno número de professores, de modo que um único tutor pudesse dirigir os trabalhos, foi possível observar que os professores são mais difíceis de aceitar as orientações do que quando eles próprios desenvolvem as suas experiências. Quando acompanhamos trabalhos desenvolvidos pelos professores inexperientes na prática em ambiente ABP, é possível observar maior grau de participação dos alunos.

Todas as respostas apresentadas neste ponto representam colocações efetuadas pelos professores que estavam sendo formados e de professores já especializados na ABP. De acordo com a formação que você adquiriu até o momento, é provável que monte um relatório diferenciado ou altere o teor de alguma resposta ou até venha a modificar ou criar questionamentos. Pare um pouco o seu estudo e desenvolva esta atividade. Se quiser a colaboração do autor na validação de seu trabalho, já sabe o endereço para onde enviar suas solicitações.

LEITURA COMPLEMENTAR
Leia um relatório produzido por uma das instituições de ensino mais experientes na área ABP em <http://www.studygs.net/attmot2.htm>. Neste endereço, você encontrará material de suporte que pode servir como referência e estímulo para um comportamento mais ativo do professor no ambiente ABP.

★ 13.4 Síntese deste capítulo

Neste capítulo, você teve o complemento das expectativas de aquisição de conhecimentos que irão permitir que trabalhe como professor em abordagens ABP em ambientes virtuais de aprendizagem.

★★ 13.5 Questões de revisão

1ª QUESTÃO
Analise o fator resistência que surge quando um professor é escolhido para atuar em um ambiente ABP.

2ª QUESTÃO
Complete a questão anterior, relacionando como contornar esse aspecto.

3ª QUESTÃO
Quais atitudes e comportamentos podem tornar a aprendizagem mais interessante com o uso da ABP?

13. O PAPEL DO PROFESSOR: UM GUIA DE AÇÃO

4ª QUESTÃO
Relacione como deve ser desenvolvido o trabalho em grupo para sucesso da ABP.

5ª QUESTÃO
Como o tutor deve orientar o aluno para que este se torne independente no transcorrer da evolução de um curso com a abordagem ABP?

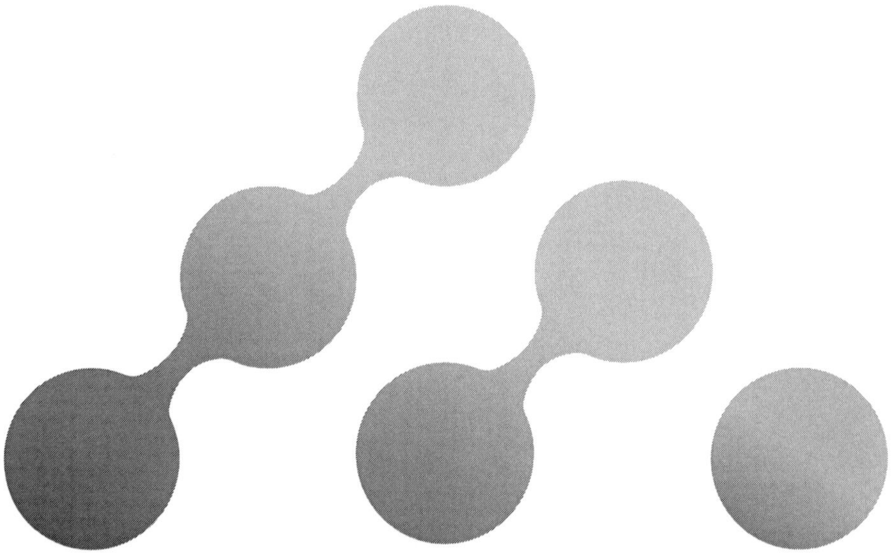

14

O PAPEL DO ALUNO: UM GUIA DE AÇÃO

14.1 Apresentação
» Conteúdo
» Competências e habilidades
» O papel do aluno na ABP
» Atividades
» Síntese deste capítulo
» Questões de revisão

14.2 Competências e habilidades adquiridas

Ao terminar, o professor pode se considerar em condições de prestar a orientação mais correta ao aluno que desenvolve algum curso com a abordagem ABP nos ambientes virtuais de aprendizagem.

14.3 O papel do aluno na ABP

Nos cursos em que tivemos oportunidade de acompanhar com utilização da ABP, uma das convergências foi uma pergunta sempre feita pelos alunos: por que a aprendizagem baseada em problemas é boa para mim? Essa pergunta é decorrente de uma realidade, mas que assusta os alunos quando entram em contato com ela pela primeira vez. No ambiente ABP, o aluno compromete mais tempo do que nos ambientes onde se utilizam modelos tradicionais de ensino e aprendizagem.

A resposta também é convergente, mas pode ser colocada em discussão na comunidade, com utilização de um fórum ou das redes sociais. As vantagens para o aluno podem ser relacionadas em uma lista com muitos itens, dos quais alguns se destacam:

» A aprendizagem baseada em problemas oferece ao aluno a possibilidade de adquirir um conhecimento com maior durabilidade. O enfoque da ABP é trabalhar de forma que os conhecimentos adquiridos tenham a perspectiva de um enfoque de longo prazo em sua utilização.
» O trabalho desenvolvido na ABP leva os alunos a planejar e organizar de forma mais cuidadosa diversos aspectos: o tempo gasto, o local de aprendizagem, escolha dos locais de pesquisa, seleção de informações, validação de informações e a sua utilização para resolver problemas que, junto com seu grupo, foi determinado como necessário para aprender o conteúdo previsto para o processo educacional em foco.
» O desenvolvimento da capacidade de autoavaliação é uma das grandes vantagens que podem apontadas. Os alunos analisam o trabalho antes de sua entrega e se surpreendem ao cumprir os objetivos sem que coerção ou punição estejam previstos em casos de erro. O aprender pelo erro é parte componente do processo de avaliação em ABP.
» O monitoramento do progresso é atividade complementar ao planejamento do método a ser utilizado, das estratégias a serem utilizadas e todas as demais atividades necessárias para que o problema seja solucionado, dentro do tempo previsto.
» Os objetivos apontados podem englobar diversas competências e habilidades na solução de um mesmo problema, permitindo que conteúdos importantes sejam tratados em um módulo comum ou de forma a incentivar a interdisciplinaridade.
» Ao adotar uma linha de ação própria baseada na ABP, o profissional acaba por adquirir a capacidade de atuar de forma diferenciada em diversas e diferentes atividades simultaneamente.
» Alunos e professores se aproximam muito mais, e é possível perceber a recuperação da afetividade no relacionamento entre esses participan-

tes de algum processo educacional particular, algo que nos ambientes tradicionais está cada vez mais difícil de ser obtido.

» O aluno pode escolher o que vai estudar, com que recursos e efetivar o processo de aprendizagem de forma independente, de modo a atender às suas necessidades pessoais e profissionais. Ele pode escolher horário e locais de estudo, da maneira como está acostumado a aprender, sendo todo o processo desenvolvido de acordo com seu próprio ritmo de aprendizagem.

Em um dos programas, apresentamos um questionário de avaliação sobre o que os alunos acharam da proposta, no qual foi solicitado que eles citassem características que considerassem importantes. O resultado foi uma lista com 12 componentes descritos a seguir:

1. A ABP leva, de forma mais fácil, os alunos a obterem os resultados, os quais, em grande número de vezes, estão de acordo com as expectativas criadas. Os alunos consideram que isso indica a funcionalidade do método.
2. A utilização da ABP estimula o desenvolvimento de um esforço maior na atividade de aprendizagem.
3. A utilização da ABP orienta no sentido de aumentar a capacidade de elaboração do aluno, ao envolvê-lo de forma mais direta e intensa na escolha, caracterização e determinação das estratégias utilizadas para a solução do problema.
4. É possível perceber uma aproximação desejável entre o ambiente de ensino e o ambiente profissional que o aluno vai enfrentar após sua formação, o que foi assinalado como um resultado de elevado valor.
5. O trabalho em grupos orienta o aluno a desenvolver atividades colaborativas e a utilizar um processo de disseminação de conhecimento que ultrapassa a transmissão de procedimentos aos componentes do grupo. Foi possível observar essa disseminação tanto nas redes sociais quando nas redes de relacionamento pessoal.
6. O respeito aos conhecimentos anteriores dos alunos foi destacado como uma atitude que os motiva a participar de forma mais ativa no ambiente de aprendizagem.

7. O comportamento diferenciado dos professores e maior aproximação entre professor e alunos foram destacados como um dos resultados mais satisfatórios obtidos no ambiente ABP.
8. A integração de conhecimentos foi outro aspecto que, de forma inesperada para alguns professores, foi destacado como ponto positivo. A surpresa leva em consideração o fato de que, nos ambientes tradicionais, a interdisciplinaridade é uma proposta não efetivada.
9. O efeito da familiaridade criada a partir do maior tempo de trabalho do aluno com o problema foi destacado como um dos mais potentes facilitadores. Quando mais avançavam no desenvolvimento da estratégia adotada, cada vez mais facilitada ficava a obtenção de respostas necessárias para solucionar o problema.
10. A não utilização de nenhum aspecto coercitivo no ambiente foi destacada como um dos principais aspectos facilitadores da motivação, já destacada como um dos aspectos de maior interesse no ambiente. Quando ela está presente, o grau de participação do aluno e o envolvimento do grupo crescem de forma exponencial. Alunos que se sentem parte integrante de uma estrutura sempre participam mais efetivamente das atividades de aprendizagem.
11. O fato de as reflexões constantes sobre os diferentes aspectos da aprendizagem colaborarem de forma decisiva no relacionamento do aluno com seus colegas de curso, com participantes de sua tribo virtual e com sua família foi um destaque considerado positivo, mas que ainda estava na dependência de uma interferência mais direta do professor com intervenções sempre positivas.
12. O retorno constante a todas as solicitações do aluno os levaram a destacar o ambiente centrado no aluno como mais agradável para o desenvolvimento dos processos de ensino e aprendizagem.

Em paralelo a esse levantamento, foi efetuada sobre as solicitações do aluno uma identificação baseada em palavras-chave sobre todas as perguntas armazenadas em uma base de dados, a fim de facilitar a recuperação e a categorização dos dados. O resultado foi interessante e as palavras-chave, sem que se destacassem o número de inserções de cada uma delas, apresentaram o seguinte resultado descrito a seguir. As 20 palavras-chave mais utilizadas no processo de comunicação entre alunos e professores foram:

1. Envolvimento proporcionado pela afetividade.
2. Importância da aprendizagem em grupo.
3. Desenvolvimento de pensamentos de mais alta ordem.
4. O papel assumido pelo professor como facilitador.
5. O papel assumido pelo aluno como participante ativo.
6. O papel do problema como substituto do currículo tradicional.
7. A percepção da mudança de paradigmas para os envolvidos.
8. O problema como gerador de interessse.
9. A flexibilidade como motivadora de participação do aluno.
10. A influência das redes sociais no processo de ensino e aprendizagem.
11. O desenvolvimento do senso crítico do aluno.
12. A efetivação da criatividade no processo de aprendizagem.
13. O empreendedorismo educacional.
14. A importância da aprendizagem autodirigida.
15. A importância do reconhecimento do conhecimento prévio do aluno.
16. A relevância da aprendizagem significativa, propiciada pelo tratamento do conteúdo via solução de problemas.
17. A influência do contexto na efetividade da solução proposta para o problema.
18. O problema como estímulo ao pensamento e ao raciocínio.
19. A visão sistêmica proporcionada pelo tratamento do currículo com a busca da solução de problemas.
20. Aumento da quantidade de conhecimento adquirido, com a utilização de problemas para aprendizagem de conteúdos.

A obtenção dos indicativos assinalados nas duas listas apresentadas foi o resultado da aplicação de questionários, na forma de pequenas enquetes, de modo a facilitar o seu registro e cadastramento no banco de dados criado com a finalidade de armazenamento dos resultados dos instrumentos de pesquisa utilizados. A aplicação do questionamento se restringiu aos participantes dos grupos montados na quinta oferta do processo.

A participação do aluno é efetiva e supera as expectativas, quando ele percebe que as suas informações serão utilizadas para a melhoria do processo, não somente para ele, como também para turmas subsequentes. Nenhum dos questionários deixou de ser respondido e todos responderam, o que não é esperado em pesquisas com essas características.

O fato foi destacado como uma vitória do método adotado e que permitiu uma primeira visão de sua efetividade. A área de trabalho foi a administração de empresas, especificamente os serviços de secretariado, área bem diferenciada em relação ao setor médico e os que envolvem as engenharias, nas quais a aprendizagem baseada em problemas é mais utilizada.

Todo esse estudo deu origem a um aprimoramento na definição do problema e no incentivo a uma participação mais efetiva das comunidades sociais em outros projetos, inclusive aqueles que não eram submetidos ao método ABP. Todos os resultados superaram as expectativas, quando comparados com resultados de pesquisas similares desenvolvidas nos ambientes que utilizam metodos tradicionais de ensino e aprendizagem.

Os alunos que chegam aos bancos escolares são parte integrante de uma nova geração, identificada por diferentes nomes. O mais comum e que relaciona seus participantes de forma definitiva com a evolução tecnológica os nomeia como a geração digital. Prensky (2001), o pesquisador criador dessa nomenclatura, aponta algumas características dessa geração, o que pode ser útil para aqueles que estão em fase de formação de competências e habilidades ou seu aperfeiçoamento para o desenvolvimento de projetos que incluem a mudança de algum método tradicional de ensino e aprendizagem, trocado pela abordagem da ABP.

Essa nova geração é formada por pessoas diferentes dos alunos que a maioria dos professores do ensino superior está acostumada a trabalhar. Nessas pessoas tudo mudou em relação ao passado, sem que se esteja colocando alguma crítica em movimentação. É uma constatação à qual não se pode fugir e que, conforme discutido em pontos anteriores, assusta a alguns professores, menos flexíveis à propostas de mudança, que pode ser radical, de sua prática docente.

Essa geração viveu toda a sua vida um processo de chegada e disseminação aceleradas de novas tecnologias. Praticamente todos os dias uma novidade é incorporada a um arsenal de tecnologias que nenhuma geração teve ao seu dispor para desenvolver a sua vida pessoal e profissional. Prenski (2010) coleta números que apontam para uma vivência diária com tecnologias que envolvem quase todas as horas do dia a dia de cada um, com as novas tecnologias.

É possível notar que praticamente toda essa geração vivenciou os jogos de computador, e-mail, internet, telefones celulares e mensagens instantâneas e tem a tecnologia como parte integrante de sua vida, o que inclui a tecnologia educacional, formada por novos métodos de ensino e aprendizagem que se contrapõem aos métodos tradicionais.

Perry (2010), psiquiatra de renome que desenvolve estudos sobre a geração digital, considera que a próxima geração que virá substituir a atual provavelmente tenha seu cérebro alterado fisicamente de modo a se adaptar ao volume de informações e a novos conhecimentos presentes na sociedade da informação e da comunicação.

É possível observar até na superficialidade que essa geração não é mais como a anterior e que não há mais uma transição lenta e gradual. A cada ano as mudanças são sensíveis. O que levava 10 a 20 anos para se acomodar e dar à sociedade uma nova face, hoje se estabelece como mudança cíclica e rápida. Não são apenas artefatos e tecnologias que se tornam obsoletos, as pessoas também, e o reflexo disso revela um despreparo das antigas gerações para se adaptarem com a velocidade necessária às novas mudanças.

Não basta mais, em alguns momentos de nossa vida, nos surpreendermos com o mundo digital, é necessário que participemos desse mundo, para que não sejamos atropelados e colocados à margem da vida. É para educar essa nova geração que os professores devem se preparar, e a aprendizagem baseada em problemas surge como uma forma por meio da qual os professores podem se adequar a novos tempos.

Para que isso aconteça, não deve ser impossível para os educadores contemporâneos imaginarem-se como um super-herói, que irá aprender a ler como requisito para salvar um planeta da destruição, tendo de, para tanto, lutar contra toda uma geração de macacos superinteligentes que quer invadir o planeta.

O processo de gamificação que se inicia na sociedade contemporânea começa a tomar ramificações que exigem, de forma definitiva, um novo preparo de nossos professores, de modo que eles não deixem que o medo de ser substituído por uma máquina se torne, com sua decisiva colaboração, uma triste realidade. É preciso recuperar a empatia que sempre cercou o relacionamento entre alunos e professores e que nunca deveria ter deixado de ser a sua marca registrada.

O *edutainment* é visto por Cardoso (2014) como a união definitiva e inadiável entre a educação e o entretenimento, tido e considerado como metodologia educacional inovadora e de amplo alcance, envolvendo a aprendizagem em casa, nas escolas e no trabalho. Vivemos segundo especialistas da educação digital a explosão do *u-learning* (*ubiquitous learning*), tido e havido por Barbosa (2011) como o expoente do marketing educacional na atualidade, que considera que a aprendizagem acontece de todas as formas possíveis e em todos os lugares onde a pessoa pode estar ao mesmo tempo.

Segundo os autores, o **edutainment** prepara as pessoas para que informações e habilidades estejam disponíveis quando elas forem necessárias para o desenvolvimento de qualquer tarefa que seja colocada para educação das pessoas que apresentam esse novo estilo de aprendizagem, tornada mais facilitada pela conjugação simultânea de educação e entretenimento.

O *edutainment* é tido por Ma e Oikonomou (2011) como uma das tentativas de recuperação do encanto dos alunos com o processo de ensino e aprendizagem, capazes de ter sucesso na motivação do aluno e garantia de sua permanência.

Vamos imaginar a seguinte situação: alguém está observando o comportamento do mercado em Curitiba para a venda de algum novo produto e, ao mesmo tempo, fazendo parte de uma gincana desenvolvida no Rio de Janeiro, que visa a divulgação do mesmo produto, enquanto assiste a uma entrevista que deu a uma emissora de televisão há 5 minutos, ao mesmo tempo em que procura material para a reunião marcada para a noite, em São Paulo, no Maksoud Plaza, sem que necessite se arrumar e sair do conforto de sua casa. É um parágrafo de leitura extensa, mas não tão intensa como a vida de hoje se coloca para as pessoas.

Educar em um ambiente com essas características exige novos métodos de ensino e aprendizagem. Outro pesquisador dos novos métodos aplicáveis à educação contemporânea considera que a educação está associada a aprendizagem, técnicas de imersão, estilos de aprendizagem, inteligências múltiplas, aprendizagem exploratória, estudos dirigidos pelo aprendiz e aprendizagem em grupo (Veltman, 2004).

O *edutainment* emerge com uma força inesperada e parece que, desta vez, com condições de vencer o fator resistência presente no setor acadêmico. Sotirova (2004), defende a ideia de que os *edutainment games* combinam a função e o conteúdo educacional com a forma do entretenimento. Assim, a gamificação parece ter por objetivo criar um ambiente de aprendizagem atrativo, bem ao molde da cultura dessa nova geração digital.

Não há como fugir, em um contexto com essas características, de propostas de inovação no desenvolvimento de novos modelos educacionais para atender a uma nova geração digital, que não mais consegue aprender com a abordagem da educação com métodos tradicionais ultrapassados.

Assim, a proposta da aprendizagem baseada em problemas, ainda que esse problema seja um jogo educacional que enseja uma jornada nas estrelas para enfrentar o vilão Darth Wader, antagonista que precisa ser derrotado, ganha novos adeptos e parece se estabelecer, ao lado de um conjunto de outras metodologias, tais como a gamificação, como uma nova forma de educação de uma geração digital.

É preciso admitir e assumir essa realidade, deixando de lado qualquer tendência a sobrepor a essa necessidade um fator resistência que pode ser considerado uma manifestação do medo da perda de uma zona de conforto que somente causa desserviço à educação.

Estamos chegando ao final das considerações teóricas que surgiram como consequência da exigência da adoção de novas formas de ensinar e aprender na sociedade contemporânea. Durante o desenvolvimento deste trabalho, em diversas ocasiões solicitamos a sua colaboração no sentido de emitir a sua posição com relação ao tema.

Ao agir dessa forma, você transforma a leitura de qualquer texto em uma produtiva forma de interação. Solicitamos mais uma vez a sua colaboração ao desenvolver a leitura de um texto complementar e a preparação de um resumo do que você conseguiu aprender sobre a ABP, na forma de um artigo científico.

> **LEITURA COMPLEMENTAR**
> Encerre as suas atividades nesta parte do curso com a leitura de uma experiência, da qual participamos como ouvintes e assistentes, de 2002 a 2008, antes de sua imersão em um estudo de caso, que apresenta resultados da aplicação da ABP na visão dos alunos. Neste link, acompanhe o relato de uma experiência similar, desenvolvida com o mesmo propósito, como forma de poder efetivar um comparativo com o que será apresentado nos próximos capítulos. (Filho e Ribeiro, 2014, disponível em: http://www.fipai.org.br/Minerva%2006(01)%2003.pdf.)

Nos capítulos seguintes, você poderá acompanhar a aplicação das recomendações teóricas, muitas delas resultantes de sugestões dos próprios alunos, submetidos a um processo inovador de utilização da abordagem ABP para formação de competências e habilidades na área de telemática (conjunto de técnicas de informática e telecomunicações comuns nas novas configurações de escritórios virtuais, que devem caracterizar locais de trabalho para a secretária do futuro).

Alguns resultados já eram esperados, mas outros surpreenderam pela disposição demonstrada pelos alunos participantes. Você poderá observar os resultados satisfatórios obtidos devido aos cuidados tomados: na configuração das equipes; no trabalho desenvolvido por equipe; pela utilidade que o método trouxe para alunos de uma área também sujeita a diversos paradigmas, que determinam uma composição diferente do mercado, previsto para as próximas décadas, sob o determinismo da configuração de novos escritórios virtuais.

★ 14.4 Síntese deste capítulo

Neste capítulo, você adquiriu conhecimentos que mostram a visão a partir do ponto de vista do aluno. Dessa forma, pode-se considerar como completa a sua formação para desenvolver atuação eficaz em cursos oferecidos com a abordagem ABP em ambientes virtuais de aprendizagem.

★★ ## 14.5 Questões de revisão

1ª QUESTÃO
Apresente algumas orientações para o aluno que atua em ambientes com a abordagem ABP.

2ª QUESTÃO
Relacione a autoavaliação com a obtenção de melhores resultados em ABP.

3ª QUESTÃO
Questione o grau de liberdade concedido ao aluno em iniciativas ABP.

4ª QUESTÃO
Qual a importância de respeitar conhecimentos anteriores do aluno em iniciativas oferecidas na modalidade ABP?

5ª QUESTÃO
Analise o papel da afetividade em cursos oferecidos com a abordagem ABP.

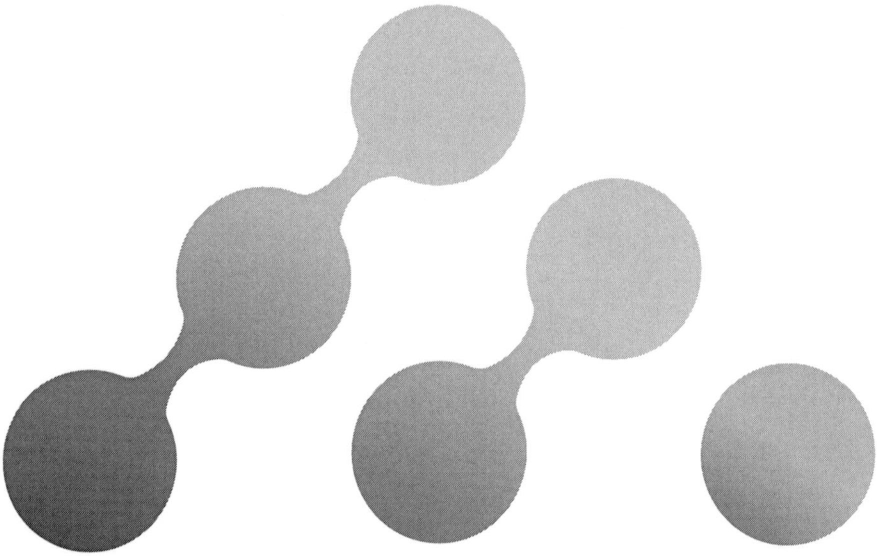

15
O CONTEXTO PARA UM ESTUDO DE CASO

15.1 Apresentação
» Conteúdo
» Competências e habilidades
» Um estudo de caso
» A escolha de um novo método
» O projeto
» O contexto
» A escolha da disciplina
» As características dos alunos
» Encontros iniciais
» A escolha do problema
» Atividades
» Síntese deste capítulo
» Questões de revisão

15.2 Competências e habilidades adquiridas

Ao terminar a leitura deste capítulo, você terá um dos conhecimentos mais importantes para que possa tornar flexível a personalização dos conteúdos de acordo com ritmos próprios e características particulares da forma como um indivíduo aprende.

15.3 Um estudo de caso

Você teve oportunidade de ler e analisar diversas colocações com críticas aos ambientes onde são utilizados métodos tradicionais de ensino e aprendizagem. O processo de ensino e aprendizagem tem três principais atores: os professores, os alunos e o conteúdo a ser estudado para a formação das competências e habilidades que o mercado exige dos profissionais que nele irão desenvolver os seus trabalhos.

O ambiente atual de ensino e aprendizagem tradicional é caracterizado:

» por estar centrado no professor, por mais que a propaganda assinale o contrário;
» por prevalecer um relacionamento de poder entre o professor e o aluno;
» pelo desempenho do professor como detentor universal do conhecimento;
» pela colocação do aluno como um elemento não participante, um ouvinte que apenas registra conteúdo e tem contato com conhecimentos prontos e acabados.

É nesses ambientes que acontece a falência do relacionamento entre professor e aluno e a decadência do processo de ensino e aprendizagem.

15.4 A escolha de um novo método

O desejo de mudar e testar um novo modelo orientou a busca de um novo método. Entre as diversas propostas em estudo na ocasião, uma delas, egressa do meio médico, começava a ser aplicada a outros contextos – a aprendizagem baseada em problemas – e apresentava resultados promissores.

A evolução das comunicações trouxe facilidades de interação, trabalho em pequenos grupos e um processo de efetivação da instituição de ensino e do professor na vida social do aluno. Assim, de comum acordo com os pares acadêmicos, que envolviam a diretoria acadêmica e a coordenação do curso de secretariado executivo trilíngue, a proposta teve aceitação.

15.5 O projeto

O projeto iria se estender por cinco semestres e envolver as turmas na medida em que os alunos chegassem ao quinto semestre. As quatro primeiras turmas seriam observadas, e na quinta e última turma envolvida seria efetivado um estudo de caso com uma das turmas, do período noturno, formada por alunos que desenvolviam seu processo de formação em dupla jornada. A proposta aceita envolvia a escolha da disciplina.

15.6 O contexto

Não existe apenas uma nova metodologia, a que foi escolhida partiu da observação do setor acadêmico e dos bons resultados que eram observados. A aprendizagem baseada em problemas se apoia na orientação que recomenda a utilização de novas formas de ensinar e aprender, mais de acordo com as características da geração digital.

O contexto da aplicação foi o ambiente universitário, onde alunos sujeitos a uma dura jornada de trabalho dedicavam um período integral de um turno de 16 horas de trabalho voltado para sua sobrevivência e aquisição de novas competências e habilidades que os tornassem mais competitivos na sociedade contemporânea.

As cinco turmas submetidas a esse processo foram alunos do curso de secretariado executivo trilíngue, em um processo que durou cinco semestres. Ao final do último semestre, com a última turma participante, os alunos foram instados a colaborar com o projeto de um livro cuja publicação acabou postergada por quase uma década, por motivos que cabem ser citados aqui.

O processo envolveu três professores, e o relato de um acontecimento logo na primeira turma pode indicar o nível de dificuldade encontrado. Essa turma desenvolvia seu processo de ensino e aprendizagem com seis disciplinas. O elevado grau de surpresa com a proposta foi superado logo nas três primeiras semanas do curso. Na quinta semana, o professor responsável foi chamado pela coordenação do curso, com a proposta de que o método fosse abandonado. Quando as razões para tal atitude foram questionadas, a alegação foi que os alunos, todos os da turma, sem exceção, queriam que os demais professores utilizassem a mesma metodologia, que será descrita em detalhes adiante.

A alegação foi a baixa qualidade do processo tradicional oferecido pelos outros professores. O envolvimento da diretoria permitiu a superação do fato, e o coordenador do curso acabou sendo orientado a aceitar a proposta e participar ativamente do curso. Na reunião pedagógica, que aconteceu no início do período seguinte, quando instados a utilizar a mesma metodologia, todos os professores se recusaram sob a alegação de desconhecimento do método proposto: a utilização da aprendizagem baseada em problemas era considerada por alguns algo aplicável somente a procedimentos médicos, um dos mitos que cercam essa abordagem.

Superado esse percalço inicial, o trabalho com as quatro primeiras turmas foi dedicado ao aperfeiçoamento de um modelo a ser proposto, aplicado a disciplinas pontuais, ainda sem a proposta de uma revisão do currículo, totalmente adaptado a uma condição de oferta da ABP. Para a quinta turma, foi proposto o desenvolvimento de um estudo de caso.

15.7 A escolha da disciplina

A ausência de tempo e de vontade para que um grupo de professores interrompesse suas atividades e partisse para a forma mais correta de adoção da ABP como uma proposta de reanálise e adequação do currículo e a formação tecnológica da equipe que iria trabalhar com a proposta foi decisiva para a determinação da escolha da disciplina. Foi escolhida um disciplina do segundo período – Telemática aplicada aos cursos de secretariado.

O processo, da mesma forma, não iria privilegiar a orientação mais correta de que diversos professores atuassem de forma interdisciplinar em um problema que superasse os limites de uma única disciplina. O processo foi desenvolvido como uma proposta individual, como uma iniciativa isolada, rotulada como teste para uma futura adoção da mudança curricular e integração interdisciplinar. O objetivo foi então colocado como a intenção de verificar qual a reação dos alunos e a funcionalidade do método ABP.

Escolhida a disciplina, o projeto foi aprovado e desenvolvido durante todo o semestre do curso. A disciplina escolhida – Telemática aplicada ao secretariado executivo – tem um viés totalmente tecnológico e está voltada para a configuração do escritório do futuro, onde o teletrabalho era destacado como metodologia que utilizava de forma extensiva a figura de escritórios virtuais.

15.8 Características da turma e os encontros iniciais

A turma era formada por 14 alunos, número que pode ser considerado excelente para atendimento por um único professor; e após o primeiro encontro, a turma foi dividida em quatro grupos. O primeiro com dois participantes; o segundo com quatro participantes; o terceiro com três participantes; o quarto com cinco participantes. A disciplina previa dois encontros semanais.

A segunda reunião foi realizada diretamente na biblioteca. Com a sala de aula desativada na configuração tradicional, o segundo encontro já seria diretamente no laboratório de informática, quando, então, foi apresentado aos alunos o conteúdo a ser trabalhado, o conhecimento de uma suíte de automação de escritórios, que deveria ser implantada no ambiente do escritório virtual e que deveria apresentar a capacidade de permitir o acesso remoto do profissional, locador dos serviços profissionais de secretariado. A partir daí, as reuniões aconteceriam no formato: nas aulas ímpares, o encontro seria na biblioteca, nas aulas pares o encontro seria efetuado diretamente no laboratório. A sala de aula foi definitivamente descontinuada.

Cada um poderia escolher um problema. A argumentação junto aos alunos sugeriu um problema comum, mas tratado de maneira particular, mais como forma de facilitar a avaliação comparativa, o que não é um dos pressupostos da aprendizagem baseada em problemas, mas sobre o qual não havia restrições a aplicar.

15.9 Conteúdo dos encontros iniciais

Antes de qualquer outra providência, havia a necessidade de que algumas recomendações fossem estabelecidas, de forma clara, sobre o comportamento dos professores, que, a partir dessa iniciativa, fossem desenvolver processos com utilização do método ABP.

Há necessidade que de forma antecedente ao preparo da disciplina para ABP o professor desenvolva uma revisão dos conteúdos e objetivos de sua disciplina, de modo a dirigir a orientação das atividades para uma nova perspectiva: aprender os conteúdos com a proposta de busca da solução de um problema escolhido de forma consensual entre o professor e os alunos participantes de pequenos grupos, nos quais se recomenda dividir a sala de aula ABP.

Uma orientação implícita no referencial teórico, ainda que não claramente escrita da forma proposta neste trabalho, orienta no sentido de que o professor deve fazer as seguintes perguntas:

» Quais os problemas criados pelos conteúdos da disciplina?
» O que a solução desses problemas resolve em termos de formação do aluno e captação do domínio desses conteúdos?

Logo em seguida, determinadas as respostas a esses questionamentos, o professor deve se perguntar ainda:

» Como é possível apresentar os conteúdos necessários como um problema ou uma série de pequenos problemas, de forma que todo o conteúdo necessário seja tratado no trabalho a ser desenvolvido pelos alunos?

Com essas respostas em mãos, o professor pode, então:

» definir os problemas que são relevantes e interessem aos alunos com possibilidade de apresentar grande significância tanto no âmbito pessoal quanto profissional.

Antes da aplicação da conclusão desses estudos iniciais, o professor deve ter alternativas para apresentar aos alunos e a mente aberta para aceitar novas alternativas sugeridas por eles, de modo que os problemas possam ser determinados de forma consensual, como resultado de um estudo conjunto desenvolvido pelo professor e cada grupo. O objetivo é tornar a aprendizagem significativa.

Como fase final da organização de sua disciplina, o professor deve categorizar os problemas ou tarefas escolhidas, que pode ser uma ou um conjunto delas, representando diversas alternativas ou o trabalho conjunto com todas elas, o que deve ser explicitamente definido com o professor. Pode haver necessidade de delimitação da abrangência, sendo o estudo do tema delimitado de acordo com as restrições de tempo para a entrega da solução do problema.

Na última etapa, o professor deve escolher os materiais que ele, a partir de sua experiência e de sua especialização na área, considera um cabedal mínimo de conhecimentos, mas deve deixar abertura para que o aluno utilize ou não esse material, podendo efetuar a troca por outros materiais que ele considere mais relevantes, o que deve ser aceito pelo professor, a menos que fira frontalmente os propósitos do desenvolvimento da disciplina em foco.

É necessário que o professor esteja seguro de estar fornecendo aos alunos todas as instruções necessárias e que essa proposta seja efetivada de forma clara e inequívoca. Além de instruções, todos os recursos que os alunos irão necessitar para o desenvolvimento de suas pesquisas para busca de materiais, referenciais teóricos e orientações externas devem estar claramente assinalados.

É preciso estabelecer pontos de inflexão para que paradas sejam realizadas durante o processo, de forma que alunos e professores possam avaliar se o que está sendo feito apresenta ligações com os conteúdos específicos que a disciplina deve tratar, de acordo com as diretrizes curriculares nacionais, que, se não têm poder de obrigatoriedade, representam a opinião de um grupo de especialistas na área e, a menos que haja indicações contrárias, representa o melhor conteúdo a ser aplicado.

A assistência deve ser constante aos grupos e o retorno sempre efetivado dentro de tempos considerados aceitáveis, de forma a não impedir ou causar atrasos no cronograma estabelecido pelos alunos para localização da solução do problema.

Esse conjunto de medidas pode assustar professores que estão iniciando na ABP, mas não mais causa espécie naqueles acostumados com as vantagens que esse trabalho inicial traz para que a atividade de aprendizagem se torne uma atividade prazerosa e de elevada qualidade.

A partir daí, os desafios não são colocados mais de forma individual para o professor ou para o aluno, toda a responsabilidade pelo aluno aprender é uma responsabilidade compartilhada. A busca de excelência no processo de ensino e aprendizagem e qualidade na educação proporcionada devem estar colocadas como objetivos cumpridos ao final do desenvolvimento dos trabalhos, no sentido de solucionar o problema escolhido.

A proposta de utilização de objetos de aprendizagem e estabelecimento de rotas, não de direcionamento, mas como orientação ao aluno, está posta como atividade necessária. O aluno irá caminhar por entre textos impressos e digitais, áudio, vídeos, desenvolvimento de atividades supervisionadas, bem como de atividades pedagógicas desenvolvidas on-line, avaliações, uso de animações, imersão em ambientes virtuais de aprendizagem e desenvolvimento de jogos.

Sem que isso represente um retorno a ambientes de aprendizagem behavioristas, é sugerida a montagem de diversos tutoriais que orientem o aluno em diversas situações. Isso forma um mapa de procedimentos acadêmicos recomendados que levam em consideração a abordagem da ABP no processo e a necessidade de que o aluno tenha elevado grau de independência, mas que seja acompanhado por um conjunto de orientações que estão ao seu alcance 24 horas por dia (via atendimento tutorial presencial, atendimento tutorial on-line ou acompanhamento por tutoriais eletrônicos.

Há um estudo de Wiers at al. (2002) que oferece algumas orientações ao professor que vai desenvolver trabalhos com ABP, no sentido de:

» iniciar o processo, determinando, junto com os grupos, o problema a ser solucionado;
» estabelecer como prioridade para os alunos a obtenção de resultados baseados em habilidades conceituais, desenhando se necessário mapas mentais que relacionam o caminho a ser seguido pela equipe, apresentando todos os aspectos da disciplina envolvidos;
» recomendar estudos que permitam identificar características significativas dos alunos e dos grupos;
» identificar onde a complexidade pode dificultar o trabalho dos grupos, com alertas em destaque;

» além de destacar os assuntos complexos, procurar identificar situações que podem tornar a solução do problema mais atrativa e aproximada do mundo real;
» esclarecer pressupostos e limitações e sugerindo que delimitações que deem folga à revisão da solução sejam estabelecidas;
» procurar estabelecer a escolha de problemas mal estruturados como orientação fundamental;
» dar destaque às partes mais importantes do estudo dos conteúdos, que facilitam a localização de uma solução ótima para o problema em questão;
» procurar um único foco no problema escolhido, de forma a facilitar a concentração de esforços do grupo;
» exigir que o grupo apresente com detalhes as responsabilidades de cada participante do grupo, para que a avaliação possa ser desenvolvida individualmente;
» oferecer materiais e recursos necessários e suficientes para que a busca pela solução do problema seja facilitada.

As providências relacionadas permitem preparar os alunos para a ABP; que o problema seja conhecido em detalhes; que o grupo saiba o que precisa conhecer; que a solução do problema seja significativa para a vida pessoal e profissional dos componentes do grupo de trabalho.

15.10 A escolha do problema

Dizer aos alunos que escolham um problema mal estruturado e que não apresente solução única, formulável, pode ser satisfatório em termos de procurar e localizar parte de uma definição do que seja a aprendizagem baseada em problemas. Para que os alunos compreendam na integralidade a proposta, é necessário ir um pouco além.

O que os alunos vão fazer na realidade não é encontrar um problema já definido. Eles vão estudar o conteúdo proposto como base para aquisição das competências e habilidades que a disciplina prevê lhes conferir ao seu término. Podem ser resumidas como orientações fundamentais para a adoção da ABP como método as atividades iniciais desenvolvidas no início da efetivação desta proposta:

» Todas as pessoas envolvidas no projeto devem estar preparadas e conscientes da necessidade de conhecimento dos pressupostos da ABP e capacitados a prestar irrestrita colaboração ao aluno.
» Não esperar resultados imediatos e considerar que a técnica para solução de problemas se desenvolve de forma progressiva.
» Os participantes devem ser orientados a demonstrar um comportamento que revele uma atitude constante de questionamento.
» As experiências anteriores devem ser destacadas como atitudes de valor e devem ser reconhecidas, como construídas durante o processo de vida de qualquer ser humano.
» Buscar destacar a importância de que, na solução do problema, o grupo procure, dentro da máxima capacidade possível, estabelecer relacionamento da disciplina em foco com outras disciplinas, para que se destaque o aspecto interdisciplinar do estudo que está sendo desenvolvido.
» Orientar o aluno no sentido de que o teste, refinamento e avaliação da aplicabilidade da solução proposta são responsabilidades do aluno e que o apoio com que eles podem contar é irrestrito, mas se resume em analisar aquilo que ele propôs e não indicar o caminho da solução. Isso é importante para destacar que a responsabilidade por sua formação, de forma parcial ou integral, deve ser assumida pelo aluno.

Dessa forma, o problema foi apresentado como descrito a seguir:

> Uma empresa deseja estabelecer uma alternativa comercial que utilize a internet como local central de vendas e está contratando uma equipe de especialistas em tecnologia da informação que defina uma estratégia de marketing para o seu lançamento. A parte do trabalho para o qual a equipe foi contratada prevê que seja estabelecido um escritório virtual, com acesso por todos os vendedores envolvidos.

Para atingir esse ponto, foram gastas as duas primeiras reuniões, e os alunos demonstravam uma perda do impacto inicial e começavam a se movimentar para a procura de uma solução para o problema. A sugestão foi que cada um imaginasse ser a empresa solucionadora do problema e o que iriam apresentar seria uma proposta para estruturação interna da contratante, com a implantação de algum produto que melhorasse seus procedimentos de negócio, seja com medidas internas, externas, seja um misto de ambas.

Assim, a equipe poderia apresentar a proposta de uma estruturação interna que ajudasse o desenvolvimento dos trabalhos e, como consequência, melhorasse o atendimento aos clientes. A apresentação poderia ser a criação de alguma localidade na rede, onde ela pudesse expor seus trabalhos. As propostas poderiam abranger as duas áreas, o que foi recomendado que fosse evitado, devido ao tempo disponível.

Para a terceira reunião, de volta à biblioteca, os alunos já divididos deveriam apresentar o problema definido sobre o conteúdo escolhido. Foi dado a eles um endereço de comunicação direta com um professor responsável, que poderia ser acionado a qualquer momento que o aluno necessitasse. O problema deveria ser escolhido a partir de uma proposta em que os alunos escolheriam um ramo de negócios e que atendesse à seguinte proposta comum.

O primeiro relatório deveria especificar o problema definido por cada equipe e como seria desenvolvida a estratégia a ser adotada. O resultado foi apresentado na quarta reunião, de um total de 36 reuniões de duas horas (o que completava a carga horária de 72 horas e durante 18 semanas, para atender a uma imposição curricular, da qual a coordenação não abriu mão.

Sobre esse tema, deveria ser desenvolvida a escolha do problema e definição das estratégias a serem adotadas. Foi destacado que o o aluno o faria na forma da proposta de um protótipo que não necessitaria ser implantado, uma das formas de limitação do escopo da proposta, levando em consideração que nas equipes não havia nenhuma pessoa com experiência em desenvolvimento de sistemas.

Cada uma das equipes apresentou a sua visão do problema proposto:

15.10.1 Equipe 1: Fest Line

Essa equipe se propôs a desenvolver a proposta para uma empresa responsável pela organização de festas que envolvia a confecção de um *folder* de apresentação (com uso do software Adobe Pagemaker®), um cartaz de utilização (com utilização do software Microsoft Publisher®) uma página web que seria a porta de entrada do público para acesso (utilização do software Macromedia Dreamweaver, utilizado com a disponibilização de um programador com experiência, o que foi facilitado pelo número baixo de equipes e do trabalho na forma de determinação de um modelo de entrada, para o qual o programador utilizou, para todas as equipes, o software Adobe Photoshop®).

15.10.2 Equipe 2: Escritório da secretária atual

Essa equipe se propôs a criar uma empresa que apresentava as funções de secretariado com oferta de cursos on-line com dados complementares na área de telemática. A proposta envolvia o desenvolvimento de um programa multimídia que rodava tanto na web quanto em programa autoinstalável, distribuído com custo com utilização de um DVD. Seria utilizado o software Illuminatus, com uma cópia cedida pela Positivo Informática para uso educacional no laboratório e com uma cópia para cada equipe.

15.10.3 Equipe 3: Europa Purificadores

A proposta foi a montagem de uma equipe para comercialização estabelecida na rede mundial de comunicações. Seria criado um *site* de comercialização como *e-commerce*, no qual um carrinho de compras e faturamento diretamente na rede com cartões de crédito e um estabelecimento de cobrança (mercadopago®) providenciariam a possibilidade de fechamento de negócios on-line. Foi escolhido o mesmo software de simulação de páginas web (Adobe Photoshop®).

15.10.4 Equipe 4: Equipe Sol

Essa equipe se propôs a desenvolver uma empresa para efetuar trabalhos com *e-commerce* na venda de produtos voltados para o público infantil, com escolha da montagem de um *folder*, um cartaz e o *site* estabelecido na rede mundial de comunicações. Os softwares foram os mesmos escolhidos pela equipe 2. O modelo de *site* utilizaria o mesmo software para criação de *templates* (Photoshop®).

Houve uma recomendação comum para todas as equipes: limitar os trabalhos à apresentação de um protótipo, refreando a vontade das equipes em implantar a solução. Se essa proposta fosse aceita, o tempo previsto seria insuficiente, o que foi aceito pelas equipes.

Os encontros aconteceriam conforme previsto. Os encontros ímpares seriam na biblioteca e os encontros pares seriam no laboratório. Em todas ocasiões, o professor estaria presente, mas as equipes poderiam não comparecer ou enviar apenas um representante. Houve uma surpresa inicial quando se observou a presença dos alunos em todos os encontros. A possibilidade de não comparecimento não foi utilizada por nenhuma das equipes, que sempre teve algum representante presente.

Esse foi o contexto no qual os trabalhos foram desenvolvidos e o acompanhamento ao aluno foi constante. A modalidade foi considerada um teste para efetivação do *b-learning*, mas a presença constante dos alunos em todos os encontros acabou por descaracterizar um teste para essa abordagem. Os alunos ainda não estavam acostumados a uma liberação da presença física, além do fato de que a aula era continuidade de outras aulas ou tinha continuidade em aulas posteriores. Os alunos sempre estavam presentes.

Três aspectos se diferenciaram logo no início dos trabalhos:

» O problema foi contextualizado no que os alunos queriam desenvolver na sua vida profissional, ou seja, os temas eram relevantes para tornar a aprendizagem do conteúdo significativa.
» Em todas as equipes uma liderança se estabeleceu de forma natural. O aspecto foi tratado de forma cuidadosa nas reuniões seguintes, aceitando a liderança, mas evitando que ela tomasse o controle do trabalho da equipe.
» A afetividade mantida nos encontros foi a tônica destacada desde esse primeiro encontro.
» A extrapolação do contato aluno-professor, mantido via e-mail e chats, foi mencionado como algo com que os alunos não contavam, mas consideraram uma boa atitude.

A sequência acompanhou a metodologia indicada para a obtenção de melhores resultados na atividades desenvolvidas em ambientes ABP. As aulas aconteceram nas 18 semanas de duração da disciplina. Os encontros aconteceram em todas as semanas, com duas interrupções devido a feriados nas sextas-feiras (um dos dias de encontro da disciplina; o outro era nas quartas-feiras), contando com as duas semanas finais, deixadas para apresentação dos trabalhos. Cada equipe utilizou um encontro para apresentar os resultados, houve um total de 60 horas dedicadas ao trabalho. As enquetes colocadas no ambiente virtual e relatadas no próximo capítulo revelaram a visão dos alunos sobre a abordagem proposta. É importante destacar o espanto inicial com relação à proposta e uma confirmação já obtida desde o início da importância da afetividade. A comparação dessa turma com turmas anteriores, que chegaram a 25 alunos, demonstrou que, quanto menor o número de alunos atendidos pelos professores, melhor era a qualidade do atendimento.

★ 15.11 Síntese deste capítulo

Neste capítulo, você teve acesso ao início da preparação de uma disciplina para uso da abordagem ABP.

★★ 15.12 Questões de revisão

1ª QUESTÃO
Relacione os ambientes centrados no aluno com a abordagem ABP.

2ª QUESTÃO
Quais práticas docentes não são recomendadas na ABP?

3ª QUESTÃO
Quais práticas discentes não são recomendadas na ABP?

4ª QUESTÃO
Relacione a interdisciplinaridade com a ABP.

5ª QUESTÃO
Relacione as metodologias de ABP com sala de aula invertida.

16
RESULTADOS OBTIDOS NO ESTUDO DE CASO

16.1 Apresentação
» Conteúdo
» Competências e habilidades
» Os resultados
» Atividades
» Síntese deste capítulo
» Questões de revisão

16.2 Competências e habilidades adquiridas
Ao terminar a leitura deste capítulo, você terá os conhecimentos necessários para acompanhamento e produção de estudos científicos sobre a utilização da abordagem ABP em ambientes virtuais de aprendizagem.

16.3 Resultados
Todo o processo foi acompanhado no ambiente virtual de aprendizagem e no relatório semanal que cada equipe deveria apresentar. O relatório era enviado para o professor responsável sempre ao final de uma semana de trabalho, para que pudesse ser avaliado e alterações pudessem ser efetuadas.

O instrumento de pesquisa utilizado para mensurar os aspectos que interessavam sobre a metodologia ABP e o grau de satisfação do aluno com o processo foram a aplicação de enquetes. Elas foram em número de 12 e apresentaram os resultados gráficos comentados a seguir.

Propositalmente, a primeira enquete já estava colocada no ambiente e os alunos foram instados a apresentar a resposta na segunda aula, quando foram para o laboratório. A finalidade era confirmar a aceitação e a participação dos alunos, sem o que o processo não poderia ter continuidade. Ela questionava o aluno sobre a metodologia ABP e tinha a finalidade de confirmar ou não a utilização do método, de acordo com a vontade dos alunos.

Antes do preenchimento foi ressaltado para o aluno o anonimato do preenchimento e que o resultado seria respeitado pelo professor, qualquer que fosse a orientação a ser seguida, se continuasse com a proposta de utilizar um método inovador ou o recusasse e retornasse a um processo de ensino tradicional.

A partir do resultado da enquete apresentada a seguir, analisada imediatamente após o preenchimento pelos alunos, durante o primeiro encontro, ele foi encerrado com a decisão de adotar o método proposto. As primeiras leituras foram indicadas durante esse primeiro encontro, em artigos indicados para leitura e comentários.

Com relação à Aprendizagem Baseada em Problemas, assinale a alternativa que você considera mais adequada à sua forma de pensar:

1   Não conheço a metodologia e não quero participar.
2   Conheço a metodologia, mas não gostaria de participar.
3   Não conheço a metodologia, mas gostaria de participar.
4   Conheço a metodologia e gostaria de participar.

16.4 O resultado da enquete

Com o resultado apresentado, a decisão foi dar continuidade ao processo. Para o encontro seguinte, os grupos deveriam trazer a proposta do problema. O problema de cada grupo foi apresentado, e a determinação da estratégia de cada grupo foi determinada fora do ambiente de sala de aula e aceita sem restrição para todos os grupos.

Uma sequência de três encontros para tratamento de dúvidas dos alunos com relação à metodologia e à apresentação de flashes sobre o conteúdo (definição da ABP, as formas de determinar o problema, *brains-*

16. RESULTADOS OBTIDOS NO ESTUDO DE CASO

Participação

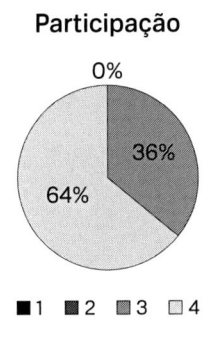

- 0%
- 36%
- 64%

■ 1 ■ 2 ■ 3 □ 4

torming, mapa mentais etc.), seguindo praticamente a mesma sequência que você pode observar neste material, foram dando aos alunos condições de avaliar como se sentiam com relação à adoção da metodologia. A única ressalva foi que, independentemente de qualquer resposta, daquele momento em diante era impossível a desistência sem que o aluno perdesse a disciplina.

A segunda enquete que teve como objetivo levantar o grau de satisfação foi configurada como apresentado a seguir:

Após a terceira semana de curso, como você encara o seu grau de satisfação com a utilização da ABP em seu processo de aprendizagem?

1. Estou muito insatisfeito e participo obrigado.
2. Estou um pouco insatisfeito, mas participo de forma normal.
3. Estou satisfeito e participo de forma normal.
4. Estou muito satisfeito e participo de forma ativa.

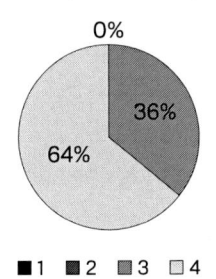

Grau de satisfação com a participação

- 0%
- 36%
- 64%

■ 1 ■ 2 ■ 3 □ 4

203

As respostas dadas à essa segunda enquete deixou o responsável mais tranquilo para desenvolver um acompanhamento mais intensivo e personalizado a cada um dos alunos. A enquete seguinte foi programada como uma forma de avaliação dos materiais oferecidos.

Com relação ao material didático oferecido, você:

1   Está insatisfeito e pouco o utiliza.
2   Está insatisfeito, mas ainda assim utiliza o material oferecido.
3   Está satisfeito, mas utiliza pouco o material oferecido.
4   Está satisfeito e utiliza o material oferecido.

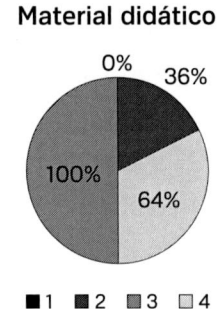

Material didático

0%   36%   100%   64%

■ 1   ■ 2   ■ 3   □ 4

O material didático compreende a rota de aprendizagem que orienta leituras e atividades e indicativos de *links*, não sendo tratados de forma direta conteúdos para leitura.

A enquete seguinte, que aconteceu no segundo mês, depois de terem acontecido sete encontros, procurou avaliar como os alunos enxergavam o trabalho de orientação desenvolvido pelo professor. A grande empatia criada logo no início do processo ajudou a compreender um resultado de unanimidade, como não é esperado.

Levando em conta o acompanhamento que o professor tem prestado para os grupos de trabalho, você considera:

1   Que não atende às necessidades dos alunos.
2   Que ele atende parcialmente às necessidades dos alunos.
3   Que ele atende, mas poderia melhorar.

4 Que ele atende totalmente às necessidades dos alunos.

Qualidade de acompanhamento

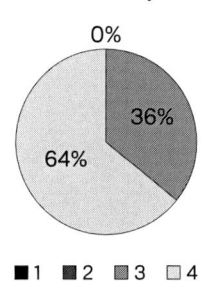

- 0%
- 36%
- 64%

■ 1 ■ 2 ■ 3 □ 4

A enquete seguinte questionou como estava o relacionamento de cada aluno com o seu grupo de trabalho.

Como está o seu grau de satisfação com o grupo:

1 Não me sinto à vontade e não participo das atividades do grupo e se pudesse sairia para desenvolver a solução do problema sozinho.
2 Não me sinto totalmente à vontade e participo eventualmente das atividades.
3 Sinto-me à vontade com o grupo, mas poderia participar mais ativamente.
4 Sinto-me à vontade com o grupo e participo ativamente das atividades.

Grau de satisfação com o grupo

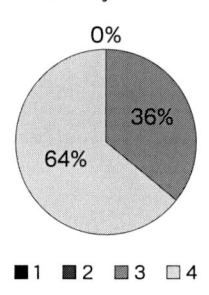

- 0%
- 36%
- 64%

■ 1 ■ 2 ■ 3 □ 4

A enquete seguinte questionou os alunos sobre o seu aprendizado, e o resultado é apresentado na figura e pode ser considerado como o único ponto em que os resultados poderiam ser melhores, o que motivou uma mudança no contato com os alunos, sendo cada um questionado pessoalmente. As explicações revelaram que alguns alunos ainda esperavam um comportamento assistencialista do professor, o que se esclareceu para cada um que não seria uma expectativa a ser atendida, levando-se em consideração a mudança de papéis do aluno e do professor.

Com relação ao seu aprendizado, quando comparado com o resultado que obtém em outras disciplinas que utilizam o método tradicional de ensino e aprendizagem:

1. É pior que nos ambientes tradicionais.
2. É o mesmo que nos ambientes tradicionais.
3. É um pouco superior àquele obtido nos ambientes tradicionais.
4. É superior àquele obtido nos ambientes tradicionais.

Melhoria de aprendizagem

- 0%
- 36%
- 64%

■1 ■2 ■3 □4

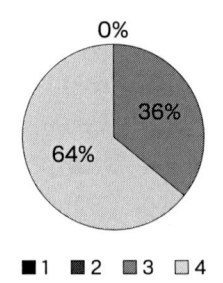

Outra forma de questionar a satisfação do aluno é investigar se ele indicaria o curso para alguma outra pessoa e em que condições.

Você recomendaria o método a outras pessoas, caso fosse questionado sobre o assunto?

1. Não.
2. Com restrições.
3. Sem nenhum entusiasmo, mas sem restrições.
4. Sim, com entusiasmo.

Melhoria de aprendizagem

■1 ■2 ■3 □4

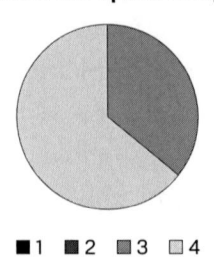

A segunda rodada de questionamentos deixou de ser um questionamento objetivo e passou a ser desenvolvida por meio de cinco perguntas abertas, que poderiam ser respondidas de forma anônima.

As perguntas, uma colocada a cada encontro, apresentaram o seguinte conteúdo:

» Primeira pergunta: Contamos com a sua colaboração para que possamos melhorar novas edições deste curso com utilização do modelo ABP. Responda no espaço abaixo: o que você achou da ABP? Quais os pontos enxerga como vantajosos e quais aspectos considera desvantajosos?
» Segunda pergunta: Em que a ABP pode colaborar de modo decisivo, quando comparada com os métodos tradicionais de ensino e aprendizagem?
» Terceira pergunta: O que você acha que faltou durante o desenvolvimento da ABP e quais as suas expectativas sobre o problemas cuja solução está procurando?
» Quarta pergunta: Qual o seu nível de satisfação no trabalho com o grupo e que mudanças recomendaria para a replicação do processo com outras turmas?
» Quinta pergunta: Com relação ao método ABP, você teria alguma sugestão para que sua aplicação fosse melhorada com relação ao trabalho que foi desenvolvido?

Essas perguntas foram postadas e as respostas deveriam ser entregues quatro semanas antes do término do curso, de modo a dar tempo para que os grupos pudessem conhecer melhor o método e efetuar um julgamento mais adequado. Vamos fazer um conjunto de considerações sobre cada uma das perguntas, tendo em mãos todas as respostas possíveis, considerando que ninguém deixou de responder a nenhum dos questionamentos.

Com relação à primeira pergunta, as respostas dos alunos confirmaram o que foi analisado no referencial teórico e apresentado para eles e para os leitores deste material. As duas vantagens mais assinaladas foram a possibilidade de manter um contato mais próximo com o professor responsável e a consideração às questões de relevância dos conteúdos para o aluno. Quanto aos pontos negativos, surpreendentemente, o pequeno volume de material foi criticado, ainda que os links indicados para estudo tivessem sido numerosos.

A segunda reclamação foi devida a uma falha da instituição, que não possibilitou melhor processo de formação na utilização do Ambiente Virtual de Aprendizagem, o que acabou por prejudicar alunos e professores em algumas atividades de navegação.

Com relação à segunda pergunta à ABP, foi considerado como um método diferente e que, para a turma, nas conversas desenvolvidas nas redes sociais, apresentava resultados que normalmente os alunos não conseguiam. Diversos aspectos foram destacados como positivos: o relacionamento com o professor, maior aproximação entre os alunos, a surpresa dos bons resultados obtidos nas redes sociais; maior aproximação com o mercado de trabalho, uma vez que os alunos estavam trabalhando com ferramentas de apoio instaladas no laboratório que seriam as mesmas com as quais trabalhariam ou já trabalhavam em seus empregos.

Com relação à terceira pergunta, a única crítica foi uma falta de comunicação inicial e treinamento. A proposta pegou os alunos de surpresa e chegou a assustar alguns. Imediatamente após as respostas, uma reunião e o preparo de um tutorial contendo informações sobre o método foram entregues aos alunos.

Essa falta de cuidado na divulgação se deve à falta de apoio da coordenação do curso, que relutou em aceitar a proposta que acabou sendo desenvolvida à revelia. Com relação às expectativas, as respostas foram todas positivas. Os alunos esperavam confirmar tudo o que lhes foi dito pelo professor como vantagens do método. Aos poucos, eles foram comprovando a veracidade das colocações e efetivação das hipóteses.

Com relação à quarta pergunta, apesar de ela redundar com uma das enquetes, o incentivo a uma resposta mais extensiva permitiu verificar o elevado grau de satisfação dos alunos. Foi nessa semana que eles resolveram questionar e pressionar a coordenação para que outros professores adotassem o método, devido ao aproveitamento demonstrado pelos alunos, o que quase provocou o rompimento da iniciativa. Depois de superado o incidente, estudos seriam realizados pela coordenação para a mudança dos currículos para ampliação da experiência com maior abrangência.

A quinta pergunta encerrou a fase de utilização dos instrumentos de pesquisa e faltavam poucas semanas para o encerramento do projeto, o que estava ocupando os alunos. Apesar disso, todos participaram, mas as sugestões foram poucas, e a maioria delas estava mais diretamente relacionada com melhorias no ambiente virtual de aprendizagem, onde o processo de comunicação foi centralizado, do que propriamente com relação às mudanças no método utilizado.

As quatro equipes andavam bem próximas. Todos os alunos participavam de forma ativa, e o ambiente criado apresentava um grau de empatia cada vez maior que seria revelado, em toda a sua eficácia, durante a apresentação dos relatórios que relatavam todas as atividades. O preenchimento foi deixado livre, a critério dos alunos, que optaram por não apresentar relatórios de pesquisa, como se fosse um trabalho de conclusão de curso. A preferência foi dada para a apresentação dos protótipos desenvolvidos.

A ajuda do programador externo alocado pelo departamento de tecnologia da informação foi decisiva. Sem a sua atuação, as telas dos produtos prontas e capazes de dar um direcionamento sobre a usabilidade da interface programada não teriam sido desenvolvidas. Isso comprova a necessidade de que, nas equipes de formatação de projetos instrucionais educacionais, estejam presentes especialistas nas diversas áreas.

Assim, professores, designers e roteiristas poderiam apresentar um trabalho mais eficaz, pois de pessoas sem experiência na área da tecnologia da informação não seriam exigidos trabalhos que certamente estavam fora de sua competência. O pequeno número de equipes facilitou o trabalho do profissional envolvido e permitiu apresentações mais consistentes da solução do problema.

Uma primeira visão desse trabalho foi entregue aos alunos duas semanas antes de iniciarem as apresentações. Cada equipe utilizaria um horário cheio, ou seja, duas horas (em um dos dias previstos para aulas da disciplina). As apresentações iriam utilizar data show e a internet para apresentação da interface. Todos os trabalhos foram encerrados antes da data-limite.

O projeto como um todo foi caracterizado como a montagem de uma sala de aula ABP. A teoria subjacente foi seguida ao pé da letra, e a sala de aula foi montada de acordo com as condições para efetivação de uma nova metodologia:

» Os alunos foram divididos em pequenos grupos.
» A tarefa inicial foi dada para os alunos: a determinação do problema.
» Levantamentos constantes das condições de efetivação foram propostas (sete enquetes e a resposta a cinco perguntas abertas foram efetivadas).
» A orientação de um *brainstorming* foi dada, e o local para sua efetivação, oferecido aos alunos. Uma das salas foi reservada para a sua efetivação, e recursos de gravação foram cedidos para que a atividade fosse registrada.
» A orientação para que a pergunta caracterizasse um problema aberto, mal estruturado, sem uma resposta fixa foi incentivada e os alunos compreenderam o que deles se esperava.
» A proposta de aproximação com a vida real, com levantamento de conteúdo relevante foi obtida com o acompanhamento constante do professor responsável. Foram cedidas para os alunos duas chaves temporárias de bibliotecas pagas e acesso a diversas outras que dependiam da intervenção da instituição de ensino.
» O ambiente foi criado de forma empática, e a aproximação entre o professor e os alunos pode ser considerada atingida logo na primeira reunião e mantida em um crescente durante toda a evolução do curso.
» Em todos os momentos, o professor tomou os cuidados necessários para que a sua atuação fosse vista pelos alunos como a de um orientador, um companheiro de estudos dos alunos, o que contribuiu de forma decisiva para o estabelecimento de um clima de elevada afetividade.
» Foi sugerido o desenvolvimento de todos os trabalhos de forma colaborativa.
» Quando os alunos entregaram o problema proposto, eles o receberam de volta com uma tarefa: desenvolver um questionamento sobre o que

sabiam, o que precisavam saber e o que ainda não sabiam sobre o problema. Ele somente foi aceito novamente depois da tarefa encerrada.
» O conhecimento de cada um sobre o assunto foi levantado com a recomendação de que fosse utilizado o máximo possível para a solução do problema.

Quando o problema claramente especificado e com as exigências da má estruturação, possibilidade de diversas soluções foi entregue, os alunos tiveram oportunidade de iniciar o levantamento da estratégia e dos dados necessários. Foi a etapa mais trabalhosa, devido ao grande volume de informações presente na rede. A partir daí, a autonomia dos alunos começou a ganhar contornos que indicavam que, na continuidade dos trabalhos, a heutagogia poderia ser alcançada, como aconteceu. Nas duas semanas que antecederam a apresentação dos relatórios, não houve consultas ao professor e os encontros presenciais apenas foram mantidos para que os alunos não perdessem o contato com o ambiente.

Como última etapa dos trabalhos e para que fosse possível analisar de forma mais aprofundada como os alunos desenvolveram os trabalhos, foi solicitada a apresentação de um trabalho final no qual três perguntas iriam direcionar um levantamento de grau de satisfação dos alunos com a proposta. A importância desse material está em que foi desenvolvido ao final do processo, depois que os alunos enfrentaram dificuldades para compreensão e aplicação do conceito ABP.

Naquele momento, eles já tinham todas as condições de fazer uma avaliação com visão panorâmica de todo o processo. O questionário foi respondido de forma individual, mas o resultado traz a opinião convergente do grupo.

As perguntas que direcionaram o levantamento foram:

» Qual foi sua primeira impressão ao ser informado sobre o trabalho com uma nova abordagem do desenvolvimento do currículo de uma disciplina com utilização do método ABP – Aprendizagem Baseada em Problemas?
» Após o desenvolvimento do trabalho em fase final de apresentação, antes da avaliação final, como você e sua equipe se sentem?

» Como você está encarando, após o trabalho desenvolvido durante todo o semestre, a ABP quando comparada com um método tradicional de ensino, desenvolvido na perspectiva de reprodução de conteúdo?

1. Qual foi sua primeira impressão ao ser informado sobre o trabalho com uma nova abordagem do desenvolvimento do currículo de uma disciplina com utilização do método ABP – Aprendizagem Baseada em Problemas?	
Equipe 1	Primeiro, ficamos assustados com o novo programa, mas também curiosos. Aos poucos, fomos sentindo que poderíamos chegar ao final do trabalho proposto. Fomos sentindo as dificuldades, pesquisando, questionando e fazendo tentativas, cometendo muitos erros. Aos poucos, os acertos começaram a ser apresentados. O ânimo da equipe foi recuperado e foi notável o crescimento do espírito de equipe. Um participante ajudava o outro. As críticas aconteciam e se destacavam por seu aspecto de construir alguma coisa nova e não destruir o trabalho desenvolvido pelo colega de equipe.
Equipe 2	Ficamos totalmente felizes, pois sempre fomos contra a metodologia de ensino aplicada em escolas e faculdades em nossa sociedade. Consideramos que, somente com a aplicação deste e de outros métodos de aprendizagem contestadores da prática tradicional, podemos dizer que estamos realmente preparados para o mundo do trabalho e social. Ninguém aprende a andar de bicicleta lendo livros ou escutando alguém falar quais são todos os passos necessários em um processo educativo sobre o tema. É necessário encarar o problema sozinho e tentar solucionar, não importa a quantidade de vezes que se vai incorrer em erros. Não importa quantas vezes teremos de cair e nos machucarmos, porque quando aprendermos a nos virar sozinhos nunca mais iremos nos preocupar com os novos desafios.
Equipe 3	Ficamos assustados com o novo programa porque sempre tivemos um professor em sala de aula para nos ensinar. Com a abordagem ABP, sentimos dificuldades iniciais, erramos muito, fizemos muitas tentativas até que, por fim, conseguimos absorver os conceitos e desenvolver nossos trabalhos, para o que contamos com a ajuda decisiva das demais equipes que estavam adiantadas em relação ao nosso progresso.
Equipe 4	No início, sentimos muitas dificuldades, achando até que seria impossível, mas como tínhamos de resolver o problema, nós nos colocamos à disposição para agir e tentar construir um jeito novo de se relacionar, incentivando e melhorando a cada dia. E foi assim que conseguimos um excelente resultado com muita força de vontade e expectativa.

16. RESULTADOS OBTIDOS NO ESTUDO DE CASO

2. Após o desenvolvimento do trabalho em fase final de apresentação, antes da avaliação final, como você e sua equipe se sentem?	
Equipe 1	A equipe se sentiu motivada, pois o desenvolvimento do trabalho apresentava resultados consistentes. Como já foi mencionado no primeiro questionamento, o espírito de equipe cresceu muito, tanto que não conseguimos trabalhar, sem ter algum outro membro da equipe analisando e criticando os resultados. Em alguns casos, determinado participante apenas opinava sobre algum aspecto. Aos poucos, esse espírito levou a uma rápida conclusão dos trabalhos.
Equipe 2	Cada dia estamos menos preocupados com o que virá pela frente e sim ansiosos por sabermos qual será o próximo desafio e se vamos demorar mais ou menos para aprender, com tudo o que aprendemos no desenvolvimento desta disciplina. Consideramos que foi o melhor aproveitamento que tivemos.
Equipe 3	Sentimos que houve um aprendizado gradativo, persistindo as dificuldades em grau cada vez menor. O trabalho de outras equipes e a liderança do professor nos incentivou a continuar com o processo. O trabalho em grupo gerou algumas divergências, mas que foram tratadas de forma cuidadosa pelo professor. De forma geral, consideramos que esta abordagem enriqueceu o nosso próprio relacionamento no interior da equipe e com as demais equipes.
Equipe 4	Estamos mais unidos, pois dependemos uns dos outros para solucionar os problemas, como todo problema exige uma solução, a nossa foi encarar, sem medo, e resolvemos de forma clara e objetiva, sem prejudicar ninguém.

3. Como você está encarando, após o trabalho desenvolvido durante todo o semestre, a ABP quando comparada com um método tradicional de ensino, desenvolvido na perspectiva de reprodução de conteúdo?	
Equipe 1	Introduzir o novo em um método antigo e superado não é algo que se aceita prontamente. Acreditamos que esse novo método venha a facilitar nosso desenvolvimento, pois ao agirmos como foi proposto, reconhecemos que estávamos indo ao encontro de conhecimentos que nós mesmos procuramos aprender, porém, achamos que ainda é necessária a presença mais frequente do professor neste processo de aprendizagem, porque o "orientador" nos dá segurança de sabermos que, quando não conseguimos a resposta por tentativas, pesquisas ou erros, temos a quem recorrer.

Equipe 2	Somente depois que passamos por duas experiências podemos dizer qual a melhor e qual a menos indicada. Hoje podemos dizer com toda a franqueza que tivemos na disciplina telemática um aproveitamento máximo em tudo o que foi proposto. Consideramos que a mesma metodologia deveria ser aplicada em todas as outras disciplinas do curso. A principal razão dessa consideração é que não há mais sentido em ficar ouvindo alguém dizendo como foi ou como se faz. Qualquer professor que não tenha uma dinâmica eficiente não irá conseguir passar nada a ninguém com esse comportamento. O professor como tutor, como orientador, como participante ativo na vida social do aluno despertou a vontade de nossa participação integral, o que acabou por nos levar a aprender um tema que todos consideravam complexo.
Equipe 3	Uma metodologia enraizada não é facilmente mudada. O novo método contribui para um aprendizado mais autônomo, porém ainda é indispensável a presença de um professor em sala de aula para orientar e dar mais segurança naquilo que está sendo pesquisado e elaborado.
Equipe 4	Nós estamos aprendendo a aprender, solucionar e mesmo desenvolver o que antes o professor fazia para nós. Ainda não nos acostumamos com a ideia, e constantemente necessitamos da presença do orientador ao nosso lado.

A análise qualitativa desenvolvida sobre as respostas fornecidas pelos alunos nos permite concluir sobre os aspectos principais, observados no processo de mudança, trabalhando-se com alunos acostumados ao processo reprodutivista, como ouvintes passivos, colocados perante o desafio da autoaprendizagem a que foram submetidos, ao se adotar a abordagem da aprendizagem baseada em problemas. Assim, foi possível a colocação de algumas conclusões particulares e que se relacionam diretamente com as respostas obtidas neste questionário:

Conclusões	Considerações
1	Os alunos tiveram inicialmente o medo como primeira reação. O exaustivo trabalho do orientador, de forma individual com os alunos, obteve como resultado o ajuste e aceitação dos alunos, para o processo, mesmo aqueles que por mais tempo resistiram a essa mudança.

16. RESULTADOS OBTIDOS NO ESTUDO DE CASO

Conclusões	Considerações
2	Os participantes, próximos à fase final dos trabalhos, foram unânimes em destacar a importância da integração entre os elementos da equipe e a satisfação de terem obtido sucesso nas atividades de aprender a aprender. As aulas não foram em tempo algum utilizadas como espaços tradicionais de aprendizagem. Cada ferramenta disponibilizada foi apresentada aos alunos em sua finalidade, incentivando-se ao trabalho de pesquisar sobre sua utilização. O orientador somente interferiu quando foi solicitado ou quando algum aluno não estava conseguindo obter determinado efeito, como resultado de suas ações. As aulas foram utilizadas como espaço para discussão de dúvidas e para diálogo entre as equipes e cada uma mostrando para as outras os resultados de seus trabalhos, incentivando-se mutuamente, na consecução do objetivo final.
3	O trabalho colaborativo nas equipes incentivou aqueles alunos menos acostumados ou mais resistentes, tendo-se observado que todos participaram ativamente, não se observando destaques individuais. A responsabilidade colocada sobre os alunos, responsáveis pela construção de seu próprio conhecimento, foi incentivada em todos os momentos e apresentou resultados que superaram as expectativas inicialmente estabelecidas. Alunos que nunca tinham trabalhado com as ferramentas propostas, tiveram e aproveitaram a chance de produzir trabalhos de boa qualidade
4	Foi possível observar, nas respostas, que todas as equipes destacaram a necessidade do professor como acompanhante direto do processo. Isso quebra mais um aspecto ressaltado no fator resistência, apresentado por muitos professores, o de que a tecnologia iria substituir o professor. O que se revelou como resultado dessa pesquisa foi exatamente o contrário. Os alunos demonstraram segurança para o desenvolvimento da aprendizagem de forma independente.
5	Os bons resultados foram obtidos como consequência da confiança que foi depositada em cada grupo e dentro do grupo a cada aluno. Aqueles que inicialmente se recusavam a participar foram convencidos pelos próprios participantes dos grupos e pelo orientador a participa dos trabalhos. O que se observou ao final no trabalho dos grupos foi que todos tiveram a sua colaboração, a sua parcela na montagem do resultado final.

Conclusões	Considerações
6	O que foi dado ao orientador observar durante o desenvolvimento dos trabalhos justificou a adoção de uma nova abordagem educacional. Desde a colocação do problema inicial até a apresentação dos resultados finais, pode-se observar que os alunos tiveram uma participação ativa. A presença não foi exigida e a frequência as aulas foi superior do que aquelas que o orientador pôde observar nas outras disciplinas em que trabalhou ao longo do semestre, nas salas de aula tradicionais. Os objetivos estabelecidos foram amplamente superados, observando-se uma diminuição sensível na participação do orientador, nas etapas finais do desenvolvimento do processo, atingindo os alunos um elevado grau de autonomia, que se revelou gratificante tanto para os alunos quanto para o orientador.

As apresentações foram feitas, e a entrega dos relatórios de trabalho foi marcada para a última semana do curso. Os trabalhos foram entregues na sexta-feira e três dias depois, na segunda-feira seguinte, a avaliação final foi entregue para os alunos. A análise do que foi dito pelos alunos em seu trabalho final consta da parte das conclusões possíveis de ser retiradas dos trabalhos entregues.

Você pode observar que a montagem de uma sala de aula ABP é sistemática e depende apenas que sejam seguidas as determinações básicas, como o material deste livro foi dividido. Cada passo que você pode observar ser tomado na efetivação do estudo de caso segue exatamente o que foi colocado como boa prática, na fase inicial do livro, desenvolvida até o Capítulo 14. Os demais capítulos devem funcionar como um recreio, nos quais você apenas irá observar a aplicação de tudo aquilo considerado como pressuposto a ser adotado e que foi confirmado pelos próprios alunos.

O próximo capítulo dá continuidade não mais ao estudo de caso, dado como encerrado assim que a solução do problema foi entregue, mas inicia uma série de considerações que conduziram um trabalho de cinco semestres. Quem sabe a melhor orientação fosse ter utilizado os instrumentos de pesquisa com todas as cinco turmas que desenvolveram o mesmo trabalho. Mas quando a quinta turma iniciou os seus trabalhos, os envolvidos já tinham acumulado a experiência com quatro turmas anteriores e o trabalho chegou a um bom termo.

As conclusões possíveis e lançar um olhar para o futuro podem ser considerados um fecho apropriado ao desenvolvimento deste estudo. Você recebeu uma série de links para consulta e um endereço onde pode contatar o professor responsável pela montagem deste material. Outros materiais serão apresentados e novos métodos serão analisados, de modo que seja possível avançar passo a passo no objetivo de bem educar uma geração digital.

★ 16.5 **Síntese deste capítulo**

Neste capítulo, você teve uma visão sobre um tema polêmico no ambiente acadêmico e não desenvolvido por questões financeiras que levam em consideração as necessidades de remuneração de capital. É comum observar, nos ambientes de cursos EaD, um mesmo tutor atender a 100 ou mais alunos, e nessas condições o *coaching* educacional não é aplicável.

★★ 16.6 **Questões de revisão**

1ª QUESTÃO
Analise a proposta da pesquisa.

2ª QUESTÃO
Questione os instrumentos de pesquisa utilizados.

3ª QUESTÃO
Qual dos resultados lhe parece mais importante no contexto da pesquisa?

4ª QUESTÃO
Questione a representatividade do universo de pesquisa.

5ª QUESTÃO
Desenvolva uma análise geral sobre os resultados apresentados na pesquisa.

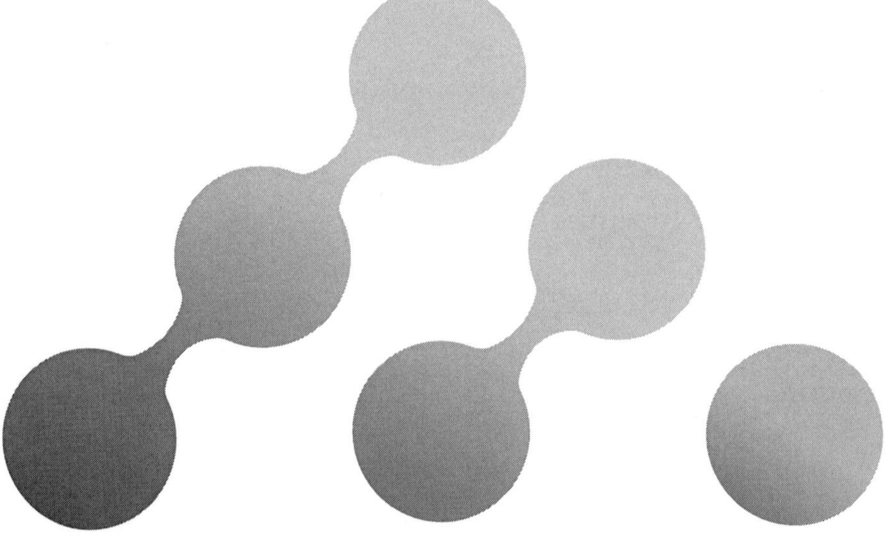

17
CONCLUSÕES POSSÍVEIS

17.1 Apresentação
» Conteúdo
» Conclusões possíveis

17.2 Conclusões

No encerramento do processo, cada equipe efetuou uma apresentação da solução do problema que cada uma escolheu. Os resultados podem ser considerados positivos, e foi solicitado a cada equipe que a fizessem, na forma de texto livre, um arrazoado final no qual colocasse as suas principais impressões sobre a aprendizagem baseada em problemas e como cada equipe enxergou o seu trabalho, sem a necessidade de configuração como um artigo científico, principalmente pelo fato de os alunos ainda não terem cursado a disciplina metodologia da pesquisa científica. Os principais temas tratados estão relacionados a seguir:

» A utilização extensiva da tecnologia: Todos os alunos destacaram a utilização da tecnologia e relataram, sem exceção, que nunca antes em seu processo de formação profissional haviam utilizado no nível e volume que foi exigido no desenvolvimento da proposta. O envolvimento dos alunos com a rede mundial de comunicação foi destacado como o principal ganho, superando todos os demais benefícios didáticos e pedagógicos que poderiam ser citados. Isso foi creditado ao fato de ser uma turma de primeiro período, e, nos ambientes tradicionais, essa utilização ainda é deficiente.

» O nível de diálogo e interação: O segundo aspecto mais comentado pelos alunos destacou a importância das facilidades de interação presentes no ambiente, que permitiam a comunicação na forma muitos-para-muitos, de forma síncrona e assíncrona, disponível em todos os momentos.

» A empatia no relacionamento: Não somente a empatia estabelecida entre o professor e o aluno foi destacada como algo inesperado que contribuiu de forma decisiva para que, no ambiente, houvesse maior participação e empenho dos alunos.

» Os materiais apresentados: Os materiais disponíveis, como um guia didático de curso, um plano de curso impresso e recursos audiovisuais no ambiente virtual de aprendizagem, diferenciaram a disciplina de todas as demais do período, o que chegou a levar alguns alunos a solicitar a expansão da modalidade a outros professores, o que provocou certo mal-estar, contornado com o tempo.

» O aluno como centro do processo de ensino e aprendizagem: Alguns alunos estranharam o tratamento, e, inicialmente, alguns chegaram a questionar, nas enquetes, a razão de tanta participação do professor, algo a que os alunos não estavam acostumados.

» A aprendizagem em grupo: No desenvolvimento da metodologia ABP, havia um interesse secundário, considerado de importância, a saber: investigar a funcionalidade da aprendizagem em grupo. A responsabilidade conjunta e a colocação do sucesso do grupo apoiado no desempenho individual apresentaram uma nova visão não esperada pelo professor e originou a criação de um grupo de trabalho, inclusive nas disciplinas em que a ABP não fosse utilizada.

» A definição do problema como direcionador do ensino e aprendizagem: As enquetes revelam que a metodologia teve uma aceitação superior à esperada. Somente um aluno ainda mantinha, ao final do curso, reservas quanto à sua utilização.

» A responsabilidade delegada pela efetivação da aprendizagem: O que em muitos ambientes é tido como uma fuga do professor e visão incorreta da responsabilidade do professor na formação do aluno está colocado na ABP como um dos fatores de incentivo à participação do aluno. A hipótese foi confirmada como efetiva, quando da aplicação do questionário com perguntas abertas, ocasião em que os alunos puderam expandir seus conceitos sobre a abordagem.

» A quebra do relacionamento de poder: Esse destaque era comentado até mesmo nos corredores da escola e motivou alguns alunos a interferir junto à coordenação para que todos os professores adotassem a modalidade, o que não aconteceu, mas revela que esse aspecto é um dos principais motivos para a falência no relacionamento entre professores e alunos, nos ambientes que utilizam métodos tradicionais de ensino e aprendizagem.

» A dissolução da sala de aula tradicional: Houve apenas uma aula, a primeira no ambiente de sala de aula tradicional e, ainda assim, ele foi reconfigurado pela colocação das cadeiras em círculo, com uma cadeira no centro, onde se sentava cada um dos alunos para exposição de seus pensamentos. Da segunda aula em diante, nas aulas ímpares, os encontros seriam na biblioteca e os encontros em aulas pares seriam no laboratório de informática. Todas as equipes destacaram esse aspecto como algo positivo.

» A construção do conhecimento: Antes da implantação do método, os alunos estavam todos, sem exceção, desenvolvendo suas atividades de aprendizagem na perspectiva do método tradicional, no qual ouviam e decoravam, para então enfrentar um processo de avaliação punitivo, como representado pela avaliação nesses ambientes. A verificação do que os alunos construíram avaliada por meio da mensuração do conhecimento adquirido, confirmado pela comparação entre o que o aluno sabia no início do processo e sua comparação com o que sabia nas datas nas quais a verificação foi marcada, surpreendeu os alunos, mas teve resultado efetivo.

» A valorização do aproveitamento da experiência do aluno: Esse foi um dos aspectos de maior surpresa para os alunos. Nenhum deles tinha tido oportunidade anterior de utilizar qualquer coisa aprendida fora da escola, durante o seu processo de ensino e aprendizagem. Ao trabalharem nessa perspectiva, os alunos consideraram que foi um dos aspectos que influenciou na participação quase total dos alunos no processo.

» A relevância do tema e a aprendizagem significativa: Como futuros secretários, muitos deles envolvidos com suítes de automação, um software de produtividade dos mais utilizados, a relevância do tema foi completa e a aprendizagem foi considerada influente na vida pessoal e profissional dos alunos, ou seja, o paradigma do valor da aprendizagem significativa para a vida do aluno se confirmou como uma prática a ser seguida.

» A utilização da abordagem de efetivação do pensamento estratégico: A maior das equipes (cinco alunos), durante a defesa do trabalho, destacou que o início do processo foi considerado como algo de elevada complexidade para os alunos.

» Sobre a natureza do processo de aprendizagem: Foram indicados textos complementares para leitura que destacavam a maior efetividade no estudo de assuntos complexos, o tratamento intencional da construção de conhecimentos, informações e valoração da participação do aluno. O tema foi apontado por duas equipes como um dos aspectos mais significativos do curso.

» O paradigma do pensar sobre o pensar: Outro tema que acompanhava a proposta da ABP foi a definição de estratégias para solucionar o problema proposto. Foi sugerido ao aluno o trabalho sobre a utilização de pensamento de alta ordem para movimentação de operações mentais que facilitassem o renascimento do espírito crítico, da iniciativa e do empreendedorismo educacional. O tema, inicialmente complexo para os alunos, acabou sendo absorvido e desenvolvido em sua integralidade por eles. Foi o que levou à comprovação da eficiência do aprender pela pesquisa, um dos principais aspectos de sucesso da iniciativa.

» O contexto da aprendizagem: Em um dos encontros iniciais foi destacado para os alunos que a influência de fatores ambientais deveria ser levada em consideração. A principal influência foi a imersão do aluno em um ambiente de alta tecnologia. Isso colaborou de forma decisiva no empenho das equipes, que durante todo o desenvolvimento do programa demonstraram interesse.

- » Fatores efetivos e emocionais: Em um dos encontros, o tema em destaque tratava da afetividade e de sua importância em qualquer ambiente, sem enfoque na ABP. Foram questionados três fatores lembrados nessa etapa final: a motivação constante do aluno, o trabalho com a inteligência emocional e a gestão de conflitos nos grupos e a valorização das crenças foram dadas como atitudes importantes que colaboraram para que o engajamento do aluno no processo fosse quase total.
- » A motivação das equipes: Em nenhum momento a competitividade foi colocada em destaque, ainda que se possa considerar que existem situações nas quais ela possa atuar como forte motivadora. A motivação das equipes foi obtida sem que esse aspecto precisasse ter sido adotado como estratégia instrucional. Os alunos destacaram a motivação como um dos aspectos mais importantes no conjunto de vantagens assinaladas.
- » Fatores de desenvolvimento social: A utilização das redes sociais foi colocada pela maioria dos alunos como o principal aspecto de destaque. A sua influência foi destacada. Uma das falhas do projeto foi um dos poucos aspectos não implantado – as comunidades de prática – acabou não fazendo falta pela participação ativa das redes sociais no processo. Este ainda representa um paradigma que merece mais estudos, mas que acabou sendo relatado como um destaque positivo.
- » O reencantamento do ambiente de "sala de aula": Esse termo está entre aspas propositalmente. Na realidade, não havia sala de aula na proposta. Ela foi reconfigurada para que os encontros acontecessem em ambientes favoráveis à construção do conhecimento: a biblioteca e os laboratórios. No primeiro ambiente, os alunos tinham à sua disposição uma vasta bibliografia sobre o tema. No segundo ambiente, tinham a possibilidade de utilizar de forma intensiva a tecnologia educacional, o que foi relatado como um dos principais aspectos positivos do curso.

Não se sabe se, devido à surpresa que a proposta causou nos alunos, não foram relatados aspectos negativos na abordagem. Apenas foi colocado não como crítica, mas como observação, a existência de alguns momentos de sobrecarga que aconteceu nos três aspectos: laboral, psicológico e cognitivo.

A sobrecarga laboral acontecia porque todos os alunos desenvolviam uma jornada de trabalho de oito horas, para depois iniciar a última etapa de seu dia dedicado ao estudo. A sobrecarga psicológica aconteceu devido à novidade do tema e da abordagem para os alunos.

A sobrecarga cognitiva aconteceu em razão do elevado volume de informação colocado à disposição dos alunos nos ambientes em rede. Em anexo, como um elemento de análise para as pessoas interessadas na metodologia, estão colocados os diários de bordo (resumidos) das quatro equipes de trabalho.

18
PERSPECTIVAS PARA A ABP

18.1 Apresentação
» Conteúdo
» Perspectivas para a ABP

18.2 Perspectivas para a ABP

Diversos pesquisadores, citados durante o desenvolvimento deste trabalho, arriscam palpites diferentes sobre o que irá acontecer com este método que, como tantos outros, deve sofrer modificações daqui para o futuro. Todos esses palpites apresentam uma curiosidade. Eles são colocados como desafios a ser enfrentados por este método.

Para a ABP, estão colocados alguns desafios importantes. Há um trabalho de Gijbels e Dolmans (2013), ambos professores pesquisadores na área ABP, que acabou sendo publicado como uma entrevista, que pode colaborar para que possamos enxergar amplas possibilidades para a ABP. Diversos aspectos foram tratados e os desafios para a ABP foram apresentados como necessidades de:

» ampliar a sua utilização para outras áreas como forma de criar novos conhecimentos para a área. Na atualidade, ela tem seu núcleo de utilização na área médica e nas engenharias. Em outras áreas, sua utilização é esporádica e pontual;

- em muitos dos projetos, podemos observar que as iniciativas abrangem uma disciplina ou alguma linha interdisciplinar específica, sendo poucos os estudos dirigidos para que uma mudança curricular em todo o curso venha a acontecer, para que a ABP possa abarcar todo um determinado processo e não seja apenas pontual, o que impede, em muitos casos, de extrapolar conclusões mais abrangentes como novos conhecimentos criados;
- novos estudos desenvolvidos na área de neuropedagogia ainda não foram tratados à luz da aprendizagem baseada em problemas nem a tiveram como objeto de estudo. Será que os pressupostos adotados na ABP realmente podem modificar a forma como o aluno aprende? É uma pergunta que deve direcionar alguns estudos e cuja resposta, ou pelo menos a procura por respostas, deverá estar registrada em diversas linhas e relatórios de pesquisa;
- será possível para a ABP atingir níveis mais profundos no estabelecimento de procedimentos alternativos aos métodos tradicionais de ensino ou ela mesma poderá se transformar em um dos métodos a ser substituídos por novas abordagens?
- será que a aceitação de qualquer solução para determinado problema, com a desculpa de sua aplicabilidade não ser universal e que determinada solução possa atuar em um contexto e não ter funcionalidade em outro será mantida? Não haverá necessidade de maior determinismo científico para que o processo ABP tenha maior confiabilidade?
- ainda não foram efetivados estudos mais aprofundados que relacionem a ABP com nenhuma taxonomia de tipos de aprendizagem que relacionem mais diretamente a forma como o aluno aprende com a efetividade da ABP; ainda restam muitas dúvidas e o que é tratado ainda está no campo da especulação, apesar de que muitos fatos não comprovados têm apresentado funcionalidade na ABP;
- há sentido em determinar ferramentas de trabalho específicas para a ABP ou é melhor deixar que a solução do problema ocorra ao sabor de um possível improviso?
- por que as soluções de problemas apresentam funcionalidade em um caso e não dão a mesma resposta em diferentes contextos?

18. PERSPECTIVAS PARA A ABP

- » apesar de ser inegável que existem vantagens na utilização da ABP sobre métodos tradicionais de ensino e aprendizagem, será que elas são importantes a ponto de sugerir a substituição de alguns métodos que ainda demonstram funcionalidade?
- » está definitivamente afastada a possibilidade da utilização da ABP apenas como um modismo, capaz de afastar a atenção de pontos realmente importantes que devem ser trabalhados para a melhoria da educação de uma sociedade digital como um todo?
- » apesar da titulação do professor como um *coacher* e do aluno como um *coachee*, o que apresenta excelentes resultados no âmbito do mercado corporativo, será que esses papéis cabem ao professor e ao aluno no ambiente acadêmico?
- » quanto de pesquisa e em quais campos elas devem ser desenvolvidas para que a ABP seja aceita de forma universal como um método de ensino voltado para a educação de uma geração digital e capaz de substituir antigos modelos que já demonstraram sua obsolescência?
- » em que condições perseguir a heutagogia tem sentido?
- » qual o valor da aprendizagem obtida sem a intervenção de um professor?
- » a quais erros essa tentativa de diminuir o contato entre o professor e o aluno pode conduzir?
- » será que o aumento do diálogo é suficiente para dar ao aluno a segurança que ele necessita para desenvolver a solução de problemas semelhantes àqueles presentes em sua vida real?

O que é possível observar é que há uma tendência em aceitar a ABP como um método eficiente de ensino e aprendizagem, mas a sua colocação como uma nova teoria de aprendizagem, por exemplo, ainda suscita muitas discussões e dúvidas, não como um empecilho a seu desenvolvimento, mas como uma orientação para que esse desenvolvimento seja efetivado com cuidado e suporte teórico e metodológico detalhado e apropriado, como exigem as ciências estabelecidas na sociedade contemporânea.

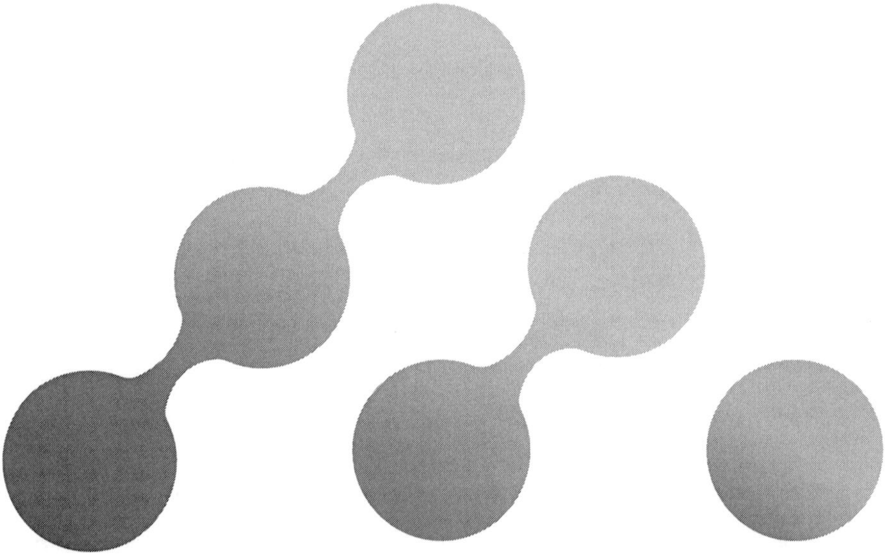

19
PALAVRAS FINAIS

19.1 Apresentação
» Palavras finais

19.2 Palavras finais

O projeto nasceu como resultado de uma preocupação na busca de formas inovadoras de abordagem do processo educacional. O autor como participante e criador de projetos ofertados na modalidade da educação a distância busca comprovar a efetividade de novos métodos de ensino e aprendizagem, contrapostos ao método tradicional, e desenvolve um projeto que aborda um desses novos métodos, tidos como capazes de mudar o relacionamento entre professores e alunos, em franca decadência no ambiente tradicional.

A proposta foi incentivar, na formação do professor e do aluno, novos papéis a serem assumidos. Esse fato busca evitar que professores com reconhecida capacidade, venham a fazer parte da legião de analfabetos digitais e de excluídos da sociedade da informação, que se configura devido ao aspecto excludente da tecnologia. Essa preocupação se estende à necessidade de se permear os ambientes tecnológicos com a humanização necessária, afastando as preocupações com a formação de cidadãos, características do processo educacional tradicional, pelo menos como objetivo declarado, apesar de muitas vezes não atingido.

O viés ideológico presente em alguns ambientes tradicionais encontra campo fértil para florescer nos ambientes permeados pela tecnologia e na definição de novos métodos educacionais. Esses aspectos apenas incentivam estudos e demonstram a necessidade de se investigarem formas de incentivar professores e alunos a trabalhar formas inovadoras de abordar o processo educacional.

Dentre as diversas frentes hoje desenvolvidas, a abordagem da aprendizagem baseada em problemas pode ser uma das que apresentam maiores possibilidades de sucesso, possíveis na congregação de esforços conjuntos de instrutores e alunos, envolvidos e engajados na solução de problemas semelhantes àqueles que ocorrem em sua vida diária. Dessa forma, eles são também preparados, a partir dos bancos escolares, a atuar como elementos críticos e criativos, exigência do competitivo mercado na atualidade.

Não adianta apenas colocar a tecnologia à disposição dos professores e alunos. É preciso que aos professores sejam dadas as condições necessárias, para que sua formação venha a abranger uma complementação que lhe permita atuar confortavelmente nos ambientes colaborativos, da educação a distância, da aprendizagem baseada em problemas ou por projetos.

Os alunos devem ser incentivados a adotar a autoaprendizagem como forma de desenvolver um senso crítico e recuperar a criatividade, sempre cerceada nos ambientes tradicionais. O professor, longe de ter receio de ser substituído pelos computadores na sua prática docente, deve aceitar as possibilidades que a tecnologia se lhes apresenta. O desenvolvimento desse projeto demonstrou sobejamente esse aspecto, ressaltado pelos próprios participantes dos grupos de estudo que foram montados.

O apoio do corpo dirigente das instituições que pretendem adotar soluções inovadoras no processo educacional é fundamental, o que se revelou de importância no projeto que foi relatado nos capítulos anteriores. O acompanhamento e avaliação contínua foram outros aspectos que se mostraram necessários no processo.

Os resultados obtidos, que puderam ser acompanhados no corpo deste trabalho, superaram em muito as expectativas colocadas no início dos trabalhos. Como primeiro resultado do sucesso obtido, surge a possibilidade de um seminário com outros professores que, em confronto com esses resultados e com a participação direta dos alunos, deverá frutificar em outras experiências a serem relatadas, de forma a enriquecer um campo carente de pesquisas complementares.

A pontualidade da experiência não permite extrapolar com segurança as suas conclusões para todas as áreas do conhecimento. A área enfocada, ou seja, o ensino de ferramentas de computador a um grupo de secretariado apresenta características muito particulares, que recomendam a necessidade de cuidados ao serem extrapolados em uma perspectiva abrangente.

Os resultados indicaram aos professores que trabalham em campos do conhecimento diferentes daqueles onde a ABP tem sido desenvolvida para que se possa efetivar um trabalho conjunto, um problema que incentive interdisciplinaridade e uma análise mais conclusiva sobre a eficiência dessa abordagem educacional. Os resultados obtidos foram gratificantes e recompensaram os esforços para que a iniciativa tivesse o sucesso demonstrado. Ficou patente a importância da participação dos alunos em todo o processo.

De nada adiantaria a proposição de uma alteração no papel do professor, se este não fosse compreendido e encampado pelos alunos, que, de ouvintes passivos, se tornaram participantes ativos no processo de construção de seu próprio conhecimento. A utilização da abordagem em turmas maiores é recomendável, de forma a determinar sua aplicabilidade em condições diferenciadas.

O que resta como conclusão final para este trabalho são o agradecimento a todos os seus participantes e o destaque da importância da participação de cada um. A partir da participação da instituição na figura de sua diretoria acadêmica, evoluindo para o apoio e participação da coordenação geral de cursos, da coordenação do curso de secretariado e da participação dos alunos, estes os principais atores do processo, revelaram-se os fatores que contribuíram decisivamente para o sucesso atingido com essa iniciativa. Esperamos que este material, deixado disponível à comunidade acadêmica, incentive o surgimento de iniciativas inovadoras na abordagem do processo educacional.

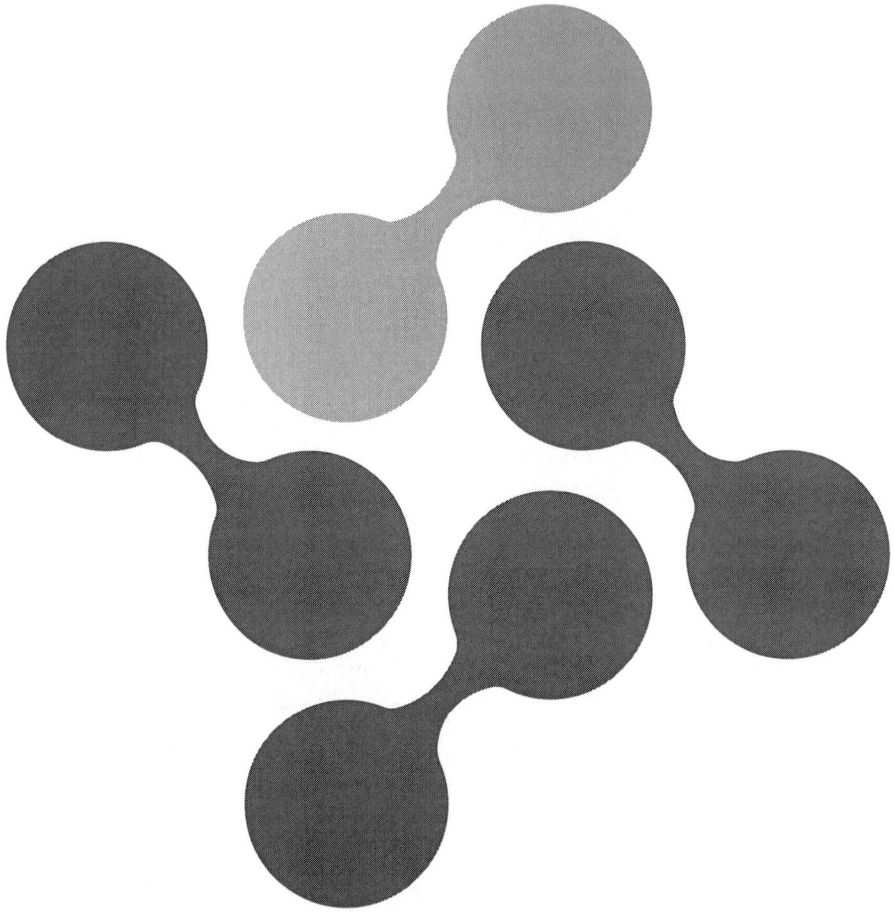

REFERÊNCIAS BIBLIOGRÁFICAS

AGUILLAR, Vivian. *Problem Based Learning in virtual environments*, 2014. Online. Disponível em: <http://ezinearticles.com/?Problem-Based-Learning-in-Virtual-Environments&id=5968553>. Acesso em: abr. 2014.

ALLEN, M. *The corporate learning handbook*: designing, managing and growing a successful program. Estados Unidos: Amacom, 2002.

ALLONSO, C. M.; GALLEGO, D. J.; HONEY, P. *Los estilos de aprendizaje*: procedimientos de diagnóstico y mejora. Madri: Mensajero, 2002.

ANDERSON, L. W. A *taxonomy for learning, teaching and assessing*: a revision of Bloommo taxonomy for educational objectives. Colúmbia: University of South Carolina, 1999.

APARICI, Roberto. *Pedagogia digital*, 2009. Online. Disponível em: <https://www.metodista.br/revistas/revistas-ims/index.php/EL/article/view/814/882>. Acesso em: abr. 2014.

ASSMAN, Hugo. *Metáforas novas para reencantar a educação* – epistemologia e didática. Piracicaba: Unimep, 2001.

BARBOSA, Christian. *Como lidar com o volume de informações?*, 2012. Online. Disponível em: <http://blog.maistempo.com.br/2012/04/03/como-lidar-com-o-volume-de-informaes/>. Acesso em: abr. 2014.

BARBOSA, José; SACCOL Amarolinda Zanela. *M-learning e u-learning*. São Paulo: Pearson, 2011.

BARROS, Daniela Melaré Vieira. *Estilos de aprendizagem e o uso de tecnologias*. São Paulo: Editora De Facto, 2013.

BOSCARIOLI, Clodis. *O ensino de IHC por meio da aprendizagem baseada em problemas*, [s.d.] Online. Disponível em: <http://www.irit.fr/recherches/ICS/events/conferences/weihc/WEIHC2011_Clodis_vFinal.pdf>. Acesso em: jun. 2014.

BRANSFORD, D. John; BROWN, L. Anne; COCKING R. Rodney. *How people learn*: brain, mind, experience, and school. NAP – National Academy Press, 2002.

CARDOSO, Ana Carolina. *Edutainment*: uma revisão de conceitos e definições, 2014. Online. Disponível em: <http://www.latec.ufrj.br/educaonline/index.php?view=article&catid=41%3Aartigos-tecnicos&id=179%3Aedutainment-uma-revisao-de-conceitos-e-definicoes&format=pdf&option=com_content&Itemid=58>. Acesso em: abr. 2014.

CARDOSO, Ana Amélia; RUGGIO, Carina Bigonha; MAGALHÃES, Lívia de Castro. *Aprendizagem baseada no problema*: relato de experiência em uma disciplina do curso de graduação em terapia ocupacional da Universidade Federal de Minas Gerais (UFMG). Cadernos de Terapia Ocupacional da UFSCar, São Carlos, v. 18, n. 3, p. 287-293, set./dez. 2010.

CARLEY, S. G. Teorias de aprendizagem. Kindle E-book, 2013.

CHANG, Lilian Ya-Hui. *Group influences on individual learner's motivation*: a study of group dynamic in EFL classrooms. PHD Thesis, University of Warwik, 2006.

CHAUI, Marilena. *A universidade pública sob nova perspectiva*. Conferência na sessão de abertura da 26ª Reunião Anual da ANPEd, realizada em Poços de Caldas, MG, em 5 de outubro de 2003. Revista Brasileira da Educação, n. 24, set./out./nov./dez. 2003.

CONKLIN, J. A. A taxonomy for learning, teaching and assessing: a revision of Blooms's taxonomy of educational objectives. *Educational Horizons*, v. 83, n. 3, p. 153-159, 2005.

CORTELLA, Mario Sergio. A flexibilidade é uma virtude para o trabalho pedagógico. Entrevista concedida a Brisa Teixeira. *Gazeta do Povo*, 20 jul.

2013. Online. Disponível em: <http://www.gazetadopovo.com.br/educacao/conteudo.phtml?id=1394963&tit=Flexibilidade-e-uma-virtude-para-o-trabalho-pedagogico>. Acesso em: abr. 2014.

CUÉ, José Luiz Garcia; QUINTANAR, Concepción Sánches; VELÁZQUEZ, Mercedes Aurelia Jiménes; TAPIAS, Mariano Gutiérrez. Estilos de aprendizaje y estratégias de aprendizagem: un estúdio em discentes de postgrado. *Revista Estilos Ae aprendizaje*, n. 10, v. 10, out. 2012.

DA MATA, Villela. *Dez competências de liderança que o coaching ajuda a desenvolver*, 2013. Online. Disponível em: <http://www.sbcoaching.com.br/blog/tudo-sobre-coaching/10-competencias-de-lideranca-que-o-coaching-ajuda-a-desenvolver/>. Acesso em: abr. 2014.

DAVENPORT, Tom. *Big Data and the role of intuition*, 2013. Online. Disponível em: <http://blogs.hbr.org/2013/12/big-data-and-the-role-of-intuition/>. Acesso em: abr. 2014.

DAVIES. W. K.; LONGWORTH, N. *Lifelong learning*. Reino Unido: Routledge, 2014.

DELVAL, Juan. É essencial saber como o aluno aprende. Entrevista concedida a Daniela Almeida. *Revista Nova Escola*, [s.d.]. Online. Disponível em: <http://revistaescola.abril.com.br/crianca-e-adolescente/desenvolvimento-e-aprendizagem/essencial-professor-saber-como-aluno-aprende-432182.shtml>. Acesso em: abr. 2014.

DILTS, Robert B.; EPSTEIN, Todd A. *Aprendizagem dinâmica*. v. 2. São Paulo: Summus, 1999.

DOWNES, S. *Connectivism and connective knowledge*: essays on meaning and learning networks. Creative Commons License, 2012.

FAUSTINO, Andrea Mathes. Aplicação da aprendizagem baseada em problemas na graduação de enfermagem: revisão da literatura. *Revista eletrônica Gestão e Saúde*: Eletronic Journal Management and Health. v. 4, n. 1, 2013. On-line. Disponível em: <http://www.gestaoesaude.unb.br/index.php/gestaoesaude/article/view/370>. Acesso em: abr. 2014.

DRUCKER, Peter F. *O melhor de Peter Drucker*: a sociedade. São Paulo: Nobel, 2001.

EDMONDSON, A. C. *Estratégias para aprender com o erro*, 2011. Online. Disponível em: <http://www.hbrbr.com.br/materia/estrategias-para-aprender-com-o-erro>. Acesso em: nov. 2014.

ERVIKSON, M. *Rapid Learning*: how to engaje your natural ability to learning anything easily and quickly. Kindle E-book. Amazon Serviços de Varejo do Brasil Ltda., 2014.

FELDER, Richard; SOLOMAN Bárbara A. *Learning styles and strategies*, 2014. Online. Disponível em: <http://www4.ncsu.edu/unity/lockers/users/f/felder/public/ILSdir/styles.htm>. Acesso em: abr. 2014.

FERNANDES, Elisangela. *Conhecimento prévio*: entenda por que aquilo que cada um já sabe é a ponte para saber mais. Nova Escola, 240. ed., mar. 2011. Online. Disponível em: <http://revistaescola.abril.com.br/formacao/formacao-continuada/conhecimento-previo-esquemas-acao-piaget-621931.shtml>. Acesso em: abr. 2014.

FERRAZ, Ana Paula do Carmo Marchetti; BELHOT, Renato Vairo. *Taxonomia de Bloom*: revisão teórica e apresentação das adequações do instrumento para definição de objetivos instrucionais. Gestão de Produção, São Carlos, v. 17, n. 2, p. 421-431, 2010.

FERREIRO, R. *Estrategias didácticas del aprendizaje cooperativo*. Madri: Trillas, 2006.

FEY, Ademar Felipe. *A linguagem na interação professor-aluno na era digital*: considerações teóricas, 2011. Online. Disponível em: <http://tecnologiasnaeducacao.pro.br/wp-content/uploads/2011/06/A-linguagem-na-intera%C3%A7%C3%A3o-professor-aluno-na-era-digital-Considera%C3%A7%C3%B5es-te%C3%B3ricas.pdf>. Acesso em: jun. 2014.

FIELDING, R. The death of the classroom, learning cycles, and Roger Schank, 1999. Online. Disponível em: <www.designshare.com/index.php/articles/death-of-the-classroom/>. Acesso em: abr. 2014.

FILATRO, Andrea. *Design instrucional contextualizado*. São Paulo: Senac-SP, 2004.

FILHO. Edmundo Escrivão; RIBEIRO, Luiz Roberto de Camargo. *Aprendendo com PBL – Aprendizagem Baseada em Problemas*: relato de uma experiência em cursos de engenharia da EESC-USP, 2014. Online. Disponível em: <http://www.fipai.org.br/Minerva%2006(01)%2003.pdf>. Acesso em: abr. 2014.

FLAHERTY James. *Coaching*. Reino Unido: Routledge, 2010.

FREIRE, Paulo. *Pedagogia do oprimido*. 12. ed. Rio de Janeiro: Paz e Terra, 1983.

GARDNER, Howard. *Inteligências múltiplas*: a teoria na prática. Porto Alegre: Artes Médicas, 1995.

GERSTEIN, Jackie. *The flipped classroom*: The full picture. Amazon Books: 2012.

GIDDENS, A. *Consequências da pós-modernidade*. São Paulo: Editora da Unesp, 1991.

GIJBELS, D.; DOLMANS, D. Research on problem-based learning: future challenges, *Medical Education*, v. 47, n. 2, p. 214-218, 2013.

GOLEMAN, D. *Trabalhando com a inteligência emocional*. 1. ed. Rio de Janeiro: Objetiva, 2012.

HANSEN, Ronald E. The role of experience in learning: giving meaning and authenticity to the learning process in schools. *Journal of Technology Education*, v. 11, n. 1, primavera de 2000.

GUDWIN, Ricardo. *Aprendizagem ativa*, [s.d.] Online. Disponível em: <http://faculty.dca.fee.unicamp.br/gudwin/activelearning>. Acesso em: jun. 2014.

HOLMBERG, Borje. *Theory and practice of distance education*. Taylor e Francis, 1994.

ILLICH, Ivan. *Sociedade sem escolas*. Petrópolis: Vozes, 1977.

JACINTO, A. S.; ALMERI, T. M.; OLIVEIRA M. P. O. Aprendizagem baseada em problemas mal estruturados: programação e cidadania. *Anais do XXII SBIE – XVII WIE*, Aracaju, 21 a 25 de novembro de 2011. Online. Disponível em: <http://www.br-ie.org/pub/index.php/wie/article/download/1960/1719>. Acesso em: abr. 2014.

KADUSHIN, C. *Understanding social networks*: theories, concepts and findings. Estados Unidos: Oxford University Press, 2011.

KELLY, F. S.; MCCAIN, T.; JUKES, I. *Teaching the digital generation*: no more cookie-cutter high schools. Thousand Oaks, CA: Corwin Press, 2009.

KHAN, Salman. *A sala de aula invertida de Salman Khan*, 2013. Online. Disponível em <http://blackboard.grupoa.com.br/a-sala-de-aula-invertida-de-salman-khan/>. Acesso em: abr. 2014.

KIM, Chan W.; MAUBORGNE, Renée. *A estratégia do oceano azul*: como criar novos mercados e tornar a concorrência irrelevante. Rio de Janeiro: Elsevier, 2005.

KIRSCHNER, Paul A.; SWELLER, John; CLARK, Richard E. Why minimal guidance during instruction does not work. An analysis of the failure of constructivist, discovery, problem-based, experiential, and inquiry-based teaching. *Educational Psychologist*, v. 41, n. 2, p. 75-86, 2006.

KLEGERIS, Andis; BAHNIWAL, Manpreet; HURREN Heather. Improvement in generic problem-solving abilities of students by use of tutor-less problem based learning in large classroom setting. *CBE-Life of Sciences Education*, v. 12. p. 73-79, primavera de 2013.

KOPP, Sacha; EBBLER, John; RESTAD, Penne. *Flipping your class*: roles and expectations, 2013. Online. Disponível em: <http://www.youtube.com/watch?v=LqcljV_x83A>. Acesso em: abr. 2014.

LAGO Marín; B.; COLVIN, L.; CACHEIRO, M. Estilos de aprendizaje y actividades polifásicas. Modelo EAAP. *Revista Learning Styles Review*, v. 2, n. 2, 2008. Online. Disponível em: <http://www.learningstylesreview.com>. Acesso em: abr. 2014.

LÉVY, Pierre. *A inteligência coletiva*. São Paulo: Loyola, 1999.

LILACS. *Base de dados sobre pesquisas em saúde*, 2014. Online. Disponível em: <http://lilacs.bvsalud.org/>. Acesso em: abr. 2014.

LOPES, R. *Desmistificando o coaching*. Kindle E-book: Amazon Serviços de Varejo do Brasil Ltda., 2013.

LUCKESI, Cipriano Carlos. *Avaliação da aprendizagem escolar*: estudos e proposições. 22. ed. São Paulo: Cortez, 2011.

MA, M.; OIKONOMOU, A. *Serious games and edutainment applications*. Londres: Springer London, 2011.

MACAMBIRA, Paulo Marcelo Fleury. *A aprendizagem baseada em problemas*: uma aplicação na disciplina "gestão empresarial" do curso de engenharia civil, 2012.

MÁÑES, Carmen; NAVARRO Belén; BOU, Juan Fernando. *Coaching para docentes*. El desarrollo de habilidades en el aula. Madri: Control Sindical Independente y de Funcionários, 2009.

MAYOR B.; PUGH, A. K. *Language, communication and education* (open university set book). Reino Unido: Routledge, 2014.

MCGREAL, R. *Online education using learning objects* (open and flexible learning series). 2. ed. Reino Unido: Routledge, 2012.

MOORE. *Critical thinking*. 11. ed. Reino Unido: HSSL publishing, 2014.

MOREIRA, Marco Antonio; CABALLERO, Concesa; RODRÍGUEZ Palmero, Mª Luz. *Aprendizaje significativo*: interacción personal, progresividad y lenguaje. Burgos, Espanha: Servicio de Publicaciones de la Universidad de Burgos, 2004. 86 p. Disponível em: <http://www.if.ufrgs.br/asr/artigos/Artigo_ID9/v1_n2_a2011.pdf>. Acesso em: abr. 2014.

MOTA, R.; SCOTT, D. *Education for innovation and independent learning*. 1. ed. Estados Unidos: Elsevier, 2014.

MOURA, Júlia Virgínia de. *Atividade inicial*: alunos visuais, auditivos e sinestésicos – conheça e organize seus alunos e minimize as dificuldades de aprendizagem, 2014. Online. Disponível em: <http://impactodapedagogiamoderna.blogspot.com.br/2013/01/inicio-do-ano-alunos-visuais-auditivos.html>. Acesso em: abr. 2014.

PATHAK, R. O e CHAUDHARY, J. *Educational Technology*. UK: Pearson, 2011, 11ª edição.

PERRY, Bruce D.; SZLAVITZ, Maia. *Born for love*: why empathy is essential and endangered. HarperCollins e-books reprint, 2010.

PIER, P. *O que é neuropedagogia*, 2014. Online. Disponível em: <http://www.neuropedagogia.org/>. Acesso em: nov. 2014.

PIMENTA, S. G. *O estágio na formação de professores*: unidade teórica e prática, 3. ed. São Paulo: Cortez, 2005.

PLUNKETT, K.; BEKERMAN, J. *The flipped classroom* – a teacher's complete guide: theory, implementation, and advice. Jibb Publishing, 2014. (edição em inglês).

POORE, M. Digital literacy: human flourishing and collective intelligence in a knowledge society. *Literacy learning*: the middle years, v. 19, n. 2, p. 20-26, 2011.

PORTILHO, E. *Como se aprende?* Estratégias, estilos e metacognição. Rio de Janeiro: Wak Editora, 2009.

PRENSKY, Marc. *Digital natives, digital immigrants*, 2001. Online. Disponível em: <http://www.marcprensky.com/writing/Prensky%20-%20Digital%20Natives,%20Digital%20Immigrants%20-%20Part1.pdf>. Acesso em: abr. 2014.

PRENSKY, M. R. *Teaching Digital Natives: Partnering for Real Learning*. Califórnia: Corwin Press, 2010.

RACE, P. *500 Tips for open and online learning*. 2. ed. Reino Unido: Routledge, 2008.

ROBERTS, J. W. *Beyond learning by doing*: theoretical currents in experiential education. Reino Unido: Routledge, 2012.

SANTOS, Andreia Inamorato. *Educação aberta*: histórico, práticas e o contexto dos recursos educacionais abertos, 2012. Online. Disponível em: <http://www.artigos.livrorea.net.br/2012/05/educacao-aberta-historico-praticas-e-o-contexto-dos-recursos-educacionais-abertos/>. Acesso em: jun. 2014.

SANTOS, Carlos Roberto Antunes dos. *Universidade*: por que e como reformar?, ago. 2003. Online. Disponível em: <http://portal.mec.gov.br/sesu/arquivos/pdf/palestra16.pdf>. Acesso em: jun. 2014.

SAVIANI, Dermeval. *Trajetória da escola no Brasil, segundo Dermewal Saviani*, 2012. Online. Disponível em: <http://projetoeducacional2012.blogspot.com.br/2012/05/trajetoria-da-escola-no-brasil-segundo.html>. Acesso em: abr. 2014.

SBC – Sociedade Brasileira de Coaching. Online. Disponível em: <http://www.sbcoaching.com.br/quem-somos/videos-sobre-coaching/treinamentos/treinamento-personal-professional-coaching>. Acesso em: abr. 2014. (vídeo de treinamento em *coaching*)

SCHMIDT, H. G. Problem-based learning: rationale and description. *Medical Education*. Vol. 17, issue 1, p.11-16, 1983. doi: 10.1111/j.1365-2923.1983.tb01086.x

SEGURA, H. *ROAD MAP to get organized*: discover your thinking, learning and working styles to get your life back on track. San Antonio: Hacienda Oaks Press, 2013.

SELINGO, J. J. *MOOC U*: Who is getting the most out of online education and why. Estados Unidos: Simon and Schuster, 2014.

SENGE, M. Peter. *A quinta disciplina*: arte e prática da organização que aprende. Rio de Janeiro: Best Seller, 2010.

SERRANO, Daniel Portillo. *Geração X, Y, Z*, 2010. Online. Disponível em: <http://www.portaldomarketing.com.br/Artigos/Geracao_X_Geracao_Y_Geracao_Z.htm>. Acesso em: abr. 2014.

SESSA, V.; LONDON, M. *Work group*: understanding, improving and assessing how learning groups learn in organizations. Estados Unidos: Psychology Press, 2012.

SEVILLA, M. *Problem based learning in the 21st century classroom*, 2012. Kindle E-Book: Amazon Serviços de Varejo do Brasil Ltda., 2012. (edição em inglês)

SIEMENS, G. Connectivism: a learning theory for the digital age. *International Journal of Instructional Technology & Distance Learning*, 2005. Disponível em: <http://www.itdl.org/Journal/Jan_05/article01.htm>. Acesso em: abr. 2014

SILVER, C. E. H.; BARROWS, H. S. Goals and strategies of a problem-based learning facilitator. 1. ed. *Interdisciplinary Journal of Problem-Based Learning*, v. 1, artigo 4, 2006.

SOTIROVA, K. *Edutainment games* – homo culturalis vs homo ludens. Institute of Mathematics and Informatics, Bulgarian Academy of Science, 2004. Disponível em: <http://elib.mi.sanu.ac.yu/files/journals/ncd/4/d011download.pdf>. Acesso: 5 maio 2009.

TAPPIN, R. M. *Adult development and andragogy theories*: application to adult learning environments: include discussions on experimental and transformational learning. N. Y. R. M.: Tappin Press, 2014.

TAPSCOTT, D. *Growing up digital*: The rise of the net generation. Nova York: Harvard Business Press. 1998.

THE KEN BLANCHARD COMPANIES. *What is coaching?* Online. Disponível em: <https://www.coaching.com/public/Find_Answers/What_Is_Coaching/>. Acesso em: abr. 2014.

TSUJI, Hissachi; AGUILLAR-DA-SILVA, Rinaldo H. *Relato da experiência de um novo modelo curricular*: aprendizagem baseada em problemas, implantada na unidade educacional do sistema endocrinológico na 2ª série do curso médico da Faculdade de Medicina de Marília (Famema), 2004. Online. Disponível em: <http://www.scielo.br/pdf/abem/v48n4/a15v48n4.pdf>. Acesso em: jun. 2014.

UNESCO. Educação e aprendizagem para todos: olhares dos cinco continentes. On-line. Disponível em: http://www.unesco.org/fileadmin/MULTIMEDIA/INSTITUTES/UIL/confintea/pdf/Preparatory_Conferences/Conference_Documents/Latin_America_-_Caribbean/confinteavi_olhares_5_continentes.pdf. Acesso em: jan. 2014

WAELBERS, K. *Doing good with Technologies*: taking responsability for the social role of emerging Technologies: 4 (Philosophy of engineering and technology). Netherlands: Spring Netherlands, 2011.

WATSON, S. L.; REIGELUTH, C. M. The learner-centered paradigm of education. *Educational technology*, v. 38, n. 5, p. 42-48, set./out. 2008.

WERNECK, Hamilton. *Se você finge que ensina, eu finjo que aprendo*. São Paulo: Vozes, 2002.

VELTMAN, K. Edutainment, technotainment and culture. *Città Annual Report 2003*. Florence: Giunti, 2004. Disponível em: <http://www.sumscorp.com/articles/pdf/2004%20Edutainment,%20Technotainment%20and%20Culture.pdf>. Acesso em: abr. 2014.

VERSTEGEN, J. N.; FE, Tan; O'CONNOR, S. J. *A comparison of classroom and online asynchronous problem-based learning for students undertaking statistics training as part of a public health master's degree*, 2013.

VEYRA, G. *A dialectical interpretation of factual knowledge in Vigotsky terms*. Online. Disponível em: <http://www.gestaltdialektik.com/content/

REFERÊNCIAS BIBLIOGRÁFICAS

Factual_Knowledge_in_Vygotskyan_Terms.pdf>. Acesso em: 14 maio 2015.

VON WANGENHEIM, C. G.; VON WANGENHEIM, A. *Raciocínio baseado em casos. Bookess*, 2013.

WIERS, Reinout W. et al. Design of a problem-based learning curriculum: a general approach and a case study in the domain of public health. *Medical Teacher*, v. 23, n. 2, p. 45-51, 2002.

Impressão e acabamento

psi7 | book7